古代歷史文化研究輯刊

三一編

王明蓀 主編

第 **23** 冊

曖昧的歷程
——中國古代性別亞文化研究
（第六冊）

張 杰 著

國家圖書館出版品預行編目資料

曖昧的歷程——中國古代性別亞文化研究（第六冊）／張杰
著 -- 初版 -- 新北市：花木蘭文化事業有限公司，2024〔民
113〕
目 6+248 面；19×26 公分
（古代歷史文化研究輯刊 三一編；第 23 冊）
ISBN 978-626-344-675-5（精裝）
1.CST：同性戀 2.CST：性別研究 3.CST：社會生活
4.CST：歷史 5.CST：中國
618　　　　　　　　　　　　　　　　　112022534

ISBN-978-626-344-675-5

9 786263 446755

古代歷史文化研究輯刊
三一編　第二三冊　　　　　ISBN：978-626-344-675-5

曖昧的歷程
──中國古代性別亞文化研究（第六冊）

作　　者　張 杰
主　　編　王明蓀
總 編 輯　杜潔祥
副總編輯　楊嘉樂
編輯主任　許郁翎
編　　輯　潘玟靜、蔡正宣　美術編輯　陳逸婷
出　　版　花木蘭文化事業有限公司
發 行 人　高小娟
聯絡地址　235 新北市中和區中安街七二號十三樓
　　　　　電話：02-2923-1455 ／傳真：02-2923-1452
網　　址　http://www.huamulan.tw 信箱 service@huamulans.com
印　　刷　普羅文化出版廣告事業
初　　版　2024 年 3 月
定　　價　三一編 37 冊（精裝）新台幣 110,000 元

曖昧的歷程
——中國古代性別亞文化研究
（第六冊）

張杰 著

第六冊

第五章　論文考據

同性戀的早期狀態與自然觀念的演變

本文所謂同性戀的「早期」是指原始社會後期和文明社會初期，當時的人類思維簡質，率性而為，同性戀是處於一種自發自然的狀態。這種純粹自然即自然主義與文明社會的人選自然即自然規律相對照，可以說明人類思維的複雜並不必然就意味著深刻，現代社會應當通過否定之否定在更高一級的層次上重回純粹自然的狀態。

一、早期狀態

依據現代的科學觀察，動物尤其高等哺乳動物中已經存在著同性性行為，可見人類同性戀的發生有其基因、內分泌方面的原因，這可視為生物自然的因素。但人與動物有本質上的差異：人能產生心理活動，具有豐富細膩的感情。這種感情是由各種社會關係共同培養出來的，如同族之情、同伴之情、母子之情。尤其男女之間由比較單純的性的吸引到結為親密配偶，從而發展出了感情的最高形式之一──愛情。而愛情可以外展外化，由異性之間擴展到同性。在此意義上，同性戀可以說是產生於異性戀，如果不能有愛情心理，同性戀也就無從存在，只能稱之為生物層面的同性性行為。至遲到了原始社會後期，父系氏族公社是由一個個異性夫妻的家庭組成，這種異性戀同時也壯大了同性戀的存在。與生物自然的因素相對，這可被視為文化自然。因為異性戀必然會壯大同性戀，必然的就是自然的，而異性戀本身是屬於文化的建構。

在生物自然和文化自然的共同作用下，早期同性戀是處於一種興盛的狀態。文明社會初期可以《舊約》時代的中東地區為代表，在那裏美貌男子公開地在神廟中賣淫。尤其索多瑪等城的居民，他們縱肆男風過於無忌，竟敢於侮辱天使，結果受到了上帝的毀滅性打擊。《舊約·創世紀》中上帝震怒道：「控告索多瑪和哈摩辣的聲音實在很大，他們的罪惡實在深重。」由索多瑪而來的英文 Sodomy，其含義便是雞姦。按此事含有不經情節，不可能實際發生，但與索多瑪相類似的城市的存在則是可以肯定的。

原始社會後期的情況文獻無徵，需要借助於文化人類學的調查實例。人類學家對非洲、美洲、大洋洲的原始部落都有過深入的田野觀察，相關情況請見本書第 35～42 頁的記述。

在文化人類學的觀察研究當中，北美大平原 Berdache 式即異性裝扮式的同性戀和大洋洲新幾內亞制度化、儀式性的同性戀尤其受到重視。不過 Berdaches 一則人數很少，二則他們並非全是同性戀者；而新幾內亞呢？當地恐怕把同性之交發展得有些過度了。這時再看我國，著名民族、人類學家杜玉亭教授 50 年如一日長期對雲南西雙版納地區的基諾族人進行田野研究，其專著《基諾族傳統愛情文化》為我們提供了一個更具普適意義的同性戀原生態樣本。

在 20 世紀 50 年代中期之前，基諾族是處於父系原始農村公社時代，不同氏族共居於同一村寨。當時在人口近千的巴亞寨，經過成年儀式後，未婚男子（饒考）集體在公房（尼高左）中住宿，發生在這裡的同性戀具有如下特點。（1）多發。少男們在一起共同娛樂、共同勞動，結交相當便利。有一位饒考曾得到 9 位同伴的愛戀，還有一位僅在某一家內就有 6 位伴侶。（2）公開。長期或短期的同性戀關係是為周圍所知的，相戀的伴侶可以在公房裏同居同睡。過程當中如果發生相關糾紛可以在饒考之間進行討論，依理解決。（3）兼容。未婚少女（米考）也會來尼高左娛樂，在那裏結交情人並最終結交到自己的丈夫。饒考們的同性戀經歷通常不會影響他們的結婚生子，同時婚姻也並不意味著同性戀活動的就此結束。妻子對此能夠表示理解，甚至當丈夫的情侶來訪時能夠主動讓出床鋪來讓二人同宿。

可以看出，基諾族中存在著一種和諧自然的同性戀文化，它不疾不厲，完全依從人的天性。在不同的年齡階段人有不同的性心理、性需求，這些不同都得到了充分尊重並使其平穩過渡。筆者認為，上述基諾文化為我們提供了一個

鮮活參考，可藉以推定中國早期同性戀的大致面貌。但早期沒有文獻可查，憑空臆推顯然屬於草率。為此，不妨可以首先確定緊接其下的先秦時期（這裡指西周、東周）的同性戀面貌，然後再據以上推。

先秦時期，相關關鍵記載可以找出3點。（1）《戰國策・秦策一》載有春秋時期「美女破舌」和「美男破老」的故事〔註1〕，美男和美女並列，這在一定意義上可以說明當時男色流行的程度。（2）《周書》即《逸周書》之《祭公解》，《左傳》桓公十八年、閔公二年，《國語》之魯語下、晉語一，《禮記・緇衣》，《韓非子・說難》等都對女寵與正后爭寵、男寵與正卿爭權的現象表示譴責，如《左傳》閔公二年：「內寵並后，外寵二政，亂之本也。」內寵即女寵，外寵即男寵，前者多有並不奇怪，後者與前者並列，說明後者多有在先秦時期也屬平常。（3）《史記・佞倖列傳》開頭曾謂：「昔以色幸者多矣。」按《佞倖列傳》記載的是西漢高祖到武帝時期帝王與寵臣之間的同性戀事例，再據《漢書・佞倖傳》，西漢11位皇帝中有7位明確地喜好男色，3位稍有表現，最後一位未長成人。漢代如此，則「昔」也即漢代以前的情況可知。

先秦時期國君與寵臣之間的同性戀普遍存在，「以色幸者多矣」。大概估計，半數左右的君主有此愛好，著名的如衛靈公與彌子瑕、楚宣王與安陵君、魏王與龍陽君等。雖然君臣同性戀受到了一些指責，但這與同性戀本身關係不大，主要是由於寵臣干政擾亂了正常的政治秩序。而在社會生活的層面上，君臣男風的普遍多發說明社會普通人群之中同性戀也是一種多發現象，只是因為先秦文獻是以君主為集中反映對象才造成了普通男風的反映較少。

在先秦時期，家庭、私有制和國家制度已趨成熟，以儒家為代表的經典文化思想已經產生。據《周易》等哲學典籍，儒家持具一種陰陽主義的自然觀、世界觀，認為自然萬物包括人都是陰陽二氣相互作用的產物，陰陽規律存在於萬物當中，是自然界最根本的規律，有天就有地，有雄就有雌。並且推物可以及人，陰陽規律也必然是人類社會的最根本規律，君與臣、父與子、夫與妻都是陰陽關係的體現，能夠符合陰陽之道。而同性戀呢，顯然男性與男性、女性與女性的性戀是陽與陽、陰與陰的關係，與陰陽之道正相違背。這就決定了同性戀不會得到主流社會文化的支持。可現實當中先秦男風男色又是比較繁榮的，其原因主要在於，儒家陰陽主義的側重點是強調陽尊陰卑，以確立君為臣綱、父為子綱、夫為妻綱的基本社會規範。在性戀問題上，它看重的是男性對

〔註1〕 見本書第44頁。

女性、丈夫對妻子的支配與控制。而同性相交固然不符合陰陽之道，但在實際生活中這一現象是受到了忽視的，人們對它所採取的除去陰陽主義還有自然主義的一種態度。前者以陰陽為自然，深思熟慮，其實是人為地對自然進行了選擇加工；後者以存在為自然，無思而行，順應現實而不自知。在先秦時期，自然主義的自然觀、世界觀的存在導致了當時男風同性戀的依舊繁榮。那麼由此上推，夏商時期家庭、私有制和國家形態還較粗疏，社會思想也只有初步的展開；原始社會後期更是社會組織極其簡略，社會思想幾乎無從談起。因此，早期同性戀所處的時代更是自然主義世界觀的時代，同性戀的興盛是不言而喻的。這時我們再看基諾族群中的同性戀表現，它確實不是特例，而是一個典型例證可以代表早期同性戀的普遍形態。

二、觀念演變

　　經過早期階段，由文明社會初期繼續延展，同性戀進入了它的傳統階段。傳統社會的起始標誌是系統哲學思想的產生，其在東方的代表是儒學，西方的代表是基督教。面對日趨紛繁複雜的社會結構，其時人類的智思也開始趨於「深化」。之所以對此深化要用引號，是因為深思並未導致確思。問題想到了，卻未能給出恰當的答案。在中國和歐洲，儒學和基督教分別最終佔據了各自思想領域內的統治地位，借用佛學用語，這兩種思想都屬於「有」派，過於執著於僵化的唯心主義理念。中國儒學衍進到宋代的理學，西方基督教衍進到中世紀神學，「有」派特徵更是達到了登峰造極的地步，將各自理念細密認定為天諭神授的永恆真理。表現在性戀問題上，中國執著於陰陽觀念，西方執著於自然規律，雖然程度不同但都對同性戀表示反對。

　　陰陽規律和自然規律名異實同，都認為只有男女之間的異性戀才能符合天道人情。而按照前面部分的分析，同性戀的產生和存在本來也是一種自然現實，可傳統社會的經典思想卻把它定性為反自然。可見，傳統思想對於「自然」存在著概念獨佔現象。異性戀的主流文化越思考就越僵化，將自己視為正統，將自然據為己有以來強化這種正統。而在實際上，所有這些其實都是對自身缺乏自信的表現。首先看理論。自然規律代表著絕對永恆，傳統思想以此來認定自己是屬於絕對真理。既認之後，它就進入了由上天上帝製造的一個避風港，不必再去做合理性的論證。因此這是一種有目的的主動認定，力圖一勞永逸地解決問題，為的就是要避開實踐的檢驗，它害怕失去神聖光環的理論會被其他

「異端邪說」所戰勝。其次看實踐。面對結構複雜的社會現狀，傳統思想認識到文明社會的首要任務是建立秩序規範，不能如同一盤散沙。這時它從自然規律中尋找依據，所施行的具體措施過於強調秩序，是以收束來求穩定，極大束縛了人的個性自由。它以克制為美德，以享受為墮落，對人的自控能力缺少信心，認為放開就會混亂。其結果就是傳統社會的面貌變得刻板而無味，因需求不足而發展緩慢。

就同性戀而言，東西方傳統思想都對它表示反對，這被認為是維護社會秩序的一個必要組成部分。但兩者也有不同之處，在東方的中國，儒家的陰陽規律側重於強調男尊女卑，男女授受不親，女性地位過於低下。而對於同性戀則相對具有一種自然主義的兼容性，即便理學思想控制了社會生活之後，同性戀雖然益趨隱秘不過內裏依然還是比較活躍。作為對比，在西方的歐洲，基督教的自然規律完全排斥對於同性戀的自然主義，所有同性戀者都是雞姦罪犯，甚至可能會被處以死刑。而基督教對於男尊女卑則未側重強調，男女交際相對自由，婦女的社會地位比較高。由此可見，所謂陰陽觀念、自然規律，即便它確實就是真理，其自身也是抽象而寬泛的，在社會實踐當中會受到不同的理解。可無論儒家還是基督教，它們都將各自具體的社會規範當作觀念規律的唯一現實結果，這在推論上是不合邏輯的。規範越具體越會受到各種環境因素的影響，越具可變性。東西方主流思想都忽視甚至要否定這種變化，雖然因此可以心安理得於自己的選擇，同時卻也自縛了手腳，看不到其他選擇的合理性。

由猶太教而來的基督教其對待同性戀的態度就受到了外部環境的強烈影響。在猶太教形成時期，猶太人自謂「選民」，對自己周圍的其他「異民」表現出了一種強烈的優越意識。既然獨荷天選，就應當獨具特色。在當時的地中海東部地區，同性戀曾有比較興盛的存在。這種情況下，如果在自己的教義中把雞姦同性戀判定為一種十惡不赦的醜行，確實能使本民族顯得道德純淨，別具一格。《舊約》之《肋未紀》寫道：「若男人同男人同寢，如男之與女，做此醜事的兩人應一律處死，應自負血債。」而這就決定了對猶太教有諸多繼承的基督教對於同性戀的態度，《新約》之《羅馬書》寫道：「男人放棄了與女人的順性之用，彼此慾火中燒。男人與男人行了醜事，就在各人身上受到了他們顛倒是非所應得的報應。」這是對同性戀多麼強烈的詛咒，作此詛咒的新的背景因素是：早期基督徒是受羅馬帝國的統治，面對古羅馬社會以同性戀興盛為特

徵之一的所謂驕奢淫逸，處於受迫害地位的基督教又一次需要明確自身與所謂異教徒的區分，於是雞姦同性戀又進一步地受到了否定。所以，基督教一般地反對同性戀可以說是受到了所謂自然規律的指引，而態度如此嚴厲則是有其具體原因的，這是它進行文化自立的一種手段。

中國儒家對待同性戀的態度未走極端，但它在兩性關係上過於強調男女差異，儒家社會也是一個緊張嚴刻的社會。考慮到儒文化的發展淵源有自，總體上是屬於自我成長，因此可以將其視為人類思維意識演變的一個典型。開始，先秦時期的儒學還是比較質樸的，孔孟先哲以禮教為核心來規範社會，不過他們基本上是只作結論而少論證。到了漢代，公羊學派的董仲舒對於「天人合一」觀念提出了他的系統認識：「天之副在乎人，人之性情有由天者矣。」〔註2〕人是天的副本，人道需符合天道。「君臣、父子、夫婦之義，皆取諸陰陽之道。」而陰陽之道是天道的主要內容之一，故「王道之三綱，可求於天」〔註3〕。經過董仲舒的宣揚，三綱五常成為了符合天道的人道，合理性得到了極大「增強」。再到宋代，二程、朱熹等發展出了體系龐大、論證細密的理學，將陰陽規律歸入無始無終、不依賴天地萬物而永恆存在的天理。即如朱熹所言：「天道流行，發育萬物。其所以為造化者，陰陽五行而已。而所謂陰陽五行者，又必有是理而後有是氣。」〔註4〕自宋元之際開始，理學成為官學，統治中國傳統社會長達六七百年。

脫離社會現實的天道、天理從來就不存在，儒家努力將自己的學說掛靠於天，為的是強化其「真理性」，雖無宗教之神卻要有宗教之威。由於這一目的論上的原因，他們在一條錯路上越走越遠，思維愈縝密就愈陷入謬誤的泥潭。並且將理論應用到實踐時，也是向著嚴苛的方向發展，通過益趨收束來證明理論的絕對性。程頤講：「男女有尊卑之序，夫婦有倡隨之禮，此常理也。」〔註5〕這還說得比較概括，可他還具體言道：婦人「餓死事極小，失節事極大」〔註6〕。這在今人讀來只會感到冷酷，果然是理能殺人。如此來看，男風同性戀的問題沒有專門進入理學家的視野，能夠在實踐上依然比較興盛，實在是它的幸運。其實這能說明，理學在異性戀問題上已將「自然」的意

〔註2〕《春秋繁露·為人者天》。
〔註3〕《春秋繁露·基義》。
〔註4〕《大學或問》上。
〔註5〕《周易程氏傳》卷第四。
〔註6〕《河南程氏遺書》卷第二十二下。

義發揮到了極致，女子完全依附於她們的父親和丈夫，異性間的人慾渠道受到了嚴重阻遏。結果同性戀就成為了一個宣洩口，使得難以男女相交者轉向了男男。

近代以來，尤其進入現當代，人類的思維意識開始發生改變。雖然舊的觀念依然還有較大影響，但新的觀念終究是越來越為人所接受。新觀念同樣承認健康有序是社會運行的追求目標，不過秩序只是一個抽象的原則概念，它並不具體指導人們怎樣去做，也並不具體規定怎樣的表現才是符合要求。這時再看傳統的自然陰陽觀念，首先，它所規定的正常秩序需是有等差的，發生在陰陽異性之間的。因此，相對於更加普遍抽象的現代秩序原則，它便就顯得具體，同時也就必有局限，它認為平等的、同性之間的關係會對秩序造成破壞。其次，尊崇所謂自然規律的傳統觀念在上帝或上天的庇護下全部都是借用自然來為現實的具體措施尋找合理性，結果變得保守僵化，不知變通。而現代觀念已經否定了自然秩序的普適價值，它當然更不會涉及具體的實施層面。現代的秩序原則非常虛化，它只是指出了一個目標，但並不提供現成的實現方式與檢驗標準，從而開闊了社會的視野，人們不再株守天定的規矩藩籬。

現代社會完全立足於現實，是用實踐作標尺來檢驗自身的行為選擇是否合理有序。與傳統社會相比，它的突出特點就是不怕「亂」。依照傳統，男女自由交際、婚前性行為、離婚，當然還有同性戀都是亂的表現，會破壞自然已經立下的規矩，所謂陰陽混淆，綱紀廢弛。而在現代，上述行為固然不可妄為，但以平常心寬和對待之後，現實也絕非人人都不結婚，人人都去同性戀。傳統為了制「亂」而刻意斂縮，以壓抑為高尚，視苦痛為幸福。現代則將所謂的「亂」駕馭為治，將人從虛幻的純潔中解放出來，讓他們去享受實在的幸福。這是人類思維觀念發生了質變的表現，是人對其自控能力充滿了信心的表現。

最後再具體總結一下本文的中心議題——同性戀問題。在其早期階段，社會待之以無思無慮的自然主義，同性戀與異性戀能夠和諧相處。進入傳統社會之後，自然規律勝過了自然主義，同性戀以變態者的身份屈服於異性戀。而到了現當代，自然主義又開始重新勝過自然規律，但這是一種強調可控的自然主義，是對早期狀態的否定之否定：開始時不知做深入的思考，然後越思考越多謬誤，最後在批判謬誤、認真反思的基礎上回歸起始又高於起始。目前荷蘭、加拿大等國已經承認了同性婚姻，在這些國家，同性戀者的行為和情感可以自

由表現，這同於早期同性戀。而同性婚姻則非早期人類社會的自然組織形態，不是他們的直觀思維所能想到的。但同性婚姻絕非要去取代異性婚姻，同性戀的興盛絕不意味著社會是要放棄繁衍後代的責任。

當然我們也需看到，傳統思維觀念的影響力目前依然強大，現代自然主義秩序觀目前更主要的是表現為一種趨勢，其完全實現是一個漸進的過程。在當今世界，不同地域文化之間對待同性戀的態度還存在著巨大的差異。荷蘭等國已由寬容走向支持，而在另外一些國家行為人竟還犯的是死罪。從世界範圍看，中國同性戀的社會境遇是處在中間偏上的位置，學界和媒體已不再稱之為性變態，公眾的理解和接受程度也已提高。不過陌生與疏離依然處處可見，同性戀者還不能光明坦蕩地展現自己的性取向。所以自然主義的否定之否定在中國尚未實現，具體地講，同性戀者所處境遇尚未達到基諾族人的狀態水平。這確實具有某種諷刺意味，不僅同性戀，而且基諾人對待異性戀愛、婚姻的合諧自然的態度方式也很值得當代國人學習。一個僻處「煙瘴荒蠻」之地的少數民族，物質條件固然艱苦，幸福感受卻很豐富。「文明」社會應當由此進行反思，為何想的多了卻是想入了迷途。

雙性戀的歷史與現實

雙性戀的表現是男女皆戀，其中有人對異性和同性確實都有性趣，而另外一部分人則對異性並無性戀心理，他們進行異性戀只是為了遮掩自己的同性戀。前者可謂兼容型雙性戀，後者可謂掩飾型雙性戀，這種類型上的不同已經表明了對雙性戀進行深入探究的必要性。

一、歷史

中國古代的同性戀史總體上其實就是雙性戀史。儒家所推崇的個人發展模式是「修身、齊家、治國、平天下」，組建家庭、繁衍後代是所有男子的立世基礎，同性戀得到認可的前提是同時進行異性戀。典型人物，在實踐上最出名的當為漢武帝。武帝劉徹繼承了乃祖乃父文景之治所創造出的繁盛局面，有充分的條件去廣徵聲色，窮奢極欲。女色方面，他與陳皇后、衛皇后、李夫人、鉤弋夫人演繹出了一幕幕的愛情悲喜劇。男色方面，韓嫣、李延年、衛青、霍去病也皆非等閒之輩。尤其一點，漢武帝所擁有的女男兩色是水乳交融，相互溝通的。宮廷名倡李延年是李夫人之兄，曾在武帝面前以「北方有

佳人，絕世而獨立。一顧傾人城，再顧傾人國。寧不知傾城與傾國，佳人難再得」〔註7〕來形容其妹之美，李夫人因而見幸。軍事名將衛青、霍去病則分別是衛皇后的兄弟、侄兒，均因衛后而得進幸。在實踐和理論上均極出名的雙性戀者當為清代的袁枚。生當康乾盛世，身為詩壇領袖，袁枚的情慾實踐可謂豐富多彩。「享園林之樂，極聲色之娛。文采風流，論者推為昭代第一人，非過語也。」〔註8〕他妻賢妾美，陶、方、陸、鍾諸姬至少已可以湊成十二金釵；同時，他又與桂官等美伶、金鳳等俊僕以及弟子劉霞裳乃至剃頭徒弟陳全寶等有同性關係。理論上，袁枚認為：「人慾當處，即是天理。」「屏聲色、絕思為，是生也而以死自居，人也而以木石自待也。」〔註9〕在《答相國勸獨宿》中他曾寫道：「夫子循循善誘，教以隔絕群花，單身獨宿。甚矣，先生之迂我也！枚自幼以人為薔，迄今四十年矣。橫陳嚼蠟，習慣自然，願夫子之勿慮也。」〔註10〕袁枚以人為田，無日不耕。具體地講，他在耕田時是不分男女的，美男也好，麗女也罷，只要柔曼美麗他就會喜歡，願意去播雲撒雨。

歷史上，衛靈公、漢高祖、袁中道、鄭板橋等人也都是著名的雙性戀者。至於普通人物的雙性戀，在豔情小說《浪史》當中，風流子弟浪子娶文妃為妻，以陸姝為男寵。並且他還樂於為男寵做牽頭，曾對陸姝講：「他是吾妻，你是吾妾，瞧也不妨。你這個好模樣，就要幹他，吾也捨得與你。」〔註11〕陸姝可女可男，乃與文妃歡好交接。事後浪子又對文妃講：「陸姝便是我妾，你便是吾正夫人。三人俱是骨肉，有甚做人不起？」「你便恁地容我放這個小老婆，我怎不容你尋一個小老公？」〔註12〕自後陸姝便稱浪子為哥哥，文妃為嫂子，三人同眠同食，男色女色交織。明人尺牘集《丰韻情書》曾經收有兩封書信，第一封，吳中楊生既耽女妓復戀龍陽，其友周生乃戲恫以杖流之刑。而楊生的回答理直氣壯，他認為己之所為乃人之常情：「吾所以行樂者，不負其青春也。況杜秋娘難忘其前情，龍陽君深感其厚意。此可與知趣人兒道，難與固執之士言也。尊語云云，既曰杖九十，復曰杖九十，二九一百八，弟其無完膚乎？然有此古怪律法，無此古怪官長。蓋官長內側室外門子，人人而有也。善

〔註7〕　《漢書‧卷九十七上‧孝武李夫人傳》。
〔註8〕　《隨園軼事‧序》。
〔註9〕　《小倉山房文集‧卷十九‧再答彭尺木進士書》。
〔註10〕《小倉山房尺牘》卷一。
〔註11〕《浪史》第二十八回。
〔註12〕《浪史》第二十九回。

酒者不斷人以酒，惜花者豈禁人以花？」〔註13〕楊生生活在享樂主義盛行的明末，單獨的變童或女妓已不能滿足他的奢欲，男女並陳才能給他帶來最充分的刺激與快感。

中國古代的雙性戀有一個突出特點，就是在見諸記載的雙性戀人物的同性戀中，主動─被動關係的存在相當明顯。主動一方的身份是帝王、官員、主人、豪客、老官等，被動一方的身份是幸臣、門子、寵僕、優伶、小官等。僅看一個表現，古代同性戀名詞中表示不平等關係的顯然要多於表示平等關係的，而在表示不平等關係的同性戀名詞中多數又都是表示被動者的，如佞倖、龍陽、變童、男寵、相公、兔子等。這就說明中國古代的同性戀在一定程度上是一種欣賞型乃至玩弄型的同性戀。主動方掌握著權勢、財富、聲名等各種權力資源，同時話語權也是掌握在他們手中。因此，他們可以比較容易地把地位低下者收為被動的、被賞狎的男寵。在對這種同性戀關係進行表述時，主動方不需要特殊的名詞來對自己進行認定，他們仍是以帝王將相、士人商賈的社會身份出現。而被動方雖也有臣僕、優伶等普通的社會身份，卻還要被特定的名詞如變童加以認定，以突出他們的特殊性、被欣賞性，從而表明了社會的關注所在。

古代社會的身份等級制使得上層主動的同性戀者對於下層被動者具有較強的控制能力，可以行隨己意，為所欲為。《弁而釵》情貞紀中，酷嗜男色的風翰林某夜「情思勃然，不能遏禁」，便開始調弄年只十四歲的侍僕得韻。「得韻不敢推辭，又不敢應承，喘吁吁的只是顫。翰林道：『不妨，我擡舉你。』得韻只不回語。翰林把他橫推在床上，……得韻未經大敵，實是難當。只是家主公擡舉，怎敢裝腔？咬著牙根，認他橫衝直撞。」明明是翰林得趣，忍受著痛楚的童男得韻卻認為自己是受到了擡舉。在當時的社會，這確實是擡舉，過後得韻將能得到翰林的另眼看待，那點疼痛又算得了什麼？

並且，身份等級制之外，古代社會同時還存在著男權夫權制，男性強權，夫為妻綱。這就使得家庭中的丈夫對於妻妾是處於明顯的支配地位，可以較少考慮對方的要求和感受。在一夫多妻的家庭制度中，忌妒是七出裏的一條，妻子無權干涉丈夫的性戀生活。娶妾收婢既然合情合法，丈夫也就可以心安理得地去收變童蓄龍陽。而在明清豔情小說當中，更會不時地出現這樣的情節：丈夫既收豔女又蓄美童，結果是數人同床，花樣翻新。所謂「瞻之在前，

〔註13〕《丰韻情書》卷二。

忽焉在後」〔註14〕，男、女二色交互錯雜，為夫者從中獲得了最大程度的情慾滿足。

　　古代中國就如同一個大的試驗場，把兼容型雙性戀可以達到的普及程度驗證了出來。在中國以外，新幾內亞的原始部落和古希臘的城邦制國家同樣也可以驗證如下一個結論：如果社會環境適宜，兼容型雙性戀在人口當中所佔的比例會有一定程度的提升，肯定會高於純粹的同性戀。這是性態表現上人與動物的一處重要區別。雖然現代的生物學研究已經肯定某些動物當中也存在著同性性行為，但這是純生理因素在發揮著作用。人則不同，他們生理之外還有豐富而活躍的心理活動，可以對他人產生出感情。感情的精華是愛情，而異性戀的愛情可以外展外化，人具有了愛的能力後其同性也能成為性戀的對象。在此意義上，同性戀是社會文化的產物，愛的產物，是可以後天產生的。由於心可生愛，即便某一社會單元並不支持同性戀，其所屬成員中的某些人在成年之後也能在人際交往中感受到來自於同性的性吸引。而在中國古代，等級身份制、男權夫權制都是同性性吸引的催化劑。後天的同性戀通常不易絕對，容易成為適應良好的兼容型的雙性戀。

　　而基於生理原因的天生的同性戀似易絕對化，他們對異性全無性趣，雖然結婚卻不能產生基於性愛的男女情愛。他們所謂的雙性戀係屬掩飾型，所做所為會給妻子造成極大的痛苦。但是，古代文獻對此反映不多，關注較少。其原因，一方面男權夫權制社會就是一個剝奪婦女幸福的社會，並不重視女子的哀樂悲喜。另一方面，同性戀在古代總體上是被當成了異性戀的補充，古人看到想到的主要是兩者的協調兼容，從而淡化了絕對同性戀的存在。

二、現實

　　與古代相反，當代雙性戀是掩飾型的受重視，兼容型的受忽視。

　　掩飾型雙性戀受重視，並不是說它得到的支持力度增強，相反，各方所強調的正是它的危害性，希望它能夠逐漸減少。在「雙性戀」丈夫一方，他們會反覆痛說來自家庭和社會的成婚壓力、自己的竭力抵拒與無奈妥協、夫妻性生活的不和諧和對妻子的深深愧疚：

　　　　　　為了我的婚事，媽媽只差沒給我下跪了。她就是不明白各方面
　　　　條件都不錯的我為什麼不找女朋友，對婚事一點也不著急。在只有

〔註14〕語出《論語·子罕》，借來戲指陰道性交和肛門性交。

萬人的小鄉鎮，我的婚事成了同學、親戚朋友的問候語，每天不勝其煩甚至口出惡語。〔註15〕

很多女孩追求過我，我總怕女孩喜歡我，處處回避。鄰居家一個女孩，喜歡我快有五年了，我感覺很對不起她。前年父母強行作主，為我找了對象。我不答應，爸和媽就用不吃不喝的方法脅迫我。我沒辦法，只好答應下來。〔註16〕

在眾人眼裏，我的工作生活都是很如意的，但他們怎麼知道我的心、我的苦惱之情呢？我既要維護在他人面前的尊嚴，又要維持這個家庭。我面對著妻子、兒女以及家人，總有一種對不起他們的負罪感。另外，就是與妻子的性生活，我都是以種種藉口推脫或是勉強匆匆了事。面對她，我的心都要碎了！〔註17〕

在妻子一方，她們會痛說自己得知真相之前的困惑和之後的震驚：

從正式與他成為夫妻到現在近五年了，我和他一直過著無性的婚姻生活。有一天他對我說，我們的無性婚姻是因為他工作太忙太累的原因，我相信了。從此我對他的照顧更加用心了，我體諒他的「辛苦」，接受了無性婚姻。其實作為妻子，我也曾感到他對身邊所謂的「小弟」好的超出了一般的關係，甚至可以說他對他們遠比對我好。〔註18〕

我是個27歲的女人，現在懷了9個月的身孕。本來我是懷著幸福心情憧憬寶寶降臨的，可就在幾天前我知道和確定了我的老公是同性愛者，我一下子從幸福的頂端墜入到痛苦的深淵。剛開始知道這件事時我都不想活了，可是我又可憐還沒出世的孩子，我現在不知該如何面對丈夫。〔註19〕

近年以來，隨著對同性戀認知的漸趨深入，「同妻」的概念漸為社會所知。2012年6月中旬，四川大學教師羅洪玲因無法忍受同性戀丈夫的鄙劣所為而自殺，這一典型事件引起了輿論的一時轟動，同妻們的慘痛經歷加深了

〔註15〕《朋友通信》第48期，2005年12月出版。
〔註16〕《朋友通信》第11期，1999年10月出版。
〔註17〕《朋友通信》第53期，2006年10月出版。
〔註18〕《朋友通信》第48期。
〔註19〕《朋友通信》第53期。

社會對於同性戀的負面評價。當然，何為同妻？這涉及到對同性戀應如何進行定義。〔註20〕既然這些已婚女性的淒涼生活如此不堪，顯然她們的丈夫是絕對型的同性戀。不過在筆者看來，相對型的同性戀也即兼容型的雙性戀同樣也是同性戀。因此，同妻有廣義和狹義之分，當前各界是在狹義上使用這一概念。而在廣義上，相當多同妻的夫妻關係包括性關係大體尚可。

與掩飾型雙性戀受到的集中關注相比，目前兼容型雙性戀可以說少為人知。這樣的雙性戀者總體上是處於一種沉默狀態，不便發出自己的聲音，表達自己的感受。究其原因，他們的婚姻生活大體是和諧的，婚姻之外的同性戀在性質上則是屬於通姦。因此，他們沒有那種無法忍受、不說不可的痛苦體驗，或多或少的同性偷歡又不可能拿去四處宣傳。這樣一來，處在圓滿與絕望之間的他們所能選擇的只能是一種隱諱的生活方式，既願意保持婚姻又會相機去暗尋外遇。

但不顯現出來並不表明人數必定就少。例如現代同性戀的概念中還有一種境遇型同性戀，也即發生在軍隊、監獄等異性缺乏環境下的同性之戀。一般來講，當事者脫離特定環境之後會選擇普通的異性戀生活，結婚的結婚，團聚的團聚。因此，公眾和學界傾向於認為境遇型同性戀者本質上就是異性戀者，他們的同性戀只是一種暫時的替代行為。筆者的認識與此有異：沒有人強迫當事者去同性戀，他們是主動去做的，是獲得了生理和心理上的滿足的。因此，這種現象可以說明的是筆者在本文前面所提出的觀點，即人在性向選擇上具有主動能動性，適應良好的雙性戀者可以在人口當中佔有比較高的比例。只是由於社會的主流文化是異性戀文化，異性戀行為得到了社會的支持和讚賞，同性戀則會受到醜詆和批評，這才促使原本兩可之人去選擇一可。但他們本質上就是典型的雙性戀，如果存在一個同、異平等的社會環境，他們的同性戀潛質也能夠充分地體現出來。

境遇型同性戀之外，青春期少年夥伴之間的性嬉戲、性行為並不妨礙其中許多人日後成為異性戀，這一現象同樣可以說明人的同性戀潛質的存在。由於主流文化對這方面的潛質進行了抑制，大多數人就連偶發的同性性行為都未經歷過，從而始終認為自己就是一個純粹的異性戀，不知兩性皆戀為何物。

近年以來，商業性同性戀的狀況逐漸引人注目。在夜店 KTV、SPA 按摩會所，有些男性從業者是為同性提供色情服務，方式從性挑逗、打飛機直至發

〔註20〕這一問題比較複雜，請參見本書代自序。

生肛交性行為。不過在與客人交流時，他們大多是自稱直男異性戀的。自稱直男並無不當，這些服務男客的男子確實更對女性感性趣。他們有的已婚，有的已有女友，未婚者日後大多數都會結婚，可以給予妻子通常的性滿足。那麼，他們就不也是同性戀嗎？不可能不是的。許多論者總強調他們只有行為沒有心理，但若無性心理，身體上的反應從何而來？在與男客互動時，這些公關、技師也是處於性興奮的狀態，心情是愉快的，行為是主動的，有人進而與男客還會發生或深或淺的感情關係。這種商業型的同性戀尤其能夠說明，在特定條件下，兼容型雙性戀的存在範圍是可以比較寬闊的。

雙性戀的當代面貌與古代明顯不同，古今的社會面貌也已是發生了深刻變化。首先，等級身份制為身份平等制所取代。身份平等與否與同性戀關係的結成難易並無必然聯繫，不過在等級身份制之下，官宦豪富之家或多或少都蓄有奴僕，有些奴僕更是專門用來提供聲色之娛，即家優家樂。在這樣的家庭環境裏，家主可以方便自然地收取孌童男寵，比納妾收婢還要便利。而現代社會已無人身依附，僕從成群的家庭已不可見，家內的主從同性戀也就失去了發生的基礎。

同時，男權夫權制為男女平等制所取代。男女平等只是相對而言，現代社會兩性並未完全平權。不過在現代男女、夫妻的關係模式下，一夫一妻制已是得到了完全的確立，婚外情會受到道德的譴責乃至法律的懲治。其結果，一方面掩飾型雙性戀會感到現實令人絕望，夫妻矛盾幾乎無法解決。另一方面，兼容型雙性戀也只能是在可公開的層面上得到部分的滿足，夫妻關係中總是隱含著缺憾。

也就是說，雙性戀在古代對於男性丈夫而言在某種意義上談不上是一個問題，以犧牲婦女幸福為代價，無論兼容型還是掩飾型，雙性戀丈夫的同性戀慾求都可以獲得滿足。而現代社會女性妻子的地位已明顯提升，男性丈夫的同性戀變得不易實現。對於掩飾型而言，這種不可承受的痛苦必須說出，從而成為了一個顯性問題；對於兼容型而言，他們同樣有苦卻難以言說，從而成為了一個隱性問題。

至於此類問題的解決，這既是理論問題更是實踐問題，就看社會對於秩序如何進行定義。實體可以對應多個徵象，我們至少不應把實體的價值唯一化。某種性戀行為並非必然會導致某種好或壞的結果，結果在相當程度上是人自我設定的。因此，今後在觀念上就應當樹立一種開放能動的意識，不要死死地

為某種行為貼上某種標簽。換上一個新簽，人更自由了，社會未必就是禮崩樂壞的一種狀態。當然，這對人的自控能力也提出了更高的要求，對後代的精心養育、個人的充滿活力、社會的健康有序不可因性環境的相對寬鬆而受到損害。我們正處在一個物質主義的時代，憑著生產力水平的火箭式上升而不知饜足地向自然索取。而也正是因此，人類開始產生末日崩盤的隱憂。所以，對物慾的節制應當開始了，單憑人與人相愛，即便布衣蔬食幸福也可以自心而生。在這方面，兼容型雙性戀有其存在的特定空間。至於掩飾型，它總體上的消失之日就是社會性文明發生了質的變化之時。

中國古代對於男風同性戀的歷史總結

歷史是一個動態的概念，任何時代的以前都是歷史。在中國古代，男風同性戀綿長延續，從未間斷，對它的總結回顧並非始於當代。古代史家學者的相關總結相對比較簡單，但所表達的觀點認識也是同性戀史的重要組成部分，有助於今人更加全面地認識古代同性戀的面貌特徵。

一

清代學者紀昀曾謂：「雜說稱變童始黃帝，錢詹事辛楣如此說。辛楣能舉其書名，今忘之矣。殆出依託。」〔註21〕按：錢大昕，號辛楣，乾嘉學派的代表人物之一。以他學問涉獵之廣，讀到各種雜說異聞自屬常事。但是，就像其友人紀昀所認為的，把男風變童的起源指向黃帝，全憑推測，這只能是依託之論。不過就實際情況而言，在中華文明之始同性戀已經存在也是毫無疑義的。

對於男風歷史的最早總結出現於漢代。司馬遷《史記·佞倖列傳》開頭曾謂：「昔以色幸者多矣。」按《佞倖列傳》記載的是西漢高祖到武帝時期帝王與寵臣之間的同性戀事例，再據《漢書·佞倖傳》，西漢 11 位皇帝中有 7 位明確地喜好男色，3 位稍有表現，最後一位未長成人。既然漢代如此，則「昔」也即漢代以前的情況可知。大概估計，先秦時期半數以上的君主會有男色外寵之好。而上有所好，下必從之，當時社會上的男風同性戀面貌由此也可推知。

〔註21〕《閱微草堂筆記》卷十二。

　　《宋書》是南朝齊梁間沈約所撰，其《卷三十四·五行五》曾記：「晉惠、懷之世，京、洛有兼男女體，亦能兩用人道，而性尤淫。案此亂氣之所生也。自咸寧、太康之後，男寵大興，甚於女色，士大夫莫不尚之，天下皆相放效。或有至夫婦離絕，怨曠妒忌者。故男女氣亂，而妖形作也。」咸寧、太康為西晉武帝年號，男寵甚於女色，「亂氣」致生人妖。記載當中，這是中國歷史上男風最為強勁的時期。當然，如果講這一時期一直是如此，這顯然顯得言過其實，不過大體上當時男風一直處於一種活躍狀態應是必定的事實。

　　中國古代的同性戀名詞在表達上通常不大直接，典故詞如分桃、斷袖等比較常用。但有一點，從文本來看，像漢哀帝與董賢之間的斷袖故事其同性戀事實是無可懷疑的。而先秦時期的典故如分桃、龍陽，其原始記載所表現的是君主對幸臣的寵遇，並未明言床第之愛。後世以之為男風典故，即是對其同性戀事實的確認。這種確認完成於魏晉南北朝時期。魏·阮籍《詠懷》詩詠及楚國安陵君、魏國龍陽君：

　　　　昔日繁華子，安陵與龍陽。

　　　　天天桃李花，灼灼有輝光。

　　　　攜手等歡愛，宿昔同衾裳。

　　　　願為雙飛鳥，比翼共翱翔。〔註22〕

梁·劉遵《繁華應令》詠及衛靈公與彌子瑕之間的分桃故事：

　　　　可憐周小童，微笑摘蘭叢。

　　　　幸承拂枕選，得奉畫堂中。

　　　　剪袖恩雖重，殘桃愛未終。

　　　　蛾眉詎須疾，新妝遞入宮。〔註23〕

　　唐代歐陽詢等編纂的《藝文類聚》是一部著名的類書，其卷第三十三人部設有《寵幸》類，人物包括楚文王、鄭厲公與申侯，宋公與向魋，衛靈公與彌子瑕，楚王與安陵君，魏王與龍陽君，漢高祖與籍孺，漢惠帝與閎孺，漢文帝與鄧通，漢武帝與韓嫣、李延年，漢昭帝與金賞、金建，漢成帝與張放，漢哀帝與董賢，魏太祖與孔桂〔註24〕，魏明帝與曹肇，晉·桓玄與丁期，晉·周小史等。

〔註22〕《玉臺新詠》卷二。

〔註23〕《玉臺新詠》卷八。

〔註24〕桂一作桂，見《三國志·卷三·明帝紀》。

　　在上述人物當中，漢代諸人見於《史記·佞倖列傳》和《漢書·佞倖傳》，由此也就確定了《寵幸》類的同性戀性質。就先秦時期而言，彌子瑕、安陵君、龍陽君的可能性本來就相當大，他們與鄧通、董賢等並列，可以表明唐人是以男風人物視之的。而包括申侯、向魋以及後來的孔掛、曹肇、丁期等在內，綜合來看相關原始記載所反映的同性戀可能性或多或少要小一些。他們位在其中，能夠反映唐代人在當時的認識。不過就當代而言，我們還是應當持有一些存疑的態度。

　　在明代，嘉萬年間王世貞所編類書《豔異編》卷之三十六為《男寵部》。較之《寵幸》類，在字面上同性戀的含義可謂是明確的。其前代條目包括：宋朝、向魋、禰（彌）子瑕、龍陽君、安陵君、鄧通、韓嫣、金丸、李延年、馮子都、張放、董賢、斷袖、董賢第、秦宮、曹肇、丁期、鄭櫻桃、慕容沖、王確、陳（韓）子高、王（蕭）韶。在此基礎上，明末馮夢龍《情史》卷二十二之《情外類》續有增加，前代條目包括：丁期、王確、向魋、龍陽君、安陵君、籍孺、閎孺、孔桂、曹肇、周小史、王承休、鄭櫻桃、董賢、張浪狗、襄城君、申侯、鄧通、韓嫣、張放、弄兒、彌子瑕、王（蕭）韶、李延年、慕容沖、宋朝、秦宮、馮子都、陳（韓）子高。按：男外女內，「情外」意即男男之情，和「男寵」一樣，都具有明確的同性戀含義。

　　學界通常認為，明人學術不甚嚴謹，這在《豔異編》中即有體現。例如其《宋朝》條記謂：

　　　　宋朝，宋公子，名朝，有美色。仕衛為大夫，有寵於衛靈公，遂烝靈公嫡母襄夫人宣姜。已，又烝公之夫人南子。朝懼，遂與齊豹、北宮喜、褚師圃作亂，逐靈公如死鳥。靈公既入衛，與北宮喜盟於彭水之上，公子朝出奔晉。既自晉歸宋，靈公以夫人念南子之故，復召朝。太子蒯聵獻盂於齊，過宋野，野人歌之曰：「既定爾婁豬，盍歸我艾豭？」太子羞之。

　　按：私通宣姜，發動叛亂的是公子朝；私通南子，與衛靈公很可能具有同性戀關係的是宋朝（子朝、宋子朝），兩者並非一人。前事發生在衛靈公十三年（前522），後事發生在衛靈公三十九年（前496）。

　　再如《鄭櫻桃》條：

　　　　鄭櫻桃者，襄國〔註25〕優童也，豔而善淫。石虎為將軍，絕璧

─────────────

〔註25〕後趙都城，今河北邢臺。

之。以櫻桃譖，殺其妻某氏。後娶某氏，復以櫻桃譖殺之。唐李頎
有《鄭櫻桃歌》，誤以為婦人。

按：據《太平御覽》卷第三百七十一、三百八十、三百八十七所引《二石
偽事》、《十六國春秋》、《趙書》以及《晉書·石季龍載記上》，綜合考慮，歷
史上的鄭櫻桃應當是一位女性。

《豔異編》的問題《情史》也予以了繼承。不過在前書基礎上，《情史》
又增加了九個條目，從而在歷代類書當中對同性戀的總結內容最為豐富。

清代中期，吳下阿蒙〔註26〕所編《斷袖篇》以古代同性戀最標準的指稱詞
「斷袖」為名，明代之前的條目包括：申侯、宋朝、禰（彌）子瑕、向魋、襄
城君、龍陽君、安陵君、籍孺、閎孺、鄧通、弄兒、李延年、韓嫣、馮子都、
張放、董賢、秦宮、孔桂、曹肇、周小史、慕容沖、鄭櫻桃、丁期、王確、王
（蕭）韶、陳（韓）子高、張浪狗、王承休。通過比較可以看出，《斷袖篇》
的相關內容和《情史》是一致的，不過前者按照時代先後對條目順序進行了
調整，而《情史》則按情貞、情私、情愛、情癡、情感、情化、情憾、薄倖、
情仇、情報、情穢、情累等的順序對條目進行了細分，例如從申侯到弄兒是屬
於情憾類。

整體來看，中國古代對於同性戀的歷史總結是比較簡略的。主要集中於人
物事蹟，人物又集中於君主與他們的嬖幸。缺乏原因分析、全面表述，也缺乏
價值判斷。古代社會對於同性戀是持一種曖昧的傾向於中立的反對態度，不把
它放在聚焦之下，不予以特別的關注。明清之前的史料本身就比較少，簡略的
總結大體能夠把知名人物包括在內。有些人物的相關原始記載其所反映的關
係狀態存疑，他們與明確者被歸入一類，具有統一社會認識的作用。既然類書
如此歸類，大家不妨也就如此認為。

但有一點，在對古代男風的歷史總結中，始終存在著典型事例與疑似事
例的區分問題。前面在分析《藝文類聚》時已經指出了由典型到疑似的環形變
化，而此環如果繼續擴大，那麼可能性很小乃至不可能的事例也會被圈入進
來。清代張英等奉敕編纂的《淵鑒類函》規模巨大，其卷三百十三《寵幸》類
所收事例是以《藝文類聚·寵幸》為基礎，此外又增加了近二十條。所增諸例
條大體可以分為兩種情況。第一種，包括漢文帝與趙談（同）、南齊東昏侯與

〔註26〕或即道光年間北京優伶鴻翠（俞雯），見蕊珠舊史（楊懋建）所著《長安看花
記》，《清代燕都梨園史料》，第306頁。

梅蟲兒等、唐懿宗與李可及、後唐莊宗與諸優、明武宗與朱（錢）寧等、明武宗與劉瑾等在內，據相關原始記載，可以視為可能性或大或小的男風事例。第二種，包括南朝宋孝武帝與顏師伯、南齊鬱林王與綦母珍之、南齊東昏侯與蕭遙光等、唐中宗與諸斜封官員、唐玄宗與楊國忠、唐玄宗與李林甫、後周太祖與王峻、宋徽宗與蔡京、宋理宗與賈似道、明英宗與王振、明英宗與石亨等、明憲宗與汪直、明世宗與談相等在內，受到寵幸的就是一些傳統意義上的權臣、奸臣、權監。他們的受寵無關男風，與分桃斷袖之愛性質不同。因此，《淵鑒類函》的體例有不嚴謹之處，《寵幸》類的收錄過於廣泛，應當另設《奸臣》類以收入李林甫等人、《宦官》類以收入王振等人。

二

在反映古代不規範的君臣關係時，「佞倖」是一個重要概念。正史當中，《史記》、《漢書》、《宋史》、《金史》、《明史》設有《佞倖傳》。就所收人物而言，前二史均為同性戀人物，後三史則大多不是。《金史·佞倖列傳序》：「世之有嗜慾者，何嘗不被其害哉！龍，天下之至神也，一有嗜慾，見制於人，故人君亦然。嗜慾不獨柔曼之傾意也，征伐、畋獵、土木、神仙，彼為佞者皆有以投其所好焉。」《明史·佞倖列傳序》：「漢史所載佞倖，如籍孺、閎孺、董賢、張放之屬，皆以宦寺弄臣貽譏千古，未聞以武夫、健兒、貪人、酷吏、方技、雜流任親昵，承寵渥於不衰者也。至顧可學、盛端明之屬，皆起家甲科，致位通顯，乃以秘術干榮，為世戮笑。此亦佞倖之尤者，附之篇末，用以示戒云。」簡言之，佞倖的整體特徵是與君主具有親近的私人關係，能夠滿足君主的私人嗜慾，而這些慾望的滿足不利於國家的正常治理。清代錢兆鵬《周史·佞倖列傳序》總結先秦時期的佞倖，將其各種類型都包括在內：

> 讒慝之生，何代無之，患在人主近之而已。故聖人曰：「遠佞人。」成王以沖齡踐阼，周公為傅，召公為保，左右前後莫非端人正士矣。而周公猶惓惓戒於王曰：「繼自今立政，其勿以憸人。」憸人云者，詐足飾非，言足拒諫。此公所以誥誡丁寧，思深而慮遠也。厥後厲王說榮夷公而民始擾，幽王任皇父號石父而政益壞。昧爽丕顯，後世猶怠，公已預籌之矣。東遷以來，列國君臣知此義者蓋少。於是乎衛有彌子，楚有費無極，吳有伯嚭，宋有桓魋，魯有臧倉，齊則前有雍巫，後有梁邱據，晉則前有優施、二五，後有胥童、夷陽午、長魚矯之屬。大而身弒國亡，小而身危國削，豈細故哉！嗟嗟，庸

主固不足責，賢如齊桓而猶不免此，可見若輩傾巧便給，必有籠絡
人主固寵希榮之術。一為其所愚弄，則心志蠱惑，舉動牽制，雖有
善者亦末如之何已。〔註27〕

此列傳中，彌子瑕是人所共知的男色人物，桓魋、臧倉、二五、胥童、夷
陽午、長魚矯也都有所表現。雍巫、優施身份低賤，分別以廚藝、優笑得寵。
虢石父、費無極、梁邱據身份高貴，但為君主的女色之娛提供諮助，或與君主
共宴樂。他們恰可以代表不同特點的佞倖。而像榮夷公、伯嚭，二人就是出身
高貴的奸臣，與君主的私生活關係不大，稱之為「佞倖」其實是不合適的。

古代史進入清代，乾嘉學派重視考據，是古代學術研究的一座高峰。此時
如果有學者樂於考究男色男風，也能究舉出比較豐富的事證，比起類書來要顯
著全面。嘉道年間考據大家俞正燮在其《癸巳剩稿》中曾經詳考「男色」，先
談概念：

> 男色者，《漢書·佞倖傳》云：「柔曼之傾意，非獨女德，蓋亦
> 有男色焉。」亦曰男風，《大戴禮·用兵篇》云「幼色是與，幼風是
> 御」是也。亦曰男娼，宋·朱彧《萍洲可談》有《告男娼》一條，
> 《癸辛雜識》云「宋東都盛時，以男色圖衣食者。政和立法，男子
> 為娼者杖一百」是也。或僅曰美男，《〔逸〕周書·武稱解》云：「美
> 男破老，美女破少。」言寵嬖間老成也。或正名之曰不男，古所謂
> 「不男之訟」。《妙法蓮花經·安樂行品》云「亦復不近五種不男，以
> 為親厚不獨入他家」是也。亦曰孌童，言婉孌也。亦曰嬖童，言近昵
> 也。亦曰頑童，《鄭語》云：「侏儒戚施，實御在側，近頑童也。」注
> 云：「優笑之人。」今俗言猶謂調笑為「頑」是也。律謂之難姦，楊
> 慎《奇字》云：「律，要姦者將男作女。從男省作女者，音難。」其
> 說甚怪。沈德符《野獲編》謂閩人土字。陸容《菽園雜記》云：「要
> 音少，杭〔人〕謂男之有女態者。」《蓬軒類記》同，不音難也。

接著，俞氏對《晏子春秋》和《說苑》所載感到怪異：

> 《晏子春秋》外篇云：「晏子侍景公。公蓋姣，有羽人視公僭者。
> 公使左右問之，對曰：『竊姣公也。』公曰：『殺之。』晏子曰：『拒
> 慾不道，惡愛不祥。』公曰：『使若沐浴，寡人將使抱背。』」《晏子》
> 載此事，不知何意。

〔註27〕《述古堂文集》卷第二。

《說苑・善說篇》云：「襄成君立於游水之上，楚大夫莊辛願執其手。稱述鄂君子皙榻，修袂擁越人，舉繡被而覆之，交歡盡意焉。襄成君曰：『願以少壯之禮謹受命。』」與景公事同，奇怪也。

然後，俞氏列舉了四個「可知」：

《漢官典職儀》云：「刺史六條問事。其四，二千石蔽賢寵頑。」〔註28〕《潛夫論・德化》者云：「近頑童而遠賢才。」晉・張翰有《小史》詩，言其香肌柔澤，即後世承直門子。明・沈德符《野獲編》云：「按院身辭閨閣，僧徒律禁姦通，塾師客羈館舍。男色生情，理勢不免。要津所據，貲以仕牒。即充功曹，加納候選，旋拜丞簿。」蓋達官之縱慾可知也。

《妒記》云：「泰元中，荀姓婦妒，凡無須人不得入門。」〔註29〕宋・江斅《表》云：「賓客未冠以少容見斥。」〔註30〕梁嗣王長沙王蕭韶幼時，庾信愛之，有斷褎之歡。則朋交之污鄙可知也。

《漢書・張敞傳》云：「長安偷盜酋長，居皆溫厚，出從童騎。」《何並傳》云：「王林卿令奴乘車，從童騎。」《野獲編》云：「京中小唱、閩中契弟之外，士人得志，多致孌童為廝役。」則僕侍之不潔可知也。

《北齊書・廢帝紀》云：「許散愁曰：『不登孌童之床，不入季女之室。』」蓋以時所共逐。宋・謝靈運《會吟行》詩云：「肆逞窈窕容，路曜便娟子。」鮑照《白紵詞》云：「洛陽少童邯鄲女。」五代陶穀《清異錄》云：「四方指南海為煙月作坊。今京師鬻色戶將及萬計，至於男子舉體自貨，進退怡然，遂成蜂窠巷陌。」周密《癸辛雜識》後集云：「臨安新門外乃其巢穴。皆傅脂粉，盛〔裝〕飾，善針黹，呼謂亦如婦人。為首者號師巫、行頭。」梁清遠《過庭雜錄》云「明不禁男娼，蓮子胡同乃其巢穴。油頭粉面，裝飾亦如女子，外襲青絹袍」也。蓋五代以後京城鬻色，則風俗之披靡可知也。

再然後，俞氏又列舉了六個「有矣」、兩個「久矣」：

《晉書・五行志》云：「咸寧、太康之後，男寵大興，甚於女色，

〔註28〕　《百官公卿表》注。——原注。見《漢書・卷十九上・百官公卿表上》。
〔註29〕　《藝文類聚》。——原注。見《藝文類聚》卷第三十五。
〔註30〕　《宋文穆王皇后傳》。——原注。見《宋書》卷四十一。

士大夫莫不尚之，天下相效放。或致夫婦離絕，多生怨曠。」〔註31〕
《載記》云：「石季龍寵優童鄭櫻桃，譖殺妻郭氏，及後妻崔氏。」
《魏書·汝南王傳》云：「絕房中而更好男色，輕忿妃妾，致加捶
撻。」梁·沈約《懺悔文》云：「追尋少年，血氣方壯。習累所纏，
事難排豁。淇水上宮，誠云無幾。分桃斷袖，亦足稱多。此實死生
牢井，未易洗拔。」明·陳建《皇明通紀》云：「成化十九年十一月。
東垣王見溿狎近吳安童，謀害正妃，事覺。」〔註32〕則陰陽倒置者
有矣。

　　《魏書·長孫稚傳》云：「稚與羅氏私通，棄妻納羅。羅年大稚
十餘歲，妒忌防閑。僮侍之中，嫌疑致死者數四。」則因致冤酷者
有矣。

　　《宋書》、《南史》並云：「王僧達與族子確私款。確欲往永嘉，
僧達潛作大坑，欲誘殺埋之。御史中丞劉瑀奏請，請收案。」則宗
族自污者有矣。

　　《野獲編》云：「男色之靡，金陵坊曲有時名者競以此道博遊婿
愛寵，女伴中相誇相詬以為佳事。」則挾邪逾格者有矣。

　　《酉陽雜俎》云：「昔乾陀國王妃衣南天竺細㲲，有鬱金香手印
當乳。商言：『此南天竺王願所成。丈夫衣之，手印即當背。』乾陀
王怒，誓斷南天竺王手。」《智度論》云：「除己妻外，餘之男女、鬼
神、畜生可得行淫者，悉是邪行。雖是自妻不犯，然須避於非處。」
《成實論》云：「自妻非處，謂口及大便處。」《優婆塞五戒相經》
云：「黃門及二根女二處行淫，口及大便處。女三處行淫，口及大小
便。」則外域之耽僻亦久矣。

　　《晉書·郭璞傳》云：「暨陽人任谷因耕息於樹下，忽有一人著
羽衣就淫之，既而不知所在，谷遂有娠。積月將產，羽衣人復來，
以刀穿其陰下，出一蛇子便去，谷遂成宦者。」則狐祥魍魎憑陵作
慝者有矣。

　　《野獲編》云：「明都下一闍豎以假具入小唱穀道，不能出，遂
脹死。法官坐以抵償。」則寺人放蕩者有矣。

〔註31〕《宋書·五行志》同。——原注。
〔註32〕見溿，仁宗派。《明史》此事未載。——原注。

　　《笑道論》引《真人內朝律》云：「男女至朔望日，入師房，至
師所立功德。陰陽並進，日夜六時。」劉宋譯《佛說菩薩內戒經》
云：「四十七戒二十四者，菩薩不得男子更相淫戲。二十六者，菩薩
不得至黃門家。」唐譯《根本說一切有部尼陀那》云：「六眾苾芻常
於大小便室往來談語，種種調戲。」《妙法蓮花經·安樂行品》云：
「不樂畜年少弟子沙彌，〔小兒〕亦不樂與同師。」又云：「說法之
時，不與優婆塞獨處。」其事如此。《僧護經》云：「僧護見地獄中
二沙彌眠臥相抱，猛火燒身。佛言：迦葉佛時，是出家人共一被褥
相抱眠臥。故入地獄，火燒被褥相抱受苦，至今不息。」《隋書·王
文同傳》云：「文同至河間，裸僧〔尼〕驗有淫狀非童男〔女〕者數
千人，皆殺之。」則二氏之教，其放恣者亦久矣。〔註33〕

　　在此，俞正燮引用書籍近四十種，對古代男色男風的面貌進行了多角度
的反映，把眼光放到了君主嬖幸之外。挖掘比較深入，資料比較豐富，有些如
《大戴禮記》、《漢官典職儀》、《皇明通紀》、《隋書·王文同傳》等的記載較少
受到關注，值得予以重視。當然，作為博考學家，俞氏涉獵過於廣泛，對於具
體專題難免會有博而不精的情況存在。在「男色」之考中，《漢書·何並傳》、
《根本說一切有部尼陀那》等之所記實則無關男色。

　　俞正燮對於男色男風未做專門評論，不過在做情形分類時，他採用了縱
慾、污鄙、不潔、披靡、陰陽倒置、因致冤酷、宗族自污、挾邪逾格、外域耽
僻、憑陵作惡、寺人放蕩、佛道放恣等語詞。這所代表的是社會上的公開態
度，也即批評反對。但是，清人對於男風其實是態度曖昧的，由於男女之防過
於嚴格，在男男關係上私下是留有餘地的。在古代社會史、古代同性戀史即將
結束之際，著名學者葉德輝出版於清末的《崑崙祠詠集》，在總結男風歷史、
吟詠男風現實的同時對於男風同性戀明確表達了欣賞讚美的態度，實屬難能
可貴。

三

　　葉德輝（1864～1927），湖南湘潭人，光緒十八年（1892）進士，曾官吏
部主事。其《崑崙祠詠集》以吟贊男風男色為主，既寫現實又追過往，既富文
采又細考究，是一部非常重要的古代男風作品。此書對於男風歷史的總結可以

〔註33〕　《癸巳剩稿·男色》。

分為三個方面。

（一）關於前代男風

《皕詠集》序：

> 藉（籍）閎孺子，同徙宅於安陵。韓李中人，並馳車於永巷。
> 黃頭入夢，高于麟畫之功。烏尾畢逋，罄彼貂涓之賜。復有命宮主
> 貴，偏帶禽星。仕宦無媒，因緣狗監。郭舍人之注《爾雅》，不諱幸
> 倡。張雕武之附《儒林》，何妨狎客。

葉氏《與實甫夜話，記四部書別典，成詩四首》云：

> 源頭事事溯崑崙，只笑詞人墨少吞。
>
> 風尚朋淫遊是好，國多外寵俗難論。
>
> 佻兮僮為青衿刺，訟不男留赤石痕。
>
> 夜枕床杠同臥起，媵僮曾記史游言。
>
> 翩翩入侍愛崑崙，草是宜男不可吞。
>
> 童亦比頑經豈偽，出云非法佛曾論。
>
> 閑房密授還精術，畫屋同觀裸接痕。
>
> 狗竇無毛臣朔笑，誓誓還共幸倡言。〔註34〕

葉德輝學識宏富，用語古奧。在上述男風事例、男風現象中，籍孺、閎孺、
韓嫣、李延年、鄧通見於《史記》、《漢書》之《佞倖傳》，作為男風典故屬於
易知。而另外還有多則，分散見於其他各種載籍，需要做些解釋。

1. 貂涓之賜

「貂涓」指漢靈帝時期的宦者，他們「恩狎有可悅之色」〔註35〕，盡得皇
帝的賞賜。

2. 命宮主貴

《漢書·卷五十五·衛青傳》：「青嘗從人至甘泉居室，有一鉗徒相青曰：
『貴人也，官至封侯。』」

3. 不諱幸倡

《漢書·卷六十五·東方朔傳》：漢武帝「時有幸倡郭舍人，滑稽不窮，
常侍左右」。

〔註34〕《崑崙皕詠集》卷上。
〔註35〕《後漢書·卷七十八·宦者列傳論》。

4. 何妨狎客

《北史・卷八十一儒林列傳・張雕武傳》：「張雕武，中山北平人也，家世寒微。故護軍長史王元則時為書生，停其宅。雕武少美貌，為元則所愛悅，故偏被教。」

5. 風尚朋淫

《尚書・周書・洪範》：「凡厥庶民，無有淫朋。人無有比德，惟皇作極。」

6. 國多外寵

《左傳》閔公二年：「內寵並后，外寵二政，亂之本也。」

7. 青衿刺

《詩經・鄭風・子衿》：「青青子衿，悠悠我心。縱我不往，子寧不嗣音？挑兮達兮，在城闕兮。一日不見，如三月兮。」

8. 訟不男

紀昀《閱微草堂筆記》卷十二：「《周禮》有不男之訟，注謂天閹不能御女者。然自古及今，未有以不能御女成訟者。經文簡質，疑其亦指此事（男風）也。」按：《周禮》的權威版本中未見此經文和注文。

9. 同臥起

史游《急就篇》卷第三：「妻婦聘嫁齎媵僮。」注：「媵，送女也。僮，謂僕使之未冠笄者也。言婦人初嫁，其父母以僕妾財物將送之也。」按：葉德輝認為，有的家主會讓僮僕與自己「同臥起」。

10. 童亦比頑

《尚書・商書・伊訓》：「敢有遠耆德，比頑童，時謂亂風。」

11. 出云非法

《四分律》卷第二：「若比丘故弄陰失精，除夢中，僧伽婆尸沙。若比丘教比丘方便弄失不淨，若失偷蘭遮，不失突吉羅。」僧伽婆尸沙、偷蘭遮、突吉羅是或輕或重的幾種僧罪。

12. 還精術

《漢書・卷八十一・張禹傳》：「禹成就弟子尤著者，沛郡戴崇至少府九卿。崇每候禹，常責師宜置酒設樂與弟子相娛。禹將崇入後堂飲食，婦女相對，優人筦弦鏗鏘極樂，昏夜乃罷。」按：還精術是房中術的一種，葉德輝認為，在後堂的浮豔氛圍中，張禹是在給弟子傳授房中秘術。原文並未言此，即

便有傳，也應是男女交接的技巧。不過後堂密室中還有優人，因此男色因素確實也是存在的。

13. 裸接痕

據《漢書·卷五十三·廣川惠王劉越傳附》，西漢廣川王劉海陽曾「畫屋為男女裸交接，置酒請諸父姊妹飲，令仰視畫；又海陽女弟為人妻，而使與幸臣姦。」按：文中的「裸交接」為男女裸亂交媾之事。不過劉海陽還蓄有幸臣，因此其淫行當中男色之淫也是存在的。

14. 臣朔笑

據《漢書·卷六十五·東方朔傳》，東方朔曾經詆笑幸倡郭舍人，曰：「拙！口無毛，聲謷謷，〔尻〕益高。」

上述男風記載不見於《藝文類聚》、《情史》等類書，所反映的是否為男風現象有的也不妨存疑。古代男風資料的特點就是表述具有模糊性，葉德輝在做相關探究時視野廣闊，心思細密。身為同性戀者，其對相關資料的辨識上的敏感度是比較高的，能夠看出比較多的同性戀方面的可能性。

葉德輝還對古代男風文學進行了一些總結。《崑崙疤詠集》敘：

> 香草美人，寫其忠愛。舜華女子，刺及狂且。昔寄興於榛苓，今託詞於葼艾。阮籍繁華之詠，桃李灼其光輝。張翰婉變之篇，芙蓉誇其綺靡。歌僮贔栗，薛家留白傳之詩。定子檀槽，杜牧託青衣之賦。既濫觴於吟社，遂奪席於迷樓。

在這段序文當中，魏·阮籍的《詠懷》和晉·張翰的《周小史》是兩首著名的男風作品。「香草美人，寫其忠愛」指屈原《離騷》等辭，「舜華女子，刺及狂且」指《詩經·鄭風·山有扶蘇》。從男風角度對先秦文學經典進行解讀，尤其是對《離騷》做此解讀，這在古代屬於獨闢蹊徑，甚至可以說是驚世駭俗。「白傳之詩」指唐代白居易的《小童薛陽陶吹觱篥歌》，「青衣之賦」指唐代杜牧的《隋苑》。這是兩首歌詠優伶的詩作，而《崑崙疤詠集》的創作主旨就是歌詠清代優伶男色。「若余所編《崑崙集》者，可謂見西子而傚顰，歌南風而不競也已。」〔註36〕既傚白杜之顰，則是認為白杜也在歌唱南（男）風。按：白詩中的薛陽陶肯定是一位男優，而杜牧《隋苑》詩原文：「紅霞一抹廣陵春，定子當筵睡臉新。卻笑邱墟隋煬帝，破家亡國為誰人？」〔註37〕「定

〔註36〕《崑崙疤詠集》序。
〔註37〕《樊川詩集》外集卷一。

子」原注：「牛相小青。」「牛相」指唐代名相牛僧如，「小青」即小青衣，通常是指女婢，也可以指家妓。不過引申開來，青衣在清代也可以指男僕、男優。「定子」在字面上更像是男名，葉德輝模糊理解，把定子指向了男優。

（二）關於本朝男風

優伶男風的尤其興盛是清代男風的一個顯著特色。男風斷袖如果表現為家主對家優、恩客對男伶的欣賞與寵愛，情意纏綿、賞心悅目，這在清代是可以公開展現的，並在一定範圍內會受到正面的評價。身為個中人物，葉德輝對清代賞優名人的總結相當全面。其《靈鶼主人造思古人箋，以寓景行之意。余與實甫約為思古人詩，僅得十首，乃知同調人古今正不多見也》寫有吳偉業、龔鼎孳、錢謙益、宋犖、陳維崧、計東、汪繹、畢沅、李重華、嚴長明、袁枚、王文治、孫星衍等 13 人，《續思古人詩四首》寫有冒襄、宋琬、宋徵輿、葉燮等四人，《再續思古人詩四首》寫有王時敏、史申義、喬萊、謝振定等四人。

上述諸人生活在順康雍乾年間，多數都文名籍甚，他們與所寵優伶的關係有的是表現為明確的同性相戀。葉德輝在作相關描寫時，雖然大多文句都屬文雅，不過也有華豔曖昧之處。如：

> 只聞幺鳳啁啾語，郫有前魚涕泣痕。
>
> 豔福平生消受早，焚香夜對桂郎言。
>
> 芙蓉帳暖銀燈影，蓮葉杯銜玉樹痕。
>
> 學佛早通歡喜法，談詩也作色空論。
>
> 波心月白搖魂碎，人面花紅映肉痕。
>
> 珠簾一角垂垂影，羅襪雙鉤步步痕。〔註38〕

除去詩句，葉氏《崑崙集》之釋文還將諸文士與諸優伶的交往本事羅列了出來。有的記載比較常見，事蹟人所共知，而有的事蹟則相對不顯。葉德輝廣搜博取，可以看出用力之勤，用心之深。其中如對徐紫雲、王紫稼、郭芍藥等的總結，已經具有考證文章的一些樣貌。

（三）對於男風的評論分析

《䣡詠集》敍：

〔註38〕《崑崙䣡詠集》卷下。

夫天地相待，河嶽不如日月之光。山水爭奇，波瀾豈若林壑之勝。八卦方隅之位，坎北而離南。五聲清濁之原，律長而呂短。乃至孔翠鴛鴦之屬，雄者負其文章。栀桃梅杏之華，榮每乘乎陽令。而況盤古造分之妙，不先生女而生男。宣尼慨歎之深，未見好德如好色。或謂變童始於黃帝，語似無稽。詎知姣者至於子都，目有同美。余嘗睹國風之下降，窺天道之左旋。乃知嗜好俗殊其酸鹹，是非人分乎彼此。傾國傾城之貌，不盡屬於蛾眉。疑雲疑雨之蹤，亦各留其鴻爪。

在這段評論當中，天山坎律對應地水離呂，葉德輝從多個側面指出男陽勝過女陰。尤其「孔翠鴛鴦之屬，雄者負其文章」這句話，在動物當中，雄獸、雄鳥比雌獸、雌鳥漂亮是一個普遍現象。由此進行類推，至少在男風中人的眼中，疏朗俊逸的男性體貌是比女性更具吸引力的。而葉德輝遍「睹國風之下降」，通過總結歷史所得出的「嗜好俗殊其酸鹹，是非人分乎彼此」這一結論更為重要。口味鹹酸有異，是非人我不同。多樣共存是社會應有的樣態，尊重多樣性是社會和諧、成熟的表現。男風本身不會導致特定的價值判斷，愛好與否因人而異，但不要以自己的好惡作為評定標準。在葉德輝所處的時代，男風同性戀總體上是不被支持的。葉氏敢於明確發聲，他的觀點自是屬於駭世之言。即便放在整個中國古代，其言論也是非常罕見的。內心認可男風的古人其實不算很少，但形諸公開言論的則少之又少。在古代同性戀史即將結束之際，葉德輝的總結評論提高了古代男風的深度，已可以和現代同性戀權益爭取的思潮相對接。

中國古代同性戀之最

同性戀是古代社會生活的一個獨特側面，很能體現人性與人情的豐富多樣性。下面搜集了其中的一些「之最」，可用來反映古代男風男色的大概面貌。

（一）最著名的人物

董賢。他與漢哀帝之間的斷袖故事是同性戀史上最著名的典故。

（二）最受懷疑的人物

屈原。觀其《離騷》、《抽思》等詩篇，後人可以認為屈原是一位同性戀者，但完全坐實是不可能的。

（三）最富有的人物

鄧通。他受到了漢文帝的寵愛，獲賜一座銅礦山，可以自鑄銅錢，於是鄧氏錢佈滿天下。

（四）最能享樂的人物

漢武帝。他嬖寵甚多，如韓嫣、李延年等，就連蓋世名將衛青、霍去病都曾被他寵幸過。

（五）最著名的文學家

袁枚。在《小倉山房詩集》、《隨園詩話》、《子不語》等詩文小說中，他對自己以及社會上的男風同性戀有細緻生動的描寫。

（六）最著名的藝術家

鄭板橋。他曾明言自己喜好男色，因為迷戀美男美臀，於是便主張改刑律中的笞臀為笞背。

（七）最真摯的愛戀

福建人張吉少年時有一總角友，形影相隨，恩愛非常。後友夭殂，吉遂依棺而居，每食必旁設杯箸，十餘年不離如一日。屋主訟其占屋不遷，官判遷居。吉不得已，只得將契友的屍骨下葬。號泣終夜，自縊墓門。有人就此感歎道：「古來愚忠愚孝，每出於至微極陋之人，良有以也。」〔註39〕

（八）最放浪的濫交

《品花寶鑒》裏面有一個剃頭徒弟巴英官，他賣技兼賣身，「算他十三歲起，到如今大約著一千人沒有，八百人總有多無少」。〔註40〕

（九）最忘我的忠誠

東晉後期，權臣桓玄寵愛丁期。「朝賢論事，賓客聚集，恒在背後坐，食畢便回盤與之。期雖被寵，而謹約不敢為非。玄臨死之日，期乃以身捍刃。」〔註41〕

（十）最決絕的背叛

前秦苻堅攻滅了鮮卑前燕後，燕國清河公主和他的弟弟慕容沖同時被

〔註39〕《夢厂雜著》卷四。
〔註40〕《品花寶鑒》第五十八回。
〔註41〕《俗說》，見《藝文類聚》卷第三十三。

納，寵冠後庭。後來苻堅在淝水之戰中敗於東晉，慕容沖、姚萇等便起兵攻之。最終苻氏受縊而死，慕容沖則成為西燕主，但不久後亦為部將所殺。這兩人之間的「同性戀」是亂世男風的典型，個人感情夾雜於民族仇恨、宗族恩怨和政治紛爭當中，變化極富戲劇性。

（十一）最直露的表白

鄂君子皙是楚國令尹，一日他泛舟水上，閒雅雍容。有一位划船的越人暗生傾羨，便用越語歌吟，意思是：「……山有木兮木有枝，心悅君兮君不知。」面對如此表白，鄂君即刻回應以行動：「乃行而擁之，舉繡被而覆之。」〔註42〕其實就是與之同息共寢了。

（十二）最痛快的羞辱

著名文學家庾信與梁宗室蕭韶有斷袖之歡。韶為幼童時，衣食所資，皆信所給。後來蕭韶做郢州刺史，庾信路過，待之甚薄。信「乃徑上韶床，踐踏肴饌。直視韶面，謂曰：『官今日形容大異近日！』時賓客滿座，韶甚慚恥」〔註43〕。

（十三）最詼諧的調侃

張鳳翼是明代有名的戲曲作家，七八十歲猶好男色。有一倪生為他所賞，後來此生娶妻而容損，他便用吳語調謔道：「個樣新郎忒煞矬，看看面上肉無多。思量家公真難做，不如依舊做家婆。」〔註44〕

（十四）最艱難的戒斷

袁中道是明代著名文學家，公安三袁之一。受時習影響，他「分桃斷袖，極難排豁」。因為「少年縱酒色，致有血疾。見痰中血，五內驚悸，自歎必死。及至疾愈，漸漸遺忘，縱情肆意，輒復如故」〔註45〕。袁氏的這些表現典型反映了晚明士人的生活態度。

（十五）最強烈的獨佔

清初文學家林嗣環口吃，曾與侍僮鄧猷共患難，「絕憐愛之，不使輕見一人。一日宋觀察琬在坐，呼之不至，觀察戲為《西江月》詞云：『閱盡古今俠

〔註42〕 《說苑·善說》。

〔註43〕 《南史·卷五十一·長沙宣武王懿傳附韶傳》。

〔註44〕 《情史·情外類·張幼文》。

〔註45〕 《珂雪齋集·卷之二十二·心律》。

女，肝腸誰得如他？兒家郎罷太心多，金屋何須重鎖。　　休說餘桃往事，憐卿勇過龐娥。千呼萬喚出來麼？君曰期期不可。』」〔註46〕

（十六）最殘忍的姦殺

清代嘉慶年間，「張成標因圖姦張盤沅不從，起意殺死。復將盤沅屍身用水澆蕩，刮去皮肉，剖開胸腹，控出五臟飼犬，殘忍已極」〔註47〕。

（十七）最刻毒的責罵

清人勸善書引先儒之言曾曰：「女淫以人學豕，男淫豕所不為。」〔註48〕豕即豬，這句話的意思是：異性淫亂是以人學豬，同性淫亂則豬都不如，也就是禽獸不如。

（十八）最早出現的專指名詞

男色。《漢書·佞倖傳贊》：「柔曼之傾意，非獨女德，蓋亦有男色焉。」

（十九）最隱晦的名詞

勇巴。《磯園稗史》卷之二：「京師士大夫一時好談男色，諱之曰勇巴。」這是一個拆字遊戲，將「勇」的上部偏旁置於「巴」上，則字形似「男色」。

（二十）最通俗的名詞

兔子。《姑妄言》卷之七：「如今手頭短促，不能相〔與〕那時興的兔子了。」

（二十一）最著名的雅號

狀元夫人。畢沅是清乾隆二十五年（1760）庚辰科狀元，官位上做到了湖廣總督。他在未第時生活比較拮据，京中優伶李桂官不時予以資佐。且「病則秤藥量水，出則授轡隨車」〔註49〕。畢氏大魁天下後，桂官便也獲得了「狀元夫人」之號，成為了與才子相配的特殊的一位佳人。

（二十二）最興盛的地區

福建。《連城璧》申集：「從來女色出在揚州，男色出在福建，這兩件土產是天下聞名的。」

〔註46〕《詞苑叢談》卷十一。
〔註47〕《大清律例增修統纂集成》卷二十六。
〔註48〕《全人矩矱·卷二·先儒論說·戒狎頑童說》。
〔註49〕《隨園詩話》卷四。

（二十三）最動人的傳說

《太平廣記》卷第三百八十九中有一則《潘章》故事，記謂：「潘章少有美容儀，楚國王仲先聞其美名，故來求為友。一見相愛，情若夫婦。後同死，而家人哀之，因合葬於羅浮山。冢上忽生一樹，柯條枝葉，無不相抱。時人異之，號為共枕樹。」

（二十四）最早出現的男妓

北宋初年，「京師鬻色戶將及萬計。至於男子舉體自貨，進退恬然，遂成蜂窠巷陌，又不止煙月作坊也」〔註50〕。

（二十五）最早出現的同性婚姻

清朝康熙年間，「有通州漁戶張二娶男子王四魁為婦，伉儷二十五年矣。王抱義子養之，長為娶婦。婦歸，語其父母，告官事乃發覺。解送刑部，問擬流徒。田綸霞司寇云：『其人已年四十餘，面施粉澤，言詞行步宛然女子，真人妖也。』」〔註51〕

（二十六）最優美的人物描寫

晉·張翰《周小史》詩云：「翩翩周生，婉孌幼童。年十有五，如日在東。香膚柔澤，菡萏芙蓉。爾形既淑，爾服亦鮮。輕車隨風，飛霧流煙。轉側綺靡，顧眄便妍。和顏善笑，美口善言。」〔註52〕

（二十七）最詳細的事件描寫

清代彈詞《新編鳳雙飛》曾用四五萬字的篇幅來描寫書生張彩對美少年張逸少的不成功追求。

（二十八）最具文采的一首詩

魏·阮籍《詠懷》詩云：「昔日繁華子，安陵與龍陽。夭夭桃李花，灼灼有輝光。悅懌若九春，磬折似秋霜。流眄發媚姿，言笑吐芬芳。攜手等歡愛，宿昔同衾裳。願為雙飛鳥，比翼共翱翔。丹青著明誓，永世不相忘。」〔註53〕安陵君和龍陽君是先秦時期著名的同性戀美男，分別受到了楚王和魏王的寵愛。

〔註50〕《清異錄·卷上·蜂窠巷陌》。
〔註51〕《居易錄》卷二十八。
〔註52〕《藝文類聚》卷第三十三。
〔註53〕《玉臺新詠》卷二。

（二十九）最具文采的一首詞

清初陳維崧《雲郎合巹為賦此詞》云：「小酌醲醲醲。喜今朝，釵光簟影，燈前滉漾。隔著屏風喧笑語，報導雀翹初上。又悄把檀奴偷相。撲朔雌雄渾不辨，但臨風私取春弓量。送爾去，揭鴛帳。 六年孤館相依傍。最難忘，紅蕤枕畔，淚花輕颺。了爾一生花燭事，宛轉婦隨夫唱。弩力做，藁砧模樣。只我羅衾渾似鐵，擁桃笙難得紗窗亮。休為我，再惆悵。」〔註54〕雲郎即徐紫雲，陳維崧的同性戀愛侶。此詞細緻刻畫了作者的一種複雜心境：知心愛侶有新婚之喜，一方面要表示高興，一方面又滿懷醋意。兩樣感受攪和在一起，自然是別有一番滋味在心頭。

（三十）最深情的一支曲子

明人《情仙曲》：「忘不了對攏雙袖，忘不了佳期月下偷。忘不了柳遮花映黃昏後，忘不了羅帳綢繆。忘不了紗窗風雨清明候，忘不了多病心情懶下樓。……」〔註55〕

（三十一）最精巧的一個笑話

《笑府·卷三·夫夫》：「有與小官人厚者，及長為之娶妻，講過通家不避。一日撞入房中，適親家母在。問女曰：『何親？』，女答曰：『夫夫。』」

（三十二）最精緻的單人圖

《無雙譜》中的董賢像，清初金史繪。圖詠云：「雲陽舍人貌自工，年才二十為三公。法堯禪舜尚不惜，何況斷褻枕席中。孝武當年稱好色，思患預防殺鉤弋。嬖一幸豎忘祖宗，欲綿漢祚何由得？」

（三十三）最精緻的多人圖

《博古葉子》中的斷袖圖，清初陳洪綬繪。圖中內侍在為哀帝斷袖，不當，應是哀帝自斷其袖。

（三十四）最著名的單人圖

《紫雲出浴圖》，清初陳鵠繪。（圖403）此圖「橫一尺五寸，縱七寸，雲郎可三寸許。著水碧衫，支頤坐石上，右置洞簫一。連髮鬖鬖然，臉際輕

〔註54〕 《迦陵詞全集·卷二十六·賀新郎》。
〔註55〕 《獪園》卷十三。

紅，似新浴，似薄醉。星眸傭睇，神情駘蕩，洵尤物也」〔註56〕。陳維崧攜之出入，遍索名人題詠，冒襄、王士禎、宋琬、尤侗、余懷等七十餘人題詩於上。

（三十五）最著名的雙人圖

《迦陵先生填詞圖》，清初釋大汕繪。（圖404）圖中陳維崧拈髯吟詞，徐紫雲素指弄簫，一派才子佳人之像。朱彝尊、洪昇、蔣士銓、翁方綱、阮元等一百多人題詠於上。

中國古代十大美男──兼談古代的男性美

晚明有一位俞大夫酷好男色，曾經指出：「天下之色，皆男勝女。羽族自鳳皇、孔雀以及雞雉之屬，文采並屬於雄，犬馬之毛澤亦然。」〔註57〕幾百年前這樣的觀察實在獨到，動物界裏的百鳥群獸確實是雄性漂亮，相形之下雌性則顯得矮小灰暗。究其原因，實為性選擇的結果，雄性為了爭奪雌性彼此之間需要進行形象的較量，由此競爭出來的雄性美是一種強健華麗的美。再看人。在古代社會人的兩性差距非常懸殊，男性掌握著絕大部分的權力和財富，對女性是處於一種支配的地位。其結果就是「女為悅己者容」，女性成為了主要的被欣賞對象，女性美成為了人之美的重心。但並不能因此就說男性不如女性漂亮，他們的美只是相對受到了忽視。而男性之美若被細細品味，其實同樣會令人賞心悅目的。《詩經·猗嗟》曾這樣形容美男：「猗嗟昌兮，頎而長兮。猗嗟孌兮，清揚婉兮。」古辭亦云：「積石如玉，列松如翠。郎豔獨絕，世無其匹。」〔註58〕古代的美男子人也不少，這裡列舉出最出色的十位。

（一）子都

都者，美也。子都是一位先秦人物，或即春秋時期鄭國的公孫閼。孟子曾曰：「至於子都，天下莫不知其姣也。不知子都之姣者，無目者也。」〔註59〕《詩經·山有扶蘇》把子都與狂且對比，也是稱賞其美。詩云：「山有扶蘇，隰有荷華。不見子都，乃見狂且。」

〔註56〕《九青圖詠》。
〔註57〕《情史·情外類》。
〔註58〕《樂府詩集·卷第四十七·神絃歌》。
〔註59〕《孟子·告子上》。

（二）宋朝

宋朝是春秋時期宋國公子，與孔子同時。子曰：「不有祝鮀之佞，而有宋朝之美，難乎免於今之世矣。」〔註60〕意即：在當今的世界，如果不能像祝鮀那樣能言善辯，反而像宋朝那樣貌美身嬌，你將難免因遭人嫉視而禍患臨頭！著名的同性戀君主衛靈公很是寵愛他，靈公夫人也與他有私。這引起了衛太子蒯聵的嚴重不滿，導致衛國出現了長期的混亂局面。

（三）龍陽君

龍陽君是戰國時期魏國人，深得魏（安釐？）王寵幸。一次君臣同船共釣，龍陽忽然泣下。王問其故，對曰：「臣之始得魚也，臣甚喜。後得又益大，直欲棄前之所得矣。今四海之內，美人亦甚多矣。聞臣之幸於王也，必褰裳而趨王。臣亦猶前所得魚也，亦將棄矣，安能無涕出乎？」魏王聞此大受感動，於是佈令四境之內曰：「有敢言美人者，族！」〔註61〕

（四）宋玉

宋玉是戰國晚期楚國人，屈原後輩，擅長辭賦。在《登徒子好色賦》中，他自謂「體貌閒麗，口多微辭」。有一位「肌如白雪，齒如含貝」〔註62〕的東鄰之女登牆窺視自己三年，可卻不為她所動，可見自己的要求之高。這是在自誇自贊，不過《好色賦》是一篇名文，人們也就認可了宋玉的美貌。

（五）董賢

董賢是西漢晚期人，「為人美麗自喜」。某日「傳漏在殿下，哀帝望見，說其儀貌」，遂加寵幸。君臣而似夫婦，寢食不離。「嘗晝寢，偏藉上褏（袖）。上欲起，不欲動賢，乃斷褏而起。其恩愛至此！」〔註63〕

（六）潘岳

潘岳是西晉時人，他「妙有姿容，好神情。少時挾彈出洛陽道，婦人遇者，莫不連手共縈之」〔註64〕。岳每出行，沿路女子傾慕如狂，以果擲之，車為之滿。由此，「擲果潘郎」成為了一個著名的典故。（圖405）

〔註60〕 《論語·雍也》。
〔註61〕 《戰國策·魏策四》。
〔註62〕 《六臣注文選》卷第十九。
〔註63〕 《漢書·卷九十三·董賢傳》。
〔註64〕 《世說新語·容止》。

（七）衛玠

衛玠是西晉時人，他「在群伍之中，寔有異人之望。龀齔時，乘白羊車於洛陽市上，咸曰：『誰家璧人？』由是家門州黨號為『璧人』」〔註65〕。玠每出行，觀者如堵，他本來就身體虛弱，竟成病而亡。由此，「看殺衛玠」成為了一個著名的典故。

（八）周小史

周小史失其名，也是西晉人。他少小年紀已成芙蕖美質，有詩詠之云：「翩翩周生，婉孌幼童。年十有五，如日在東。香膚柔澤，菡萏芙蓉。爾形既淑，爾服亦鮮。輕車隨風，飛霧流煙。轉側綺靡，顧眄便妍。和顏善笑，美口善言。」〔註66〕

（九）張昌宗

張昌宗是唐朝人，武則天的男寵，人稱張六郎。在他春風得意的時候，諂諛之徒楊再思曾經獻媚道：「人言六郎面似蓮花，再思以為蓮花似六郎，非六郎似蓮花也。」〔註67〕此話被載入了正史，雖是媚人之言，卻也傳神生動，直把六郎作美郎。

（十）王紫稼

王紫稼是明末清初的出色男旦，「妖豔絕世，舉國趨之若狂」〔註68〕。有詩詠之云：「王郎十五吳趨坊，覆額青絲白皙長。蓮花婀娜不禁風，一斛珠傾宛轉中。最是轉喉偷入破，殢人腸斷臉波橫。五陵俠少豪華子，甘心欲為王郎死。古來絕藝當通都，盛名肯放優閒多。王郎王郎可奈何！」〔註69〕

如果與四大美女相對應，評選出古代的四大美男，最應入選的四位依次應當是：潘岳、衛玠、宋玉、張昌宗。並不是說如果十位美男能夠站在一起，這四位一定更漂亮。而是說這四位名氣最大，最為後人所熟知，小說戲曲、詩詞文章裏面時常會被提到。其中潘岳當之無愧地是古代第一美男，俗語常云：「貌比潘安（潘岳字安仁），才如子建。」子建即魏•曹植，在古代大眾的一般認識中，他是才子中的第一人，潘岳則是美男中的第一人。

〔註65〕《世說新語•容止》。
〔註66〕《藝文類聚》卷第三十三。
〔註67〕《舊唐書•卷九十•楊再思傳》。
〔註68〕《艮齋雜說》卷四。
〔註69〕《吳梅村全集•卷第十一•王郎曲》。

　　從另一角度看，上述四人都是異性戀，宋朝、董賢、王紫稼則是雙性戀，龍陽君、周小史是同性戀，子都不好確定。可見在異性戀為主流的古代社會，受到普遍關注的男性美是用來吸引異性的，同性戀美男一般只是在特定範圍內為人所欣賞。就後一類美男而言，他們充當的都是被動者的角色，具有的都是柔性美。如果性別背景模糊，甚至會被當成美女。這是古代社會等級身份制特性的一種反映：不同人群之間的身份差距非常明顯，在上者可以比較容易地把在下者收為男寵，對他們的要求是依順，雖男而應似女。就異性戀美男而言，他們雖然是在吸引女子，陽性氣質要多於同性戀美男。但他們並非英豪類型的人物，而是一些極品的奶油小生，整體上仍然偏陰。

　　古代社會的性別標準是「男才女貌」，求美是女性生活的一項核心內容，而男性生活的核心則是追求事功。其實在廣義上，器宇軒昂的英雄少年如呂布、周瑜等同樣是絕頂美男。但古代「美」這一名詞通常外延不會這樣廣，它更多地是用來形容女子的容顏姿態，因此與柔和雅致總會經常地聯繫在一起。古人尤其明清時人在稱賞美男時最常說的話是「面若傅粉」、「美如冠玉」，簡單地講就是一個「白」字，直觀地看就是戲曲舞臺上的小生。古代社會越來越是一個文人社會，而且越來越專制，其結果是所謂「舉朝皆姜婦」，男性的陽剛豪邁之氣是逐漸消減的。作為美的一種形式，和柔的男性美自有其值得欣賞之處。但如果存在的範圍過於廣泛，則這個社會是有問題的。

中國古代同性戀十大美男

　　女子貌美，閉月羞花，沉魚落雁。而男性之美同樣很能令人賞心悅目，「郎豔獨絕，世無其匹」〔註70〕。下面列舉出的是古代同性戀中最出色的十位美男。

（一）彌子瑕

　　彌子瑕是春秋時期衛國人，甚得衛靈公的寵愛。某日君臣二人遊於果園，彌子「食桃而甘，不盡，以其半啗君。君曰：『愛我哉！忘其口味以啗寡人。』」只是靈公惟色是好，後來彌子「色衰愛弛」，他便改變了口吻，無情地追究道：「是嘗啗我以餘桃！」〔註71〕同是一半桃子，吃的時候香甜，現在卻

〔註70〕　《樂府詩集・卷第四十七・神絃歌》。
〔註71〕　《韓非子・說難》。

覺著噁心。

（二）宋朝

見前面第 1209 頁。

（三）龍陽君

見前面第 1209 頁。

（四）李延年

李延年是漢武帝的男寵，倡優出身，善能歌舞。他曾在武帝面前唱讚自己妹妹的絕代姣姿：「北方有佳人，絕世而獨立。一顧傾人城，再顧傾人國。寧不知傾城與傾國，佳人難再得！」〔註72〕妹美如此，兄貌可知。

（五）董賢

見前面第 1209 頁。（圖 406）

（六）秦宮

秦宮是東漢權臣梁冀的男寵，同時又與冀妻孫壽有私。唐代李賀《秦宮詩》詠云：「越羅衫袂迎春風，玉刻麒麟腰帶紅。樓頭曲宴仙人語，帳底吹笙香霧濃。桐英永巷騎新馬，內屋深屏生色畫。皇天厄運猶曾裂，秦宮一生花底活。」〔註73〕

（七）周小史

見前面第 1210 頁。

（八）韓子高

韓子高是南朝陳文帝的男寵，「容貌美麗，狀似婦人」〔註74〕。文帝在軍前一見而愛悅，曾作詩贈之曰：「昔聞周小史，今歌明下僮。玉麈手不別，羊車市若空。誰愁兩雄並，金貂應讓儂。」〔註75〕在明代戲劇《男王后》中，文帝讓子高改作女裝，立他做了正宮王后。

（九）王紫稼

見前面第 1210 頁。

〔註72〕《漢書·卷九十七上·孝武李夫人傳》。
〔註73〕《李賀詩集》卷三。
〔註74〕《陳書·卷二十·韓子高傳》。
〔註75〕《陳子高傳》。

（十）徐紫雲

徐紫云是清初名優，詩詞大家陳維崧一見即為吸引：「阿雲年十五，姣好立屏際。笑問客何方，橫波漾清麗。」〔註76〕兩人定交之後相依相倚，不離不棄。陳維崧曾請名師畫過一幅《紫雲出浴圖》，陸圻題畫詩云：「聞道前魚泣此身，龍陽不減洛川神。畫圖有貌能傾國，下令何須禁美人。」〔註77〕

上述十人有一個共同特點，即在同性戀關係中他們都是被動者、被欣賞者，具有的都是柔性美。如果性別背景模糊，甚至會被當成美女。這是古代社會等級身份制特性的一種反映：不同人群之間的身份差距非常明顯，在上者可以比較容易地把在下者收為男寵，對他們的要求是依順，雖男而應似女。古代同性戀者尤其那些主動者中其實也不乏器宇軒昂、陽剛俊朗的美男，但作為一個名詞，「美」在古代主要地是用來形容和柔溫婉的一種情態，經常是與被動位置上的被欣賞者聯繫在一起的。主動位置上的欣賞者不需要被稱賞為「美」，他們可以用權力和財富去購買、佔有它，把它作為一種商品來消費。自身即便美也不願意被說成美，認為那樣會降低自己的身份。

從另一角度看，幾千年下來古代絕色的同性戀美男保守估計也要以萬計，為什麼上面十人就那麼風光，可絕大多數卻已被歷史湮沒而無聲無聞？原因主要有兩點，一是人因事美，同性戀事件要有名氣，有典型性。所以上面十人中有六人是得到了君主的寵幸，天家無小情，君主的私事同時就是國家的公事，會被鄭重地載入史籍，留傳於後世。當然事件還應有起伏衝突，不能顯得平淡簡單。像籍孺和閎孺分別是漢高祖、惠帝的男寵，孺者，幼艾之子也，一聽名字就會想到美男。只可惜二孺與高、惠皇帝的同性戀史籍中並未詳敘，缺乏故事性，結果籍、閎孺並無顯名，他們相貌如何也就未曾受到過特別的關注。不過這倒也提醒了我們：十大美男中，有人可能只是一般地漂亮，甚至只有中人之姿，但他身處不美就不好理解的情境當中，結果就被想成了絕色。不好具體指出誰是這樣，但「假絕美」的存在應當是可以肯定的。

二是人以言美。這又可分兩種情況，一是人確實美，又遇上了能把美形容出來的賞家，周小史是也。另一種情況是人未必就那麼美，但同樣遇上了善於言美的賞家，秦宮是也。《秦宮詩》的作者李賀是唐朝人，晚於描寫對象六七

〔註76〕《湖海樓詩集·卷一·將發如皋留別冒巢民先生》。
〔註77〕《九青圖詠》。

百年，不可能知道對方的真容。可妙筆能夠生花，尤其「秦宮一生花底活」一句，使得「花底秦宮」成為了美男的模範。相比之下，與秦美男在各方面都很相似的西漢霍光的男寵馮子都雖名子都（都：漂亮）卻「美」名不顯。而且在辛延年《羽林郎》詩中，馮子都仗勢調戲良家女子，是以一個典型豪奴的形象出現，這就讓他與美的距離更遠了一些。

所以綜合事、言兩種因素，彌子瑕等十人可謂是古代同性戀十大美男。如果與四大美女相對應，評選出同性戀的四大美男，最應入選的四位依次應當是：董賢、龍陽君、宋朝、周小史。原因：

（一）董賢。他與漢哀帝之間的斷袖情緣是同性戀史上最著名的典故。古代並無「同性戀」這一名詞，「斷袖」是對同性戀現象最典型的概念表達。

（二）龍陽君。他的固寵手段可以為帝王後宮裏的如雲美女樹立樣板。古代在表示同性戀者中的被動者時，「龍陽」是最常用到的詞彙之一。

（三）宋朝。他的美是孔子說的，被記載進了古代流傳最廣的經典《論語》當中。

（四）周小史。稱賞他的幾首詩把他的美寫到了極致。他纖塵不染，恍非人間造物。

還要強調已經說過的話：上面四人未必就人人絕美，絕美之人也遠不止他們四位。不過因緣際會畢竟讓他們成為了絕色美男的最高代表，這是何其幸哉！只是紅顏薄命，樹高風摧，處在風光榮寵的浪頭雲端，命運的方向也就變得難以把握。就像董賢，哀帝一死，還未等太皇太后降旨就已經認命知時，趕緊哀婉地自裁棄世，這又是何其的不幸！

美質天成，也要看怎樣利用。

孔子性向考

作為儒家學說的創始人，孔子的標準形象是溫良恭儉讓，非禮勿言，非禮勿動。不過這與男風同性戀存在必然性的衝突嗎？下面筆者從同性戀的角度試對孔子的性取向做一些分析探討。

孔子名丘字仲尼，（圖 407）他幼年喪父，此後孤兒寡母的生活狀態對同性戀應當講就是一種促發因素，有些與母相依為命的男子會泛化對母親的性禁忌，從而難以將女性視為性對象。孔子的婚姻生活並不美滿，乃至後來休掉

了妻子，〔註78〕其妻亓官氏很可能是其名言「唯女子與小人為難養也，近之則不孫（遜），遠之則怨」〔註79〕中「女子」的代表。那麼，亓官氏因何而怨望？夫君的性冷遇可能是原因之一吧。

如果孔子確因好男風而薄女色的話，誰會是他的男風對象呢？我們的目光當然是要轉向他的眾弟子。孔夫子「以詩書禮樂教，弟子蓋三千焉，身通六藝者七十有二人」〔註80〕。師徒之間的年齡差距從幾歲到幾十歲不等，一次孔子讓他的幾位門生各言其志，曾點言曰：「莫春者，春服既成。冠者五六人，童子六七人，浴乎沂，風乎舞雩，詠而歸。」夫子聽罷喟然歎曰：「吾與點也。」〔註81〕共浴和歌，美男在側，這樣的自在生活我也很嚮往呀！

比較來看，由於與嬖臣彌子瑕是連襟關係，我們對仲由（字子路）應給予較多關注。他比孔子只小9歲，拜師過程非常具有戲劇性：「子路性鄙，好勇力，志伉直。冠雄雞，佩豭豚，陵暴孔子。孔子設禮稍誘子路，子路後儒服委質，因門人請為弟子。」〔註82〕這位高徒直言快語，不欲有人與師父的交接超過了範圍。他的防備對象有男有女，女性如衛靈公的夫人南子：「子見南子，子路不說。夫子矢之曰：『予所否者，天厭之！天厭之！』」〔註83〕男性如齊國的程本子：「孔子遭齊程本子於郯之間，傾蓋而語，終日有間。顧子路曰：『由，束帛十匹，以贈先生。』子路不對。有間，又顧曰：『束帛十匹，以贈先生。』子路率爾而對曰：『昔者由也聞之於夫子：士不中道相見，女無媒而嫁者，君子不行也。』孔子曰：『夫《詩》〔註84〕不云乎：野有蔓草，零露漙兮。有美一人，清揚婉兮。邂逅相遇，適我願兮。且夫齊程本子，天下之賢士也，吾於是而不贈，終身不之見也。大德不逾閑，小德出入可也。』」〔註85〕孔子的兩處回復似有敏感曖昧之處：「天厭之！天厭之」是不是有些言重了？只是邂逅相見，為何要用「有美一人，清揚婉兮」來形容對方呢？不管怎樣，孔子對於孔武率直的子路是很信賴的，曾經表示：「道不行，乘桴浮於海，從

〔註78〕 事見《禮記·檀弓上》。
〔註79〕 《論語·陽貨》。
〔註80〕 《史記·卷四十七·孔子世家》。
〔註81〕 《論語·先進》。
〔註82〕 《史記·卷六十七·仲尼弟子列傳》。
〔註83〕 《論語·雍也》。
〔註84〕 《詩經·鄭風·野有蔓草》。
〔註85〕 《韓詩外傳》卷二。此事亦見《說苑·尊賢》，齊程本子作程子。

我者其由與？」〔註86〕後來子路慘死於衛國，被剁成了肉醬（醢），孔子悲不自勝，哭於中庭。「有人弔者，而夫子拜之。既哭，進使者而問故。使者曰：『醢之矣。』遂命覆醢。」〔註87〕觸物生哀，肉醬是不會再吃了。

顏回（字子淵）比孔子小30歲，師徒關係也很親密。周遊列國時孔子曾被拘困於匡地，《論語‧先進》：「子畏於匡，顏淵後。子曰：『吾以女為死矣！』曰：『子在，回何敢死？』」這段對話是否有一些深情眷戀的成分在內？顏回曾經禮讚夫子道：「仰之彌高，鑽之彌堅，瞻之在前，忽焉在後。夫子循循然善誘人，博我以文，約我以禮，欲罷不能。既竭吾才，如有所立。卓爾，雖欲從之，末由也已。」〔註88〕對此，但凡同性戀者在通常理解之外都會有似曾相識之感，這確實像是描寫了同性性行為的一個完整過程，明代戲劇《歌代嘯》中的某僧就曾巧妙地加以轉用，見本書第219頁。顏回短命早逝，孔子的哀慟表現不輸下一年的傷悼子路，《論語‧先進》：「顏淵死，子曰：『噫！天喪予！天喪予！』」又：「顏淵死，子哭之慟。從者曰：『子慟矣。』曰：『有慟乎？非夫人之為慟而誰為！』」

如果孔子的男風之好確為事實的話，這更能說明先秦時期的同性戀主要是在政治層面上受到反對。而在私人生活當中，只要不妨礙娶妻生子，則男人不妨另有他戀。先秦儒家將朋友視為五倫之一，與君臣、父子、夫婦、兄弟關係並列，而有些朋友深情其實是以同性戀情為基礎的。

先秦男風背景下的屈原與楚懷王

在楚辭當中，屈原向以香草美人自喻。我們固然可以在通常意義上看待這種文學表現形式，不過其中終究可能具有某種隱喻的含義，具體講就是同性相戀的含義。下面結合先秦時期的社會文化背景對此問題進行一些初步的分析。

一

先秦時期的同性戀風氣是比較興盛的，〔註89〕楚國即是如此，而且屈原的眷戀對象楚懷王熊槐也有外寵。懷王是宣王之孫，頃襄王之父，《戰國策‧

〔註86〕《論語‧公冶長》。
〔註87〕《禮記‧檀弓上》。
〔註88〕《論語‧子罕》。
〔註89〕請參見本書第二章第二節的相關記述。

秦策四》曾載：「楚王使景鯉如秦。客謂秦王曰：『景鯉，楚王所甚愛，王不如留之以市地。楚王聽，則不兵而得地。楚王不聽，則殺景鯉，更與不如景鯉留（留當為者），是便計也。』秦王乃留景鯉。」景氏是楚國大族，景鯉受懷王之命使秦，秦王欲強留為質。這與他得幸於楚王，身價頗高直接相關，是符合外寵特徵的。

以先秦時期興盛的男風表現為背景，再看屈賦中的一些辭句。

（一）自述

離騷

惟草木之零落兮，恐美人之遲暮。〔註90〕（圖408）

悲回風

惟佳人之永都兮，更統世而自貺。

惟佳人之獨懷兮，折芳椒以自處。〔註91〕

（二）遭讒

離騷

眾女嫉余之蛾眉兮，謠諑謂余以善淫。

惜往日

自前世之嫉賢兮，謂蕙若其不可佩。

妒佳冶之芬芳兮，嫫母姣而自好。

雖有西施之美容兮，讒妒入以自代。〔註92〕

（三）見棄

離騷

余固知謇謇之為患兮，余忍而不能捨也。

指九天以為正兮，夫唯靈修〔註93〕之故也。

初既與余成言兮，後悔遁而有他。

抽思

結微情以陳詞兮，矯以遺夫美人〔註94〕。

〔註90〕《楚辭章句》卷第一。
〔註91〕《楚辭章句》卷第四。
〔註92〕《楚辭章句》卷第四。
〔註93〕指楚懷王。
〔註94〕指楚懷王。

昔君與我誠言兮，曰黃昏以為期。

羌中道而回畔兮，反既有此他志。

憍吾以其美好兮，覽余以其修姱。

與余言而不信兮，蓋為余而造怒。

少歌曰：

與美人抽怨兮，並日夜而無正。

憍吾以其美好兮，敖朕辭而不聽。

倡曰：

有鳥自南兮，來集漢北。

好姱佳麗兮，牉獨處此異域。

既惸獨而不群兮，又無良媒在其側。

道卓遠而日忘兮，願自申而不得。〔註95〕

（四）傷棄

離騷

余既不難夫離別兮，傷靈修之數化。

……

怨靈修之浩蕩兮，終不察夫民心。

抽思

心鬱鬱之憂思兮，獨永歎乎增傷。

思蹇產之不釋兮，曼遭夜之方長。

悲夫秋風之動容兮，何回極之浮浮。

數惟蓀之多怒兮，傷余心之憂憂。

望北山而流涕兮，臨流水而太息。

望孟夏之短夜兮，何晦明之若歲！

惟郢路之遼遠兮，魂一夕而九逝。

思美人

思美人兮，覽涕而佇眙。

媒絕路阻兮，言不可結而詒。

蹇蹇之煩冤兮，陷滯而不發。

〔註95〕《楚辭章句》卷第四。

申旦以舒中情兮，志沉菀而莫達。〔註96〕

上述辭句具有表指意：絕世美人受到眾女讒忌，結果失寵於君王，悲棄傷離。同時具有喻指意：直諫貞臣受到黨人讒忌，結果政治上失去了君王的信任，悲歎不能再參畫國是。這兩層含義在從古至今的相關注解中已被分析得明晰透徹，無需贅述。不過，考慮到先秦時期的同性戀環境，上述描寫可能還具有隱指意：佳美男子與君王具有同性戀關係，結果受到了同僚的排斥，失寵於君，遭棄而傷離。此隱指意有兩個特點，（1）與喻指意並無衝突。遭到排斥既是由於政見的不同——雙方都認為己方正確，受排斥者便會認為自己是貞直而遭讒，也是由於與君王的同性戀關係。（2）借喻指意而存在。喻指意可以公開言說，隱指意則不便如此。這種情況下，通過公開表達前意來隱約表達後意實為一種巧妙的選擇。

根據《史記》和《漢書》的相關記載，多數西漢皇帝都是同性戀者，都有嬖幸寵臣，司馬遷則謂：「昔以色幸者多矣。」〔註97〕由此可以比較肯定地推斷，在先秦時期大致半數左右的君主也都是同性戀者，君臣男風是當時一種重要的社會現象。而相關反映現在來看則是比較缺乏的，具體明確的反映則更加缺乏。安陵君、龍陽君的事例還可謂詳明，其他就連分桃故事實際上也都沒有明確地寫及同性戀。此種情況之下，屈賦當中涉及君臣關係的描寫也就顯得很是突出。屈原稱自己和懷王為美人，且以妻子呼夫的口吻稱懷王為靈修。他戀君而身不可近，思君而情莫能達。去寵離騷，哀怨糾集。對此，完全排除同性戀的可能是有武斷之嫌的，似乎也並不符合當時社會男風流行的特徵。（圖409）

二

在先秦時期，「外寵」已經形成為一個社會階層。他們是國君生活娛樂中的陪伴，與國君具有親近的私人關係。《左傳》定公十年曾記宋景公時，他的嬖寵向魋受到了他人欺侮，景公的反應竟是悲切地「閉門而泣之，目盡腫」。雖然外寵並非專指同性戀者，但從其常與內寵並稱等方面來看，應當說是有一定程度的同性戀色彩。清人錢兆鵬在其《周史·佞倖列傳序》中總結先秦佞倖外寵人物：「衛有彌子，楚有費無極，吳有伯嚭，宋有桓魋，魯有臧倉，齊

〔註96〕《楚辭章句》卷第四。
〔註97〕《史記·佞倖列傳》。

則前有雍巫，後有梁邱據，晉則前有優施、二五，後有胥童、夷陽午、長魚矯之屬。大而身弒國亡，小而身危國削，豈細故哉！嗟嗟，庸主固不足責，賢如齊桓而猶不免此，可見若輩傾巧便給，必有籠絡人主固寵希榮之術。」〔註98〕錢兆鵬所言集中反映了外寵特點，他們的基本特徵是因寵得權，而不是與國君存有同性戀關係。不過在獲寵諸方式中，有一條畢竟是同性相戀。所以在錢氏列舉的外寵人物裏，彌子瑕、桓魋（即向魋）等赫然在列。

外寵與朝臣之間經常會存在矛盾，針對他們的負面性評價是比較多的。《逸周書‧祭公解》：「公曰：『嗚呼！天子。汝無以嬖御固莊后，汝無以小謀敗大作，汝無以嬖御士疾大夫、卿士。』」祭公為周初周公姬旦之後，這段話是他臨終前對西周第五代君主穆王所作的勸告。大意是：您不要因寵內而疾視正后，不要因謀小而敗壞大事，不要因寵外而疾視正卿。這一諫言很有代表性，可謂先秦相類言論的先聲。此後在春秋早期，周大夫辛伯就曾言道：「內寵並后，外寵二政，亂之本也。」〔註99〕意即：寵妾與正后並立，寵臣向正卿爭權，是為國家禍亂的根本。此言因記載的不同還有其他說法，如「並后，兩政，亂之本也」〔註100〕，「國君好艾（當為好外），大夫殆。好內，適子（嫡子）殆，社稷危」〔註101〕等。《國語‧魯語下》則謂：「好內，女死之。好外，士死之。」

先秦諸子對於外寵的態度比較一致，一般是傾向於批評反對。〔註102〕而政治觀點反映到政治實踐當中，外寵外嬖們經常是結局悲慘，難保善終，這其中有不同的幾種情形。

（一）春秋戰國時期禮崩樂壞，宗法制度受到了挑戰，表現之一就是臣權與君權不時會發生尖銳的衝突，臣權強大時辱君逐君、弒君替君等現象就會發生。而外寵通常與君主是榮辱與共的，是君權的維護者，於是權臣為了維權、奪權便會打擊外寵的勢力。這時他們作為優勢方當然要給自己的行為找到理由，理由中的一項便是反對「外寵二政」。外寵獲得了不應有的權勢，所以應當抑制打擊之，乃至肉體消滅之。《左傳》昭公三年載：「燕簡公多嬖寵，欲去諸大夫而立其寵人。冬，燕大夫比以殺公之外嬖。公懼，奔齊。書曰：『北

〔註98〕《述古堂文集》卷第二。
〔註99〕《左傳》閔公二年。
〔註100〕《左傳》桓公十八年。
〔註101〕《國語‧晉語一》。
〔註102〕見本書第46～50頁。

燕伯款出奔齊。』罪之也。」「書」指孔子所作的《春秋》，本來孔子原則上是反對以下犯上的，所謂「孔子成《春秋》，而亂臣賊子懼」〔註103〕。但在這裡，他用「奔」來形容北燕伯款即燕簡公的出逃國外，實際就是未對燕國大夫們合謀逐君的行為進行指責，認為簡公是咎由自取。所以這位「欲去諸大夫而立其寵人」的國君是太沒有政治頭腦了，對外寵的嬖愛適足以害之，連自己也因而大辱臨身。更進一步的情形，在晉國，「晉厲公侈，多外嬖，欲盡去群大夫而立其左右」。左右胥童等都與郤氏家族存有矛盾，而厲公本人對郤氏也深感不滿，認為錡、犨、至諸郤的行為過於肆縱無忌。於是在他指令下，諸外嬖將郤錡、郤犨和郤至毫不容情地全部殺死，進而胥童又率領甲士劫持了欒書、中行偃兩朝臣準備一併誅之。這時厲公覺得「一朝而屍三卿，余不忍益也」，便將二臣放掉，復其職位。欒書和中行偃口頭上表示感激，內心卻對所受到的侮辱憤恨不已，不久之後竟把晉厲公和胥童全都抓了起來，先殺胥氏，接著甚至連國君都未予放過，使人弒而「葬之于翼東門之外，以車一乘」〔註104〕。厲公死得好不淒慘。

　　法家韓非的「四擬」說中有「廷有擬相之臣，臣有擬主之寵」〔註105〕二擬。像燕、晉兩國的情況就是前擬促發了後擬，外寵擬相，結果，相擬其主。

　　（二）外寵恃寵而驕，有的也會達到「擬主」的程度，對君權構成威脅。前面提到過向魋，後來有人向他進獻了幾顆美珠，宋公想要，他卻敢不給，於是君臣之間產生了隔閡。幾年之後，事情發展到「桓魋之寵害於公」的程度。公「將討之。未及，魋先謀」。知道向魋要加害自己，景公悔恨地反省道：「余長魋也，今將禍余！」於是便組織軍隊進剿，「魋遂入於曹以叛」。最後的結果是向魋失敗，出逃於衛，又奔到齊國才得以存身。〔註106〕

　　（三）「外寵二政」的最通常含義並非上述兩點，而是講外寵蠱惑君主非為，壅蔽君主視聽，自身則是進不由道，位過其任。如此不肖不直之人，自會受到賢良正卿的反對。楚國具有不同於中原諸國的一個特點，其宗法制度一直比較森嚴，卿大夫一直處在王族的有效控制之下。結果，由「外寵二政」導致的以下犯上很少見，楚卿在反對外寵時更多考慮的是為國為君。如《左傳》僖公七年載：「初，申侯，申出也，有寵於楚文王。文王將死，與之璧，

〔註103〕《孟子·滕文公下》。
〔註104〕《左傳》成公十七、十八年。
〔註105〕《韓非子·說疑》。
〔註106〕見《左傳》哀公十一、十四年。

使行，曰：『惟我知女。女專利而不厭，予取予求，不女疵瑕也。後之人將多求於女，女必不免。我死，女必速行。無適小國，將不女容也焉。』既葬，出奔鄭。」申侯的問題是專利無厭，而楚懷王之子頃襄王的嬖寵州侯等更是公然地整日與君王在一起淫褻，結果君不恤政，導致了楚國大片土地的喪失於秦。《新序・卷第二・雜事》：「莊辛諫楚襄王曰：『君王左州侯，右夏侯，從新安君，與壽陵君同軒。淫衍侈靡，而忘國政，郢其危矣！』王曰：『先生老悖歟！妄為楚國妖歟！』莊辛對曰：『臣非敢為楚妖，誠見之也。君王卒近此四子者，則楚必亡矣，辛請留於趙以觀之。』於是，不出十月，王果亡巫山、江漢、鄢郢之地。」〔註107〕

上述三種情形都不適於對屈原的分析，不過它們可以提供兩點相關參考。第一，「外寵二政」現象的廣泛存在從一個反面也可以說明當時君臣男風的興盛。正因為存在著不少的君臣同性戀關係，才會導致外寵的不時弄權，進而引發一系列的政治衝突。而如果外寵在政治上並沒有過多表現的話，卿大夫是會與他們相安無事的。例如對於江乙的說啟安陵君，時人就曾評論道：「江乙可謂善謀，安陵君可謂知時矣。」〔註108〕再如諫勸頃襄王的莊辛同時還是「鄂君繡被」故事的述說者，他以讚美的態度進行講述，自身也可能就是一位同性戀者，〔註109〕當然對於同性戀本身並不會進行反對。第二，從外寵的遭遇可以看出，如果他們過多地參與到政治當中，經常就會把自己置於一種危險的境地，朝中卿士基於各種不同的考慮並不會因為外寵得到了君主的嬖幸就對他們唯唯諾諾。

屈原就是深深地捲入了當時楚國的政治風浪當中，如果他與楚懷王之間確實存在著同性戀關係，則其所為應當是屬於「外寵二政」的第四種類型。在這種類型當中，外寵忠貞為國，但卻不能得到承認。

（四）政治鬥爭中是與非、美與醜的二元劃分法是太過簡單的，實際情形要紛繁複雜得多。即便在與君主存在著同性戀關係的意義上某人是一個外寵，這與他政治表現的良否也並不存在必然的聯繫。更進一步講，在一個動盪多變、各種利益關係錯綜交纏的社會裏，幾乎每個政治人物的選擇都有他的合理性。即便都是為了國家著想，也會形成不同的派別，產生出對立和矛盾，從

〔註107〕也見《戰國策・楚策四》，新安君作鄢陵君。
〔註108〕《戰國策・楚策一》。
〔註109〕見《說苑・善說》。

而是非美醜的明辨是很難做到的一件事。就戰國後期的楚國而論，當時政治鬥爭的焦點是如何處理楚與六國特別是秦、齊兩國的關係。屈原主聯齊，上官大夫、令尹子蘭等主和秦。長期以來有一種通行觀點，以為和秦是楚國外交的大錯，和秦派是出於自身考慮而置國家利益於不顧。但是，（1）堅持聯齊能夠怎樣？齊國是否願意與聯？（2）堅持拒秦又能怎樣？秦楚戰場上楚國何曾有過勝利的記錄？（3）作為國內最高層的公卿大夫，上官、子蘭難道是與秦國共命運？會有意弱楚以便自己得利？所以，我們毋寧說楚國兩派都是在為國著想，一派的政策得到了實行，結果失敗，但這並不能表明此一派是有意為之，也不能表明另一派就會取得成功。歷史不能放到實驗室中做測試，得不到驗證的結論而堅信其有，這既不科學也不理性。楚國兩派據謂在內政上也存在著嚴重分歧，屈原屬於革新進步派，但是，（1）《史記・屈原列傳》中講得很清楚，上官大夫是由於屈原的政策取得了成績而自己無法參與才向懷王進言，懷王聽信之後感到屈原是居功不敬，這才怒而疏之。那麼，屈氏造做憲令之所以受到反對是在於施行的方式而不在其內容。（2）屈賦當中對於「美政」雖多有描寫，不過大體都是在傳統概念的範圍之內，表忠尚賢，斥讒非佞。身為後人，我們在做政治評論時不能一味重「名」，高言警句固然需要講，不過落到實際之後講與不講經常區別不大。我們見不到屈原反對派的美政言論，這並不能表明他們所欲實行的就是惡政。總之，屈原與其反對派之間存在著尖銳矛盾這是客觀事實，在特定意義上，對屈原的政策主張予以肯定也屬應當，但現在沒有必要做擴大、絕對化的肯定，沒有必要把注意力集中在孰是孰非的問題上面。

　　而在當時楚國實際的政治舞臺上，兩派當然會堅決地是其所是、非其所非的。屈原為人所非，假若他與楚懷王的關係確曾超乎常態，那麼非攻者就會認為「外寵」屈原是在「二政」。只是在這樣的一種狀況下，外寵實際上並沒有什麼過錯，尤其是主觀上的過錯。用現在的觀點來看，無論在道德層面上還是在政治層面上，屈原都是無可指責的。

　　在缺乏充分證據的情況下，屈原與楚懷王之間存在同性戀關係只能是一個假設。絕對否定顯得武斷，絕對肯定像是感情用事。不過詩歌就是用來啟沃人情的，如果一些讀者在把屈原確定為同性戀者之後能夠更強烈地與屈賦產生共鳴，當然也不妨如此。則屈原不但有高漲的政治熱情，且亦有纏綿的個人戀情，對鄉邦君王的愛戀使他「雖九死其猶未悔」，愛得淒美，戀得深沉。

附論：賈誼與漢文帝的關係

《史記》當中人以類聚，太史公司馬遷把賈誼和屈原的傳記合為《屈原賈生列傳》，二人之間確有不少相同之處：都才華絕世，都有極高的政治熱情，都在政治上失意。而在個人生活上，屈原可能是一個同性戀者，賈誼亦有可能。

從以下三點來看，賈誼的可能性要比屈原大。

（一）《史記·屈賈列傳》載：「賈生名誼，雒陽人也。年十八，以能誦詩屬書聞於郡中。吳廷尉為河南守，聞其秀才，招置門下，甚幸愛。」在《史記》當中，「幸愛」之詞多是用於君主對后妃、丈夫對妻妾、父母對子女。則用於官宦對屬吏時，是有一定同性戀色彩的。

（二）吳公被漢文帝徵為廷尉後向帝舉薦賈誼，帝乃召以為博士。（圖410）漢文帝的男色之好是人所共知的，並且他的幸愛之臣還不止一位，士人中有鄧通，宦者中有趙同、北宮伯子等。

（三）鄧通的經歷和賈誼有可比性。鄧氏，蜀郡人，以濯船為黃頭郎。見幸於文帝後得賜鉅萬以十數，官至上大夫。他雖願謹不好外交，仍然受到廷臣的責侮，丞相申屠嘉幾欲殺之。景帝繼位後竟不得名一錢，寄死人家。賈誼固然才高但也非功勳巨族出身，而受到文帝器賞後二十餘歲就官至太中大夫，帝更欲任以公卿之位。結果，朝中重臣周勃、灌嬰等盡害之，群謂曰：「雒陽之人，年少初學，專欲擅權，紛亂諸事。」文帝乃外遷賈氏為長沙王太傅。在出身普通、升遷迅速、受朝臣反對等方面，鄧、賈二人均較相似，而這些正是西漢幸臣的普遍特徵。

從下面三點來看，賈誼的可能性要比屈原小。

（一）屈原作品中纏綿哀婉的描寫會使人感到他與楚懷王的關係曾經非同一般，賈誼作品中則無類似內容。

（二）司馬遷對漢初至武帝時期的君臣同性戀記述得相當客觀，通觀《史記·佞倖列傳》，能夠列出的基本已經列出，但其中沒有賈誼。由此可以大致認為賈氏並非文帝幸臣，如果要認為是，則有兩種不大的可能，（1）司馬遷對賈誼與文帝的真實關係不甚瞭解。（2）「佞倖」是一個偏向負面的概念，司馬遷不欲以此形容賈誼，便有意迴避。

（三）《風俗通義·正失》曾載：「太中大夫鄧通，以佞倖吮癰見愛。是時，誼與鄧通俱侍中同位，誼又惡通為人，數廷譏之，由是疏遠，遷為長沙太

傅。既之官，內不自得，及渡湘水，投弔書曰：『闒茸尊顯，佞諛得意。』以哀屈原離讒邪之咎，亦因自傷為鄧通等所愬也。」據此，賈誼是反對佞倖行為的，他自身也就不會是一個佞倖。當然，透過這一記載的表面，我們也不應排除隱約存在的另一種可能：賈、鄧二人爭寵於帝前，鄧通的柔媚更為文帝賞愛，結果賈誼寵衰而見疏。

綜合考慮，賈誼作為一位同性戀者的可能性要比屈原小一些。

董賢

作為中國歷史上最著名的同性戀人物，董賢與其「夫君」漢哀帝給後世留下了纏綿旖旎的「斷袖」典故。其本事《漢書‧佞倖傳》已經備載，此不具述。本文主要總結的是董賢身後的毀譽與榮辱。

一、軼聞與再寫

董賢本事《漢書》已經寫得相當詳盡，不過由於斷袖故事影響極大，後世仍有一些軼聞性質的記述。《西京雜記》卷四記董氏府第的宏麗：

> 哀帝為董賢起大第於北闕下，重五殿洞六門，柱壁皆畫雲氣花蔭、山靈水怪。或衣以綈錦，或飾以金玉。南門三重，署曰南中門、南上門、南更門。東西各三門，隨方面題署，亦如之。樓閣臺榭，轉相連注。山池玩好，窮盡雕麗。

同卷記董賢好遊樂：

> 茂陵文固陽本琅玡人，善馴野雉為媒，用以射雉。每以三春之月為茅障以自翳，用觟矢以射之，日連百數。茂陵輕薄者化之，皆以雜寶錯廁翳障。以青州蘆葦為弩矢，輕騎妖服，追隨於道路以為歡娛也。陽死，其子亦善其事，董司馬好之，以為上客。

《拾遺記》卷六記有「斷袖」的又一版本：

> 哀帝尚淫奢，多進諂佞倖愛之臣。競以妝飾妖麗，巧言取容。董賢衣霧綃單衣，飄若蟬翼。帝入宴息之房，命賢卿易輕衣小袖，不用奢帶修裙，欲使宛轉便易也。宮人皆傚其斷袖，又云割裙，恐驚其眠。

唐代敦煌變文中有一篇《前漢劉家太子傳》，內附一篇斷袖故事：

> 漢書云：董賢，字聖卿，雲陽人也。漢哀帝愛賢，與之日臥於

殿上，以手左枕賢頭。帝欲起，賢未覺，憐賢不欲動之，命左右拔刀割斷袖而起。封賢為大司馬東安侯。因諸臣大會，而欲捨天位與賢，而謂諸臣曰：「朕欲法堯而禪位與賢！」王閣進諫曰：「天下者高帝之天〔下〕，非陛下有之。昔高帝與項相戰爭之日，九年之中，七十二戰，身被痛毒，始定大業，積得〔註110〕累功，為萬〔世〕之基。今以董賢之姿，而禪位與之，臣恐國社不安，靈棄先之。」帝得此言，遂不得〔註111〕賢；自此以後，王閣不得入。會漢哀即崩，皇后遣安公王莽，禁賢獄中，賢共婦俱時自倒而死也。〔註112〕

變文是唐代的一種說唱文學體裁，創作者對歷史知識的掌握普遍比較一般。像本文當中，東安侯、王閣、皇后、安公分別應為高安侯、鄭崇、太皇太后、安漢公。

明清間無名氏著有傳奇劇本《醉將軍》，《曲海總目提要》著錄之曰：

不知何人所作。演鮑宣、董賢事。略得影響，而荒唐者居多。以中間有所謂辛十郎者，漢帝封以為醉將軍，故標此名也。

按史：鮑宣字子都，渤海高城人。哀帝建平中，為諫大夫，上書論事，譏切幸臣董賢等。上以宣名儒，優容之。尋復上書，中言董賢以令色諛言自進，賞賜無度，竭盡府藏。誠欲哀賢，宜為謝過天地，解仇海內。免遣就國，收乘輿器物，還之縣官。是宣結怨董賢之實。然上因此徵宣為司隸，賢初未嘗能害宣也。元壽二年，下司隸鮑宣獄，髡鉗之。劇中剪宣鬚髮，本此。然此因宣沒入丞相孔光車馬，御史坐以摧辱宰相，距閉使者。乃抵宣罪，不由董賢也。其初以王商之辟薦為議郎，劇以為髡鉗後賴王商復官。事則有因，而前後顛倒也。宣貶後竟為王莽所殺，未嘗復官。宣子永，光武時復為司隸。其妻述先姑之言，蓋桓少君。劇云宣妻錢氏，亦誤也。宣傳云：王莽召捕隴西辛興，興與宣女婿許紺俱過宣一飯去，宣不知情，坐繫獄自殺。劇中辛十郎，蓋謂辛興也。女婿本許紺，劇妄以為帝子也。女載月之名，亦是添出。引及龔勝、梅福者，宣書中薦勝可大委任。而勝與福之去，皆在此數年間。高節相似，然謂時

〔註110〕當為德。
〔註111〕當為德。
〔註112〕《敦煌變文集》卷二。

人皆以掛冠而去。為董賢所收拷,則謬也。勝於平帝元始二年,以
王莽專政乞骸骨,太后優禮而遣之。梅福亦知莽必篡漢,一朝棄妻
子去,不知所之。皆平帝時事。董賢已亡,且安得有拿問拷訊之事?
《綱目書法》云:建平四年後,封拜誅斥凡十九,其十一皆為董賢。
蓋因賢而誅斥者,鄭崇、孫寶、毋將隆、王嘉、丁明諸人,非宣與
勝、福也。賢為大司馬衛將軍,年才二十二,美麗自喜。侍中驂乘,
雖曰黃門郎,非中官也。劇云賢是內監,亦謬。百官因賢奏事,寵
在丁傅之右,孔光不敢鈞敵,權與人主侔。劇云位在百官之上,坐
大堂理事,先要百官過堂,科部齊來。蓋本於此。董貴妃雖則寵幸,
漢史無專傳,亦並無害皇后事。哀帝皇后傅氏,傅太后從弟之子,
並非王氏。劇云王皇后,又以王商為后族,是誤為孝元后也。傅后
至平帝時,王莽白皇太后貶居桂宮,復廢為庶人,就其園自殺。乃
王莽害傅之族,與董妃無與也。哀帝諱欣,劇乃以為太子之名。且
帝本未生子,更不必辨矣。董賢之縊在平帝時,亦是王莽承太后指
誅之。劇作王商逼哀帝殺賢,王商成帝時已亡矣。

劇中大略,言董賢恣橫,朝臣多為所陷。鮑宣髡鉗,貶劍州。
其女載月,與僕遁走。至大鵬岡,為妖僧所迷,殺僕留女。方欲圖
姦,善拆字欒嚼者,與猛士辛十郎言妖僧截路之故。十郎乘醉殺僧,
救鮑女,送於鵲橋集賢堂尼庵中。宣既貶徙,賢囑解差於途中害宣。
十郎復以僧頭充宣之首,令差報賢。而指示宣使至鵲橋,遂與女遇。
王皇后母子皆為董貴妃所陷,辛十郎於古廟中救皇子之危,亦請赴
集賢堂與宣相見。辛投大將軍王商,授以都尉,戕董賢於水中。又
使以兵挾制漢帝,罪董妃而迎后。復鮑宣之官,以其女為皇子妃。
封辛十郎為醉將軍。其情跡關目,俱是幻出。〔註113〕

　　從《醉將軍》的提要可以看出,其佚名作者對於基本史實太不尊重,這與
其文史學養不無關係。該劇情節未必不能引人,但其文辭恐怕難言典雅。

　　對於斷袖故事還有用圖像加以反映的。陳洪綬號老蓮,是明末清初著名畫
家,其《博古葉子》畫冊素負盛名。冊中一幅斷袖圖線條流暢、形象飽滿,董
賢的嬌態與哀帝的寵態躍然紙上。不過圖中是內侍在替哀帝斷袖,不當,應是
哀帝自斷其袖。

〔註113〕《曲海總目提要》卷三十七。

　　清康熙間金史所繪《無雙譜》也甚出名，其中有一幅董賢的單身畫像，櫻口鳳目，美麗自喜，一副嬌憨意滿的情態。像贊《恐驚寐》云：

> 雲陽舍人貌自工，年才二十為三公。
>
> 法堯禪舜尚不惜，何況斷褏枕席中。
>
> 孝武當年稱好色，思患預防殺鈎弋。
>
> 嬖一幸豎忘祖宗，欲綿漢祚何由得。
>
> 後人空罵新都賊。〔註114〕

道光間王言也曾作有一首《恐驚寐》：

> 漁獵嗟哀帝，連床嬖董賢。
>
> 龍衣曾斷袖，鴛枕任安眠。
>
> 臂藕供斜抱，腮桃壓半偏。
>
> 燕才偷試剪，蝶已穩成仙。
>
> 露肘憑人笑，回頭著意憐。
>
> 餘溫留玉腕，舊夢拍香肩。
>
> 莳菲無遺采，君王未了緣。
>
> 美男忘破老，禪位語尤顚。〔註115〕

同治間陶然、凌泗各作有一首《斷袖寵》：

> 壓住君王袖，嬌童寵百般。
>
> 龍衣如引出，蝶夢定驚殘。
>
> 就此抽刀斷，由他倚枕安。
>
> 恩聯新鄂被，愛割舊齊紈。
>
> 酣態全神注，癡情半臂寒。
>
> 裳原顛倒慣，袞卻補修難。
>
> 睡柳迷春色，分桃締古歡。
>
> 便將天下讓，敝屣棄猶挶。
>
> 一枕曲肱支，朦朧壓袖時。
>
> 恩深防夢斷，寵極見情癡。
>
> 柳起方催我，花眠卻聽伊。
>
> 噤聲須悄悄，割愛到絲絲。

〔註114〕　《無雙譜》，見本書第436頁。

〔註115〕　《無雙譜排律》。

陽暖身猶戀，新寒臂不知。

恐驚聯被鄂，甘作新袪披。

宮有捐紈怨，朝無補袞詩。

東廂才喚醒，掩面忍重思。〔註116〕

古代對於斷袖故事的總體評價是負面的，這裡還有兩幅圖，從所在書名就可以看出態度。一幅名「嬖佞戮賢」，收於《帝鑒圖說》當中，此書是明代權臣張居正為向萬曆皇帝提供歷史鏡鑒而作。圖中直臣鄭崇跪於階下，幸臣董賢立於哀帝旁側。圖注：

哀帝時，侍中董賢姿貌美麗，以和柔便辟得幸於上，貴震朝

廷，常與上臥起。詔將作大匠為賢起大第，窮極技巧。賜武庫禁

兵、尚方珍寶及東園秘器，無不備具。鄭崇諫上，上怒，下崇獄，

竟死。〔註117〕

另一幅為斷袖圖，收於清代勸善書《太上感應篇圖說》當中。此圖是用來解釋《太上感應篇》中「賞及非義」這句話，認為漢哀帝對董賢的賞賜就是屬於這種情況。〔註118〕

二、詩文典故

以董賢聲名之著，歷代詩歌當中時有寫及，已經和「斷袖」一樣成為了典故名詞。

詠少年

董生惟巧笑，子都信美目。

百萬市一言，千金買相逐。

不道參差菜，誰論窈窕淑？

願君奉繡被，來就越人宿。〔註119〕

孌童

孌童嬌麗質，踐董復超瑕。

羽帳晨香滿，珠簾夕漏賒。

懷猜非後釣，密愛似前車。

〔註116〕　《無雙詩合刻》。

〔註117〕　《帝鑒圖說》，見本書第 437 頁。

〔註118〕　《太上感應篇圖說》，見本書第 437 頁。

〔註119〕　（梁）吳均作，《玉臺新詠》卷六。

足使燕姬妒，彌令鄭女嗟。〔註120〕

行幸甘泉宮

雉歸海水寂，裘來重譯通。

吉行五十里，隨處宿離宮。

幸臣射覆罷，從騎新歌終。

董桃拜金紫，賢妻侍禁中。

不羨神仙侶，排煙逐駕鴻。〔註121〕

春日想上林詩

春風本自奇，楊柳最相宜。

西京董賢館，南宛習都池。

荇間魚共樂，桃上鳥相窺。

香車雲母幰，駛馬黃金羈。〔註122〕

宮殿名詩

林間花欲燃，竹徑露初圓。

鬥雞東道上，走馬北場邊。

旗亭覓張放，香車迎董賢。

定隔天淵水，相思夜不眠。〔註123〕

陽春發和氣

日淨班姬門，風輕董賢館。

卷耳緣階出，反舌登牆喚。

蠶女桂枝鉤，遊童蘇合彈。

拂袖當留客，相逢莫相難。〔註124〕

長安道

鳳樓臨廣路，仙掌入煙霞。

章臺京兆馬，逸陌富平車。

東門疏廣餞，北闕董賢家。

〔註120〕梁簡文帝作，《玉臺新詠》卷七。
〔註121〕梁簡文帝作，《樂府詩集》卷第八十四。
〔註122〕梁簡文帝作，《先秦漢魏晉南北朝詩》梁詩卷二十一。
〔註123〕梁元帝作，《先秦漢魏晉南北朝詩》梁詩卷二十五。
〔註124〕（梁）費昶作，《玉臺新詠》卷六。

渭橋縱觀罷，安能訪狹斜。〔註125〕

白紵辭

董賢女弟在椒風，窈窕繁華貴後宮。

璧帶金釭皆翡翠，一朝零落變成空。〔註126〕

醉後戲與趙歌兒

秦州歌兒歌調苦，偏能立唱《濮陽女》。

座中醉客不得意，聞之一聲淚如雨。

向使逢著漢帝憐，董賢氣咽不能語。〔註127〕

永貞行

君不見太皇諒陰未出令，小人乘時偷國柄。

北軍百萬虎與貔，天子自將非他師。

一朝奪印付私黨，懍懍朝士何能為。

狐鳴梟噪爭署置，睒睗跳踉相嫵媚。

元臣故老不敢語，晝臥涕泣何汍瀾。

董賢三公誰復惜，侯景九錫行可歎。〔註128〕

讀《西漢書》十四韻

七廟傾王莽，三公敗董賢。

興亡豈無誡，為看借秦篇。〔註129〕

次韻奉送公定

至今揚子雲，不與俗諧嬉。

臥聞策董賢，閉門甘忍饑。〔註130〕

燕城讀史

申屠蹴張一健卒，欲斬嬖幸尊朝廷。

如何董賢小豎子，迨（進）退宰輔如優伶。〔註131〕

〔註125〕（梁—陳）顧野王作，《樂府詩集》卷第二十三。

〔註126〕（唐）崔國輔作，《樂府詩集》卷第五十五。

〔註127〕（唐）岑參作，《全唐詩》卷一百九十九。

〔註128〕（唐）韓愈作，《全唐詩》卷三百三十八。

〔註129〕（唐）張祜作，《全唐詩補逸》卷十。

〔註130〕（宋）黃庭堅作，選自北京大學《全宋詩分析系統》。

〔註131〕（宋）羅公升作，選自北京大學《全宋詩分析系統》。

美文文山劾董宋臣〔註132〕

國人咸懼妖復來，天子自知忠可使。

履齋泉下不伏款，帝謂董賢人切齒。〔註133〕

榮華樂

大明飛光白玉堂，花樓網戶騰春香。

鳴鐘饌玉雲母床，堂堂夫婿侍中郎。

青雲捧車謁漢皇，公卿夾轂趨道傍。

董賢朝朝眠未央，將軍夜穿蹋踘場。

柏梁置酒詩成章，黃金駟馬來徜徉。〔註134〕

步搖

步搖妝近趙王筵，名列琵琶最小絃。

甓者井頭羞上客，卅兮城裏願求仙。

偷來香麝薰周史，戴起金貂學董賢。

猶笑卓家新寡女，遠山眉黛畫屏邊。〔註135〕

觀劇雜成斷句呈巢翁先生

忽忽令人去欲仙，花情雲意自難傳。

漢宮若得徐郎入，不把河山禪董賢。〔註136〕

三、評論

　　後世對董賢的評論是以批評為主，這不但因為男風同性戀總體上不會受到讚揚，而且君臣同性戀還有其特殊之處，即寵臣會因色害政，擾亂正常的政治秩序，從而他們會受到特別的反對。東漢學者王符即曾指出：

　　　五代之臣，以道事君，以仁撫世，澤及草木，兼利外內。是以福祚流衍，本枝百世。季世之臣，不思順天，而時主是諛。息夫、董賢，主以為忠，天以為盜。此等之儔，雖見貴於時君，然上不順天心，下不得民意，故卒泣血號咷以辱終也。《易》曰：「德薄而位尊，智小而謀大，力少而任重，鮮不及矣。」是故德不稱其任，其

〔註132〕甚得宋理宗寵信的一位宦官。

〔註133〕（宋）開慶太學生作，選自北京大學《全宋詩分析系統》。

〔註134〕《燕石集》。

〔註135〕《中洲草堂遺集》卷之十一。

〔註136〕（清初）瞿有仲作，《同人集》卷之六。

禍必酷；能不稱其位，其殃必大。〔註 137〕

三國諸葛亮曾經以董賢等人為例，指出看似相似的事情由不同人去做會有不同的結果：

> 堯舜以禪位為聖，孝哀以授董為愚；武王以取殷為義，王莽以奪漢為篡；桓公以管仲為霸，秦王以趙高喪國，此皆趣同而事異也。明者以興，暗者以辱亂也。〔註 138〕

晉代葛洪曾謂董賢之流是鄙污貪婪、徒有其表之人：

> 吳之杪季，殊代同疾。秉維之佐，牧民之吏，非母后之親，則阿諂之人也。〔外〕有魚滄、濯裘之儉，以竊趙宣、平仲之名；內崇陶侃、文信之譽，實有安昌、董鄧之污。〔註 139〕

> 膚表或不可以論中，望貌或不可以核能。仲尼似喪家之狗，公旦類樸斲之材。咎繇面如蒙倛，伊尹形若槁骸。及龍陽、宋朝，猶土偶之冠夜光；籍孺、董鄧，猶錦紈之裹塵埃也。〔註 140〕

北魏時期，世宗宣武帝元恪寵幸趙修，宗室元紹醜之，因將趙修比為董賢：

> 紹字醜倫，少聰慧，遷尚書右丞。紹斷決不避強禦。世宗詔令檢趙修獄，以修佞倖，因此遂加杖罰，令其致死。帝責紹不重聞，紹曰：「修奸佞甚於董賢，臣若不因釁除之，恐陛下復被哀帝之名。」以其言正，遂不罪焉。〔註 141〕

宣武帝還寵幸茹皓等人，太常卿崔光於是上表諫曰：

> 願陛下留聰明之鑒，警天地之意，禮處左右，節其貴越。往者鄧通、董賢之盛，愛之正所以害之。博採芻蕘，進賢黜佞，則兆庶幸甚，妖弭慶進，禎祥集矣。

世宗「覽之，大悅。後數日，而茹皓等並以罪失伏法」〔註 142〕。

宋明時期，一些簡短的記述在言及董賢時對他進行了負面的評價。宋末元初周密曾謂：

> 書傳所載龍陽君、彌子瑕之事甚醜，至漢則有籍孺、閎孺、鄧

〔註 137〕《潛夫論・卷三・忠貴》。
〔註 138〕《諸葛亮集・卷二・論讓奪》。
〔註 139〕《抱朴子・外篇卷之三十四・吳失》。
〔註 140〕《抱朴子・外篇卷之三十八・博喻》。
〔註 141〕《魏書・卷十五・常山王拓跋遵傳附元紹傳》。
〔註 142〕《魏書・卷六十七・崔光傳》。

通、韓嫣、董賢之徒。〔註143〕

明代張志淳、謝肇淛、姜准分別曾謂：

> 漢哀帝嬖董賢，遂病痿痺而早夭；苻堅嬖慕容沖，遂至喪亂而身死。近見名臣有功業聞望，而或死亡或身後不競。每求其短，皆坐此〔註144〕也。可忽之而不戒哉！〔註145〕

> 鄧通之遇文帝，臣不敵君也。董賢之遇哀帝，君不敵臣也。彌子瑕之遇衛靈公，君臣敵也。而皆以凶終。夫男色天猶妒之，況婦人乎？〔註146〕

> 龍陽之前魚，子瑕之齧桃，鄧通銅山，董賢斷袖，載之書傳，甚可醜也。〔註147〕

在清代，明史館館臣對董賢等佞倖寵臣的指責相當嚴厲：

> 漢史所載佞倖，如籍孺、閎孺、鄧通、韓嫣、李延年、董賢、張放之屬，皆以宦寺弄臣貽譏千古，未聞以武夫、健兒、貪人、酷吏、方技、雜流任親昵，承寵渥於不衰者也。〔註148〕

西漢之滅亡與王莽姑母也即元帝王皇后關係匪細，清初大儒王夫之在指斥她的時候兼及董賢：

> 元后籠劉氏之宗社於其鞏悅，而以授之私親。逮乎哀帝之立，姑退莽以脅哀帝，而蠱在廷之心。縱董賢之不逞，乘其敗以進莽，使恣行其鴆主之毒，晏然處之而不一詰。故曰：罪通於天也。〔註149〕

《姑妄言》是一部著名的清代豔情小說，它也採用了這類作品的一般套路，即用因果報應「儆戒」讀者，以為淫豔軀體披上一層薄紗。此書這樣寫董賢一家人在陰間所受到的判罰：

> 那神呈上一冊，道：「此董賢父子一案。」只見一個老兒，一個婆子，一個美男，一個美婦，齊跪階下。王問那神道：「董賢罪犯甚實，有何疑處？」那神稟道：「董賢父子，若謂蠱惑朝廷，幾危社

〔註143〕《癸辛雜識・後集・禁男娼》。
〔註144〕嗜喜男色。
〔註145〕《南園漫錄・卷八・嬖幸》。
〔註146〕《五雜組》卷八。
〔註147〕《岐海瑣譚集》卷七。
〔註148〕《明史・卷三百七・佞倖列傳序》。
〔註149〕《讀通鑑論》卷五。

稷，則罪擢髮難數，然而實未嘗殺人害人，若與操、莽等同科，似乎太過。若從輕議處，又無以為後來者戒。所謂罪重而情輕者以此。」王怒道：「董恭夫婦不能訓子以義方，反籍子之聲勢赫奕一時。今把他託生，仍做一個富家翁，還借他族間之聲勢，享用五旬，可不償還他不會害人的好處麼？卻使他妻子淫人而假種，雖有子而絕其嗣，這就暗暗的報應了，死後發阿鼻受罪，豈不完他的宿孽麼？至於董賢，冶容眩色，幾至漢哀帝那昏君有禪代之事，以鬚眉丈夫而做淫娃舉動，情已難恕。且將妻子亦以奉朝廷而博寵榮，此又以龍陽而兼龜子者也。尚列衣冠，晉位司馬，更令人髮指。仍著他與董恭為假子，使之帶一暗疾，專善人淫。其妻以婦人而不知三從四德，乃獻媚要君。今還託生為婦人，與董賢仍配為夫婦，授以不男不女之形，奇異宣淫，後使不得其死，以報其夫婦之罪。使他享福者，情輕之故；受惡報者，償罪重耳，豈非兩得乎？」因問那神道：「我斷得是麼？」那神道：「大王金判，不但小神欽服，即董恭父子夫婦亦無容多喙矣。」王吩咐鬼卒道：「此地有一牛姓，兩代刻薄成家，素性陰賊良善。可使董恭為彼真子，董賢為其假孫。董賢雖育多男，俱非真種，後同歸於盡，絕其後而兩報之。牛董二家同結此公案可耳。董恭之妻，託生苟姓，仍與作配。」喝一聲下去，寂然不見。〔註150〕

在《姑妄言》中，董賢託生為牛耕。他得一暗疾「髒頭風」，肛門淫癢難耐，身為主人卻喜被寵僕小子們玩弄。後娶妻奇姐，妻乃一兩性人，「他兩口子這個恩愛真是少有，互為夫婦。夜間或牛耕先弄奇姐，或奇姐先弄牛耕」〔註151〕。

由作品體裁所決定，豔情小說中的醜寫譏評，其力度相對並不強。遊戲文章亦是，即如清代梁國正《溫柔鄉記》所言：

　　董賢、鄧通、韓嫣、鄭櫻桃、彌子瑕輩，丰致翩翩，綽約如處子，最得風氣先。識者見其男不男、女不女，知廉恥道喪矣。〔註152〕
《男色妓》是一首俗曲，作者譏中有賞：

〔註150〕　《姑妄言》卷之一。
〔註151〕　《姑妄言》卷之十四。
〔註152〕　《文章遊戲》四編卷五。

淫巧亂雄雌，啟後扉。腰間別有風流處，子瑕是衛姬，董賢是漢妃。不交其面交其背，歲華飛。起來遲，對鏡畫蛾眉。〔註153〕

而這篇明人所寫的《開男風曉諭》更是直接對董賢等人表示欣賞：

凡京外教坊蓮子胡同，奉欽點男色長天下風齋都總管，為選報小唱以便宦遊支應事。照得彌子奪衛宮之嬖，傳來翰苑清風。董賢分漢闈之娛，釀下瓊林別趣。豈陰陽之犯義，非男女之瀆倫。年少斯佳，標清益妙。二七以外，二八以內，且及青春。……〔註154〕

在好男風者的心目中，彌子瑕、董賢等人就是他們的偶像先輩。《灑灑篇》中收有兩封書信，第一封，陳仲相謔笑李素卿與孌童為友：

聞君新寵龍陽君，得意哉，得意哉！弟以為不若虞美人也。蓋虞美人握雨攜雲時，以心對心，以口對口，龍陽君能然乎否？雖然，抑有可嘉者在恭賀長兄：玉莖頭上常帶些木樨花耳。一笑。

李素卿坦然答曰：

龍陽君之趣，惟妙人得之，非俗人可與噱也。昔漢文帝寵鄧通，賜之銅山。漢成帝〔註155〕嬖董賢，割斷衷袖。彼二君者，三千美女八百嬌姝，猶然鍾愛此輩，真知趣之君也。足下不入此窠臼，寧知妙趣？宜夫海上人逐臭者反惡香蘭也。〔註156〕

李素卿好男厭女，不過態度不甚嚴肅。小說《儒林外史》寫有一位貴公子杜慎卿，他是深情眷戀於男色男風，對於董賢非常追慕：

又吃了幾杯酒，杜慎卿微醉上來，不覺長歎了一口氣道：「韋兄，自古及今，人都打不破的是個『情』字！」季葦蕭道：「人情無過男女，方才吾兄說非是所好。」杜慎卿笑道：「長兄，難道人情只有男女麼？朋友之情，更勝於男女！你不看別的，只說鄂君繡被的故事。據小弟看來，千古只有一個漢哀帝要禪天下與董賢，這個獨得情之正；便堯舜揖讓，也不過如此，可惜無人能解。」季葦蕭道：「是了，吾兄生平可曾遇著一個知心情人麼？」杜慎卿道：「假使天下有這樣一個人，又與我同生同死，小弟也不得這樣多愁善病！只為緣慳分

〔註153〕《大明天下春·卷之六·新編百妓品評》。
〔註154〕《開卷一笑》卷之三。
〔註155〕當為漢哀帝。
〔註156〕《灑灑篇》卷之二情札。

淺，遇不著一個知己，所以對月傷懷，臨風灑淚！」〔註157〕

清代大詩人袁枚是一位半公開的著名同性戀者，他曾作有一篇《朱栩贊》，通過讚揚因為董賢收屍而被王莽擊殺的小吏朱栩（在《漢書·董賢傳》中作朱詡）而對聖卿董賢表示同情：

> 漢有朱栩，為董賢吏。賢既保屍，栩獨收視。
>
> 犯莽有禍，葬董無名。栩豈不知，而捐其生？
>
> 栩曰不然，吾行吾情。聖卿雖佞，媞媞可矜。
>
> 巨君作賊，篡漢有形。哀賢毒莽，識所重輕。
>
> 借曰私恩，愈見至誠。
>
> 嗚呼世人，惟勢是附。寔其翟公，客所景慕。
>
> 勢盛勢衰，客來客去。來時何恩，從從馳騖。
>
> 去時何仇，悠悠陌路。但有避趨，而無好惡。
>
> 奚況於賢，伊誰肯赴。栩之所為，義同欒布。
>
> 班史大書，子浮隆隆。當建武時，為大司空。
>
> 惟人至庸，惟天至公。嗚呼世人，鑒此高風。〔註158〕

袁枚還寫有一個董賢為神的故事：

> 康熙間，從叔祖弓韜公為西安同知，求雨終南山。山側有古廟，中塑美少年，金貂龍袞，服飾如漢公侯。問道士何神，道士指為孫策。弓韜公以為孫策橫行江東，未嘗至長安，且以策才武，當有英銳之氣，而神狀妍媚如婦女，疑為邪神。會建修太白山龍王祠，意欲毀廟，拆其木瓦，移而用之。是夕，夢神召見曰：「余非孫郎，乃漢大司馬董聖卿也。我為王莽所害，死甚慘。上帝憐我無罪，雖居高位，蒙盛寵，而在朝未嘗害一士大夫，故封我為大郎神，管此方晴雨。」弓韜公知是董賢，記賢傳中有「美麗自喜」之語，諦視不已。神有不悅之色，曰：「汝毋為班固所欺也。固作《哀皇帝本紀》，既言帝病痿，不能生子，又安能幸我耶？此自相矛盾語也。我當日君臣相得，與帝同臥起，事實有之。武帝時，衛、霍兩將軍亦有此寵，不得以安陵、龍陽見比。幸臣一星原應天象，我亦何辭？但二千年冤案，須卿為我湔雪。」言未畢，有二鬼獠牙藍面者，牽一凶

〔註157〕《儒林外史》第三十回。

〔註158〕《小倉山房文集》卷一。

至，年已老，頭禿而聲嘶，手捧一卷書。神指之曰：「此莽賊也。上帝以其罪惡滔天，貶入陰山，受毒蛇咀嚼久矣。今赦出，押至我所，司溷圊之事。有小過，輒以鐵鞭鞭之。」弓韜公問囚手挾何書，神笑曰：「此賊一生信《周禮》，雖死猶抱持不放，受鐵鞭時，猶以《周禮》護其背。」弓韜公就視之，果《周禮》也。上有「臣劉歆恭校」等字，不覺大笑，遂醒。次日，捐俸百金，葺其廟，祀以少牢。又夢神來謝，且曰：「蒙君修廟，甚感高義，但無人配享，我未免血食太孤。我掾史朱栩，義士也，曾收葬我屍，為莽所殺。我感其恩，奏上帝，蔭其子浮為光武皇帝大司空，君其留意。」弓韜公即塑朱公像於董公側，而兼塑一囚為王莽狀，跪階下。嗣後祈晴雨，無不立應。〔註159〕

此事乾隆《西安府志》卷第七十九引《吳諧志》亦載，內容大體相同。嘉慶間王曇作有一篇《漢高安侯董賢廟碑》文，慨評云：

讀《漢書》至董偃令終，鄧通強死，未嘗不廢書歎也。齷齪小忌，乃積怒於青宮。含桃餘甘，不操刀於太子者，豈無術哉！予登華山，遍遊秦中，求唐陵碑版。至杜鄠，見有漢高安侯董賢廟焉。壞垣聿興，檿楠胑飾。曰：異哉！此道州有鼻之祠，常山董卓之廟乎？曹操廟於夷陵，而申屠撤之。王敦像於武昌，而溫嶠去之。此無怪秦檜之血食於溫，吳元濟之俎豆於蔡也。遂下馬，見堂廡樹碑，大書以辨哀帝臥起之妄。其文甚美，因揖神而告曰：

嗚乎聖卿，君侯奚見辨之小也。君臣魚水，何鰓鰓於臥起不臥起哉。昔馬援與隗囂同臥，魯肅與孫權同榻。關、張國士也，於先主同床。衛、霍大將也，而茂陵外嬖。為大臣者感幸臣一星之恩，割袖藉眠之愛。內平四母之爭，外攘五侯之橫。撤簾而太后入於雲臺，徒薪而將軍止於畫室。一河帶礪，九廟磐桑。雖首枕帝膝，股加帝腹，良史美談也。而彪、固不為君侯佳傳者，以侯有大司馬之權，不早除一王莽爾。莽不奪侯之印，則新都之功不侯。莽不斫侯之棺，則丁、傅之屍不戮。是君侯假司馬，而新莽真皇帝也。侯自謂居高位，蒙盛寵，不害一士大夫，誠盛德也，然某竊為侯罪也。侯不請斬馬尚方之劍殺張禹，乞養牛上尊之酒殺孔光。鬈纓白冠，

〔註159〕《子不語》卷二。

槃水而賜巨君，而俟公賓漸臺，漢不得厝太山之安矣。謂俟無罪，
某請以有罪數侯可乎？漢郎侍中官，皆傅粉貝帶冠鵁鶒。而侯傳漏
黃門，不奢領修裙，衣小袖。不敬，其罪一。延年始幸，僅給事狗
監新聲協律。而聖卿初拜，即駙馬都尉侍中驂乘。不讓，其罪二。
秺侯以弄兒壯大，擁項而誅之。而董恭以男妾國耆，尻帶而貴之。
不孝，其罪三。淳于亂長定宮，不謹身與嬲外交。而昭儀入椒風舍，
且旦夕與妻上下。不別，其罪四。鄧氏佈天下錢，死不著身一簪。
而縣官沒董氏財，賣且四十億萬。不忠，其罪五。韓嫣徒以先趨副
車，江都王驚為天子。而高安乃以後穿登天，麒麟殿傳為堯舜。不
道，其罪六。富平儀比將軍，不過走馬鬥雞長楊五柞。而高安食邑
千戶，遂致五殿六門連甍北闕。不制，其罪七。寵已在丁、傅之右，
而代明位為大司馬。事已誤東平之獄，而借雲禍為高安侯。不次，
其罪八。識溫室省中之樹，丞相拜於車前。欺匈奴孤憤之君，單于
拜於殿上。不恥，其罪九。至於便房題湊，塋冢僭於義陵。玉柙珠
襦，禁兵索於武庫。不反地上反地下也，其罪十。如是諸罪，為君
侯口實也。雖然，某數侯之善。昔衛青不舉士，而君侯實薦何武。
石顯害名賢，而君侯不仇師丹。王嘉嘔血，侯無殺望之之心。鄭崇
上書，侯亦無沈廢更生之意。大行在殯，張放之淚不乾。山陵未成，
向雒之目盡腫。王莽神奸，而僅責尚方醫藥之弗親，東廂喪事之不
治。則可知籍、閎婉媚，別無材能。安陵蓐身，但知螻蟻。侯之無
罪，萬歲千秋也。夫鳳凰負義，則反符帝於阿房矣。艾豭忘恩，則
逐靈公於死鳥矣。使侯當日者，承執中受命之詔。不屑共絲，居然
羿羿。釋子貢婦人之衣，成妹喜丈夫之志。以雌風而竟薰重華之宮，
以男子而竟作女媧之帝。借炎漢之金椎，碎亡新之威斗。銅山久已
自鑄，黃袍早可加身。則斬蛇之天下，安知不為擾龍氏之天下也。
嗚呼！光武與嚴光共寢，誰見星文。鄧萬與桓帝同床，何干天變。
君臣之交，何鰓鰓於臥起不臥起哉。飛來大鳥，誰似埋屍朱詡之忠。
死後前魚，宜必有兜崇州之廟。〔註160〕

　　王曇此文列舉了董賢諸罪，但由於殺之者係王莽，遂對他亦表同情。且謂
君臣魚水，後世不必細究同床臥起的細節。而在實際上，臥起也有不同的形式，

〔註160〕《煙霞萬古樓文集》卷一。

帶性與不帶性還是很不一樣的。聖卿地下有知，見讀如是迴護，含辱之心或者稍感寬慰。

四、遺物遺跡

董賢遺物在清乾隆年間曾經比較集中地出現過。程晉芳《董賢玉印歌》寫到：

雄狐化雌氣不振，榮落匆匆抵朝蕣。

漢家曾鑄鄧通錢，後代猶傳董侯印。

龜銜方鈕二寸盈，大司馬董不記名。

篆文遒勁類披矐，四規汗血紅絲縈。

牢耶石耶綬若若，後來年少仍高爵。

避塵拜謁有孔光，何事單于偏錯愕。

賜珍賜第未足酬，便房窈窕身後謀。

若教禪授法堯舜，國璽奚待文母投。

反膚高視者誰子，胸藏鉊刀暗相擬。

免冠收綬太倉皇，斷袖恩深為君死。

君不見將軍猿臂力挽強，馮公白首還為郎。

乘珪列爵天所吝，翻使若輩懸青囊。

我聞衛青玉印元朝出，古物斑爛鐘鼎匹。

已驚高冢失祁連，尚有豐功傳巨筆。

吁嗟此玉何不辰，穢名鏤刻垂千春。

桓魋之馬申侯璧，一笑迷途紛接跡。〔註161〕

乾隆間汪啟淑曾言：「曩年客邗溝，曾見董賢小玉印，思作一歌。適被催租人敗興。頃從魚門程太史晉芳集中見有此題詩，極博雅，議論純正，因錄其篇。」〔註162〕邗溝即揚州，乾嘉年間江南文人的聚遊之地。程晉芳字魚門，與袁枚、畢沅、嚴長明、王文治等大家名士均有往還。袁枚亦作有一首《董賢玉印歌》：

董侯夜醉麒麟殿，漢王傳璽不傳印。

璽墜千年印獨存，傳觀猶帶桃花暈。

〔註161〕《勉行堂詩集》卷六。

〔註162〕《水曹清暇錄》卷十二。

雙螭戌削陰文裂，衛將軍董字堪識。

想見郎官美麗時，人面玉顏如一色。

郎官傳漏殿上行，顧盼能使椒風清。

高皇天下一笑與，乃祖轉愧銅山輕。

並后匹嫡一身兼，三十六宮難為情。

大賢居位美如許，孔光俯伏單于舞。

莫道和柔侍禁中，亦頗知賢薦何武。

一朝龍去鼎湖天，頓首東廂狀可憐。

熏香傅粉人歸矣，露眼嘶聲賊儼然。

傳呼收印印早交，委命豈待金吾刀！

絕勝漢家老寡婦，兩手握璽徒忉忉。

漢朝家法良草草，外戚橫行母后老。

不容舊寵戲金丸，翻許新皇鑄剛卯。

摩君玉璽不勝情，憐君福過使災生。

當時用印誅賊莽，未必書傳佞倖名！〔註163〕

董賢玉印曾在江南名士間傳賞，「傳觀猶帶桃花暈」是說此印出土未久，玉表桃花樣沁斑猶然明顯。按：程晉芳謂印文為「大司馬董」，袁枚謂印文為「衛將軍董」。不過在汪啟淑所錄程詩中，「大司馬董不記名」是作「衛將軍董不記名」，所以程、袁所見應為同一方印。

銀質董賢印亦有出土，姚鼐《董賢銀印歌》寫到：

渭南城郭都非故，南對南山止陵墓。

書生嗜古寶殘餘，亡卻興悲啟幽戶。

小篆鏤銀印紙紅，土花新洗到關東。

回頭秦嶺傷心碧，袖裏金貂漢侍中。〔註164〕

這首詩比較短，但其史料價值比較高。姚鼐詩注謂：「為嚴東有作。」嚴長明字東有，與陝西巡撫畢沅交誼素密，曾經入其幕府。據詩所寫，董賢銀印出自西安古墓，「書生」嚴長明一見而寶之，自陝攜來，印表土花尤新。此詩的現場感較強，簡明生動地寫出了印章的來歷。

另有一方董賢銅印，雖然未經名家吟詠，卻有圖像留存，可謂彌足珍貴。

〔註163〕《小倉山房詩集》卷五。

〔註164〕《惜抱軒詩文集》詩集卷二。

大學者畢沅、阮元同編的《山左金石志》卷六收有此印之摹刻，（圖411）謂原係濟寧人收藏，後歸知州王轂：「濟寧人有印五百方，質於解庫。原任濟寧知州王轂贖之，作《蓮湖集古銅印譜》。」〔註165〕按：山左即山東，《山左金石志》的主要編撰者是阮元，他於乾隆五十八至六十年曾任山東學政。王轂亦非無名之輩，但係惡名：他後任江蘇淮安知府，在山陽大案中包庇知縣王伸漢，事發，嘉慶帝下旨將其絞決。《蓮湖集古銅印譜》為鈐印本，筆者所見係該書縮微膠卷，絕大部分印章都可識認，可惜其中未見董賢印。書前有咸豐六年荔樵慶蘭所寫的一篇記，略言此書來歷：

> 古銅印章，昔為濟寧吳氏所藏，共五百餘方。譜首有鄭居實序。
> 後印漸散失，黃司馬小松得十餘印。乾隆乙卯，居實之子鄭魯門自
> 金鄉持來六檮，為印五百四十，吳氏物居多。王刻史蓮湖購得之，
> 故有蓮湖集古銅印一譜，小松司馬序其首。〔註166〕

按：乾隆乙卯即乾隆六十年，1795年。黃小松即篆刻名家黃易，曾任濟寧同知。他既為《蓮湖集古銅印譜》作序，亦應參與了此書的編訂。而阮元在《山左金石志》的自序中曾謂：「元以乾隆五十八年秋奉命視學山左，……次過濟寧，學觀戟門諸碑及黃小松司馬易所得漢祠石象歸，而始有勒成一書之志。……兗濟之間，黃小松司馬搜輯先已賅備，……赤亭亦有益都金石志稿，並錄之得副墨。」因此，黃易對《山左金石志》的成書頗多助益。之所以要強調此點，因為目前濟寧吳氏藏印的來源不明，而它們既然經過阮、黃等鑒古大家的審定，我們固然不能絕對肯定——例如董賢也可能是同名的另一人，但大體上將「董賢印」認定為聖卿遺物還是沒有問題的。

王轂死於嘉慶十四年，其所藏印的全部或部分後來歸於晚清著名金石學家陳介祺。陳氏《十鐘山房印舉》卷之十六收有「董賢印」，原章精鈐，色彩鮮明。（圖412）睹物思人，感慨良多。

兩千多年前漢哀帝寵幸董賢，曾為他大起營建。「詔將作大匠為賢起大第北闕下，重殿洞門，木土之功窮極技巧，柱檻衣以綈錦。又令將作為賢起冢塋義陵旁，內為便房，剛柏題湊，外為徼道，周垣數里，門闕罘罳甚盛。」〔註167〕如此，在長安城內和哀帝義陵旁側，董賢的府邸和墳墓均屬巨建。哀

〔註165〕《山左金石志》。
〔註166〕《蓮湖集古銅印譜》。
〔註167〕《漢書・卷九十三・董賢傳》。

帝崩逝後董賢自殺，這些建築或者主人更易或者被毀壞，然後再經歷朝戰亂、盜掘，再尋遺物料屬極難。而據多條記載，清代竟能仍有所見，殊為不易。乾隆間程敦《秦漢瓦當文字》著錄有一件高安萬世瓦當：「高安萬世瓦一，錢別駕得於漢城，自署曰：漢大司馬董聖卿第瓦。」（圖 413）按：錢別駕即錢坫，字獻之。漢城即漢長安城遺址，地在明清西安城西北十餘里。錢坫曾客陝西巡撫畢沅幕，長期居於西安，曾經負責監修西安城牆，身為著名學者、書法家而著有《十六長樂堂古器款識考》、《浣花拜石軒鏡銘集錄》、《聖賢冢墓誌》等。可見錢坫對於西安的歷史地理、文物古蹟是相當熟悉的，由於董賢曾被封為高安侯，錢氏遂據此將高安萬世瓦定為董氏府邸用瓦。程敦大體同意此說，並且感慨道：「賢被寵太過，至不能自保其身，獨其第瓦數千年後尤見人間。古人銘識靡所不有，設此為名世所遺，不尤足寶貴與？」〔註168〕

就像前述董賢玉印一樣，高安萬世瓦在文人間一經傳閱，亦曾引起關注。乾隆五十年（1885），馮敏昌《漢高安萬世瓦歌為錢別駕獻之賦》云：

> 黃頭郎去銅山合，長安陌上金丸落。
> 那知更有古雲陽，出得賢人差不惡。
> 殿中壺漏晝森沉，階下儀容自賞心。
> 帝顧初回金陛上，夕郎還拜璩闥深。
> 出驂乘輿入左右，貴盛何論旬月後。
> 從教恃愛等餘桃，幾見垂恩深斷袖。
> 便辟柔和性本工，賜休不出更留中。
> 已許妻挐直鈎楯，還聞女弟貯椒風。
> 全家上下無昕夕，賞賜何曾計千億。
> 未令題湊付黃腸，且亟人工與第宅。
> 第宅成來北闕高，重樓復閣連青霄。
> 珠壁堂階自輝煥，綈繒柱檻還周遭。
> 有情得奉君王意，無緣得會封侯事。
> 元雲決鬱沸河陽，丞相小車翩出第。
> 郎官幾歲致封侯，高安兩字百無憂。
> 自要寵榮傳萬世，寧惟帶礪紀千秋。
> 堂開萬瓦龍鱗煥，字本六書雲鳳篆。

〔註168〕《秦漢瓦當文字》。

想像華櫳日暎時，何嘗溫顏增眷戀。

一從西母奉籌喧，無端新第壞中門。

玉梐珠襦何處在，蒼龍白虎信蒙冤。

此第當時作何狀，此瓦千年竟無恙。

摩挲埏埴想精工，還識婦翁將作匠。

錢侯篆筆逼斯冰，好古披榛遍漢陵。

未央甘泉藏弄富，尤珍此瓦秘緘縢。

為言董卿徒玩愒，未如恭顯恣剗剟。

從知但作可憐蟲，徒跣蒼皇來詣闕。

獨有迎塵卻拜人，為承風旨更投薪。

不及買衣收葬者，象賢還作鼎司臣。〔註169〕

此瓦後來還續有發現，咸豐年間陳良玉《高安萬世瓦歌》寫道：

漢家佞倖古莫比，弱冠三公左貂珥。

宮中斷袖起晝眠，何至嘗騰禪天子？

朝廷碌碌孰等肩，笑君奚似孔光賢。

東園秘器預輸送，深恩直欲周三泉。

一聲霜裂鴛鴦瓦，巨君蝟驚唇先哆。

破棺丁傅慘焚如，免冠徒跣何為者。

長樂無極延萬世，此瓦當時亦其類。

高安侯印竟墮地，連雲甲第悵誰賜。

君不見漸臺弩射逃黃皇，團團威斗藏中央。

千年武庫莽頭禿，瓦乎瓦乎同可傷！

詩注：「瓦得於長安故城，其文云云，錢唐李賓垣少尹文容屬賦。」〔註170〕

按：也有觀點認為高安瓦與董賢無關，《漢代長安詞典・高廟瓦》：「西漢文字瓦當。其文字有『高祖萬世』、『高廟萬世』、『高安萬世』、『西廟』等多種，均出土於西安漢城遺址。『高安萬世』最為多見，『高祖萬世』、『高廟萬世』較少。除西廟瓦外，其餘三瓦結體整峻，當為一人所書。舊釋高安萬世瓦為董賢邸第之物，誤，均為高祖廟遺物。」〔註171〕

〔註169〕《小羅浮草堂詩集》卷二十二。
〔註170〕《梅窩詩鈔》卷二。
〔註171〕《漢代長安詞典》，第554頁。

漢城遺址之外，高安瓦的另一集中發現地是漢哀帝義陵左近。關於義陵位置，《三輔黃圖》卷六：「哀帝義陵，在〔右〕扶風渭城西北原上，去長安四十六里。」（圖 414）義陵位於今咸陽周陵鎮南賀村東南，民國《重修咸陽縣志》即已記載：「高安萬世瓦，篆書，出縣北南賀村東土中。」〔註172〕《渭城文物志》：「1989 年周陵鎮司家莊村南又出土此類瓦當多件。直徑 18.2、郭寬 2 釐米，與一般 4 字瓦當布局相同。原藏渭城區文管會，1992 年移交咸陽市文物保護中心。」〔註173〕司家莊位於南賀村東，義陵北面，由於此地多次出土高安萬世瓦，故莊北的一座殘冢被認定為董賢墓。（圖 415）按：關於義陵和董墓，《太平寰宇記》卷二十六曾載：「義陵，漢哀帝陵也，在〔咸陽〕縣北八里。董賢冢，在縣東北一十八里。」

遙想當年，董賢在王莽的威迫下惶遽自殺，其冢墓必遭損毀。現在董賢墓的東南側毀壞嚴重，當係當年所為。站在殘冢之上，（圖 416）不遠處的義陵清晰可見。君臣本來是要在地下永聚的，可聖卿卻是死無葬身之地。這何嘗不是一個徵象？同性戀伴侶要想獲得善始善終的畢生幸福那是幾無可能的奢望，即便愛幸者是一位皇帝。不過一生當中能夠轟轟烈烈、悱惻纏綿地愛過，就像董賢，斷袖故事讓他兩千年來一直都是男風同性戀的代表，雖含慚恨，亦有榮焉。

社會語言學視角下的古代同性戀名詞

社會語言學研究的是社會實際與語言表現之間的相互關係，從這一視角對古代的同性戀名詞進行分析，有助於加深對於古代同性戀存在狀況的認識。

一、古代同性戀的歷史面貌

總的來看，同性戀在古代社會一直都比較活躍。司馬遷《史記·佞倖列傳》曾謂：「昔以色幸者多矣。」「昔」指漢代以前的先秦時期，「以色幸者」指以男色獲得寵幸者，他們的人數則是「多矣」。先秦典籍《逸周書·武稱解》中有一句俗語「美男破老，美女破舌」，意即國君嬖愛「美男」則正卿失權，嬖愛「美女」則正后失寵，這在某種意義上可以表明當時男色和女色是處於對等的位置。同性戀的這種活躍狀況可以一直追溯到原始社會的父系氏族公社時期，

〔註172〕《重修咸陽縣志》卷一。
〔註173〕《渭城文物志》，第 389 頁。

一方面，經過上百萬年的積累，彼時人類感情體驗的深度和廣度已有相當的擴展。另一方面，基於共同生產所要求的緊密協作，彼時男性之間日常的生活關係變得相當緊密。這種背景下，父系氏族公社時期的同性戀是一種自發的、自然狀態的下的同性戀。經由先秦到漢代，據《史記‧佞倖列傳》和《漢書‧佞倖傳》，西漢大多數的皇帝都是同性戀者。再到魏晉南北朝，《宋書‧五行五》曾載：「自咸寧、太康（晉武帝年號）之後，男寵大興，甚於女色，士大夫莫不尚之，天下皆相放效。或有至夫婦離絕，怨曠妒忌者。」此載或有誇張之處，不過對於比較自然狀態下的同性戀的面貌確實述說得很有代表性。

以唐宋為過渡，宋元以還程朱理學逐漸在社會生活中占居了主導地位。理學宣揚「存天理，滅人慾」，是一種禁慾主義思潮。而同性戀也是屬人慾的範疇，由此開始受到較多的限抑。但同時，在禁慾主義的社會環境下，異性之間的交往接觸受到了嚴格控制，男女授受不親。結果，同性之間的交往聯繫轉而增多起來。例如男子外出做官、求學、經商時經常不便於妾婢隨侍，隨身服侍的也就只能是男僕，結果主僕同性戀變得更加多見。再如戲曲演出中男女不能合演，旦角需由男演員扮演，結果優伶同性戀也變得更加多見。所以說，宋代以後同性戀的活躍程度和以前相比區別不大，不過相對來說變得不那麼比較自然了，趨向於更加曖昧。

關於古代社會對待同性戀的態度，這涉及到自然觀的問題，因為古人所尊奉的社會規律都是由自然規律推衍出來的。古代的中國人具有兩種並存的自然觀、世界觀。第一種是自然主義的自然觀、世界觀：和基督教的一神崇拜相比，中國是處於自然、多神、偶像崇拜的狀態，天地山川、靈鳥異獸都可以成為崇拜的對象。所以中國人和自然是非常親近的，道家講「道法自然」，儒家講「天人合一」。這種對自然存在的接受態度被引入到社會當中，中國人對於客觀存在的社會現象也傾向於持實用主義的接受態度，有一些「存在也即合理」的意味。同性戀就是一種人的主觀意志所不能消滅的自然而生的客觀存在，因此它並沒有受到特別的排斥。但是，中國人同時還具有一種陰陽主義的自然觀、世界觀：古代認為自然萬物包括人都是陰陽二氣相互作用的產物，自然之天也即陰陽之天，陰陽規律既是自然界同時也是人類社會的最根本規律。君與臣、父與子、夫與妻都是陰陽關係的體現，而男風同性戀呢？顯然男性與男性、女性與女性的性戀與陰陽天道正相違背。這就決定了同性戀必然不會得到主流社會文化的支持。兩種自然觀、世界觀，兩種對待同性戀的

態度結合在一起，所以中國古代對於同性戀是持一種曖昧的傾向於中立的反對態度。從經典結論來看，儒家文化是古代居於統治地位的思想文化，在儒家經典裏，與同性戀問題有某些聯繫的只有《論語‧陽貨》中「巧言令色，鮮矣仁」，《論語‧季氏》中「損者三友。友便辟、友善柔，友便佞，損矣」，《孟子‧盡心下》中「惡佞，恐其亂義也」等泛指性教導，孔孟未曾對普通同性戀表達過徹底否定的觀點。宋代理學興起後，儒家在行為規範上對社會成員的要求更加嚴格，而宋代以後的同性戀活動也並未因此而減弱。值得注意的是，明清時期因是朱熹故鄉而理學（朱子學、閩學）發達，有「海濱鄒魯」之稱的福建，該地男風竟一直甚盛。

當然，古代社會對同性戀持相對寬容的態度是有前提條件的，也就是說，同性戀首先要服順於異性戀，同性戀者必須要娶妻生子，在符合陰陽規律的前提下再去搞同性戀。否則不男女婚配而純粹地男對男、女對女，社會就要堅決反對了。

二、古代的同性戀名詞

中國古代的同性戀名詞是比較豐富的，筆者手頭掌握的就有二三百個。總結一下，這些名詞有三個突出的特點。

第一點，大多數名詞的同性戀含義都比較地曖昧模糊，缺乏確指性或者專指性。可以把這些名詞按照內容和形式分為九類，分別述說如下：

第一類，帶有「男」字的名詞，包括男色、男寵、男風等。相對來看，這類名詞同性戀的含義還是比較清楚的，雖然字面意義不是同性戀，但人們可以比較容易地把它們和同性戀聯繫在一起。不過它們各自都有比較隱諱的表述方式。（1）男色與勇巴。明人孫繼芳曾記：「京師士大夫一時好談男色，諱之曰勇巴。」〔註174〕這是一個拆字遊戲，將「勇」的上部偏旁置於「巴」上，則字形似「男色」。（2）男寵與外寵。男外女內是中國的傳統觀念，《周易‧家人》就曾講：「女正位乎內，男正位乎外。」因此，「外」可以代表男，外寵意即男寵。以「外」構成的同性戀名詞還有好外、外嬖、外色、外事、外交、外癖、情外等。（3）男風與左風、南風、翰林風。男左女右也是中國的傳統觀念，所謂「男左女右，古人通禮」〔註175〕。由此，左風意同男風。「南」與「男」

〔註174〕《磯園稗史》卷之二。
〔註175〕《醋葫蘆》第十四回。

同音，所以南風可以代替男風。更進一步，僅僅「南」這一個字也可以作為同性戀的代稱。相應地，「北」這一個字則可以代稱異性戀。翰林風產生於明代，這與當時進士翰林當中同性戀者較多有關。

第二類，帶有「童」字的名詞，包括頑童、孌童、俊童、幸童、嬖童、寵童、契童、妖童、狡童、冶童、姹童、圉童、弄童等。這其中幸童、嬖童、弄童等的同性戀含義比較明顯，不過不常用。最常用的是頑童和孌童，（圖417）而從字面上看，頑童指頑皮的少年，孌童指美貌的少年，均未明言同性戀。

第三類，由同性戀典故而生出的名詞，以分桃、龍陽和斷袖為代表。它們是同性戀史上三個最著名的典故，分別說的是先秦時期衛靈公與彌子瑕、魏王與龍陽君、漢代漢哀帝與董賢之間的同性之戀。（圖418）這些個典故名詞字面上都與同性戀無關，如果不瞭解它們的具體內容，是不可能知道真實所指的。

第四類，表示君臣同性戀的名詞，包括佞倖、嬖幸、幸臣、嬖臣、寵臣、弄臣、孌臣等。這樣的臣下可能與君主存在有同性戀關係，但並非全部都是。在廣義上，凡不通過仕途正路而以柔媚便辟獲寵者皆可稱之為佞倖、幸臣。

第五類，表示社會上一般的同性戀的名詞。這一類名詞的數量比較多，（1）契兄、契弟。通常指的就是結拜兄弟，特定語境下則是指同性戀夥伴。（2）俊僕。字面上是指美貌的奴僕，特定語境下則是指與主人存在同性戀關係的奴僕，意義相近的名詞還有嬖奴、寵奴、寵僕等。（3）小官。在明清時期，小官是對少年男子的親切稱謂。若與特定字詞如好、偷、出身等相結合，形成好小官、偷小官、做小官、老小官、小官出身等詞句，則一般是特指具有或多或少被動色彩的年輕的同性戀者。（4）兔子。兔子可以作為被動色彩較明顯的同性戀者的代稱，其原因，兔在傳統上被認為是一種陰性動物，它們雌雄難辨。《木蘭詩》：「雄兔腳撲朔，雌兔眼迷離。雙兔傍地走，安能辨我是雄雌？」〔註176〕而且傳說當中雄兔對於兔種的繁殖作用不大，乃至兔子被認為不存在性別之分。《博物志・物性》：「兔舐毫望月而孕，口中吐子。」可見兔性屬陰，而被動的同性戀者一般也被認為陰性氣質是比較重的。

第六類，表示優伶同性戀的名詞。優伶同性戀是古代同性戀的重要組成部分，相關名詞像小唱本來是指歌唱較短文辭的一種演藝形式，在明代尤其明代北京，相關歌者許多都是既賣藝也賣身，結果小唱也就成為了以唱曲為娛客手段的優伶同性戀者的代稱。再如相公在清代尤其清代北京是指既唱戲又賣色

〔註176〕《樂府詩集》卷第二十五。

的優伶同性戀者，分析促發其產生的原因，當時在演戲時旦角總是稱生角為相公，觀眾對於此詞印象深刻，於是就易於把旦角演員進而把其他角色的演員稱為相公。更進一步，相公和像姑發音相近，像姑的字面含義是長得像姑娘，很符合優伶的特點，所以相公也叫像姑。相公的恩客被稱為老斗，張際亮《金臺殘淚記》、藝蘭生《側帽餘譚》曾追考其起始，但都比較牽強。其產生的偶然性是比較明顯的，人云亦云的成份很重。老斗是相公的衣食父母，所以也被有的相公稱為乾爹。

第七類，方言中的同性戀名詞。在這方面，明代小說《石點頭》第十四卷的開頭曾經舉出 8 個方言名詞：「那男色一道，從來原有這事。若各處鄉語，又是不同。北邊人叫炒茹茹，南方人叫打蓬蓬。徽州人叫塌豆腐，江西人叫鑄火盆，寧波人叫善善，龍游人叫弄苦蔥，慈谿人叫戲蝦蟆，蘇州人叫竭先生。話是不同，光景則一。」再如，在北京，《燕歸來簃隨筆》：「北平人謔為人男寵者曰壚子。」〔註177〕在成都，《錦城竹枝詞》：「濃髮少年與龍陽等者，名大毛辮子娃娃。兩鬢旁用紅緞剪膏藥如圍棋子大，貼以助媚。」對於同性戀的方言名詞，不但外地人，不少本地人也都是莫名所以的。

第八類，行話中的同性戀名詞。行話用於特定的行業，《漢口竹枝詞》卷五：「薙髮者俗呼飄行，侍客曰出堂。」武漢剃頭徒弟的「出堂」相似於當代小姐的「出臺」。而在北京、天津等地，原用於妓院的打茶圍、擺酒、叫條子、割靴子等名詞被用於了相公堂當中。《燕京雜記》：「優童自稱其居曰下處，到下處者謂之打茶圍。」《清稗類鈔・優伶類》：「召伶侑酒曰叫條子，伶之應召曰趕條子。」至於相公堂內的專門行話，《切口大詞典・娼妓類》收有二十多個，像找戶頭：「尋嫖客也。」酥桃子：「闊公子也。」進皮杯：「以嘴含酒，哺與客嘴也。」後庭窯：「相公堂子也。」老肯：「開相公堂子者，如妓院中之鴇兒也。」

第九類，隱語中的同性戀名詞。隱語用於特定的人群，在優伶當中，《清稗類鈔・優伶類》：「伶與伶相偶者謂之同單。單者，北人呼衾之謂也。」在軍隊當中，《金陵城外新樂府三十首・狎孌童》：「姦淫婦女謂之打水炮，雞姦謂之打銅鼓。」這說的是太平天國時期的情況，「銅鼓」即「童股」。在江湖上，《切口大詞典・星相類》：「鄧生：男風也。」「鄧」指的是漢代著名同性戀者鄧通，他與漢文帝存在有同性戀關係。

〔註177〕見《清代燕都梨園史料》，第 1249 頁。

名詞含義是否明確是由確指性和專指性來決定的。像男色、男寵的確指性較強，但它們也可以針對女性而言，所以缺乏專指性。分桃、斷袖的專指性較強，但字面含義與同性戀全無關係，所以缺乏確指性。而像小唱、相公則是既缺乏確指性也缺乏專指性，像男風這樣兩性都較強的古代同性戀名詞是少見的。而即使如男風，比起「同性戀」來它的兩性還是要差一些。

古代同性戀名詞的第二個特點是大多數名詞都是中性詞，都是對同性戀現象進行客觀的反映，而沒有明顯的褒義或貶義。例如男色、男寵、男風分別指的就是男性的美色、受寵的男子、同性戀的現象或風氣。

古代同性戀名詞還有一個特點，就是表示存在著主動──被動關係的名詞很豐富，像男色、男寵、孌童、龍陽、佞倖、小官、相公等均是，而可以表示平等關係的名詞像契兄、契弟則很少見。

三、名詞與社會的關係

社會語言學研究的是語言與社會的相互關係，具體到古代同性戀名詞與古代同性戀社會環境之間的相互關係，首先需要明確一點，同性戀名詞具有充分的社會性，它是同性戀社會環境的一種語言表現，被包含於後者當中而非與後者並列，因此兩者特徵一致是題中之意。

（一）古代社會對於同性戀態度曖昧，思想家和公眾都不公開去談，男風同性戀在一定程度上被掩蔽了起來。這就導致了同性戀名詞的含義一般都比較地曖昧模糊，人們習慣於用一些遮遮掩掩的詞彙來表現同性戀現象。

（二）古代社會對於同性戀是持傾向於中立的反對態度，這就導致了同性戀名詞多數都是中性詞，褒義詞幾乎沒有，貶義詞則可以見到一些。貶義詞有幾種情況，（1）表示君臣同性戀的，如佞倖、佞臣。君臣同性戀是古代同性戀一個比較特殊的組成部分，它涉及到政治問題，佞倖之所以受到反對很大程度上是由於他們擾亂了正常的政治秩序，他們與君主的同性戀關係本身並非受到反對的主體。（2）一般同性戀中帶有「淫」、「癖」等貶義字的貶義詞，如男淫、外癖。這樣的詞並不常用，只用於以批斥為目的的書面文本。（3）雞姦。此詞比較常見，不過通常是用於法律訴訟當中，並且強制的色彩比較明顯，而強行雞姦當然是要受到懲治的。（4）表示同性戀的非正常性態的詞。如「㝇」字產生於明代的南方，陸容釋曰：「㝇，杭人謂男之有女態者。」〔註178〕由此，

〔註178〕《菽園雜記》卷十二。

娈兒意近小官，被動、賣身的色彩明顯。《宜春香質》月集第三回：「今之娈兒越貪越爽利。」（5）表示肛交不潔淨的詞，如垃圾營生、盜糞之人。《龍陽逸史》第三回：「汪通生平毛病，嗜為盜糞之人。」（6）原本中性而在特定語境下帶有一些貶義的詞。像小唱、兔子，因為它們所代表的同性戀者具有被動、賣身的特徵，所以會受到人們的蔑視。而相公甚至本屬褒義詞，用到了優伶身上也就帶有了貶意，《側帽餘譚》曾謂：「此名古惟宰相得而稱之，今竟加之至賤之伶，致京官子弟，其僕轉不敢以此相稱。」〔註179〕上面幾種情況使得古代同性戀名詞總體上表現出一種貶的傾向，不過諸貶義詞或者使用不普遍或者貶的程度較輕，因此古代同性戀名詞大體還是比較中性的。

（三）古代社會是一種身份制的社會，不同階級、階層之間的身份差距非常懸殊，像帝王與寵臣、主人與寵僕、老斗與相公等。在等級不同的人之間發生同性戀必然會產生表示不平等關係的同性戀名詞。不平等關係中的主動支配方因其權力、財富上的優勢可以比較容易地將被動一方收為男寵。對於主動者來說，這種同性戀關係具有明顯的欣賞乃至玩弄意味，只是自身聲色犬馬生活的一個組成部分而非全部。對於社會來說，這種關係並未嚴重衝擊婚姻家庭的制度根本，可以看成是上層等級的一種特權享受。因此，不平等關係的同性戀是較易發生也較易受到容忍的，有關這一方面的同性戀名詞也就比較多見。而平等的契兄弟夥伴式的同性戀更強調感情因素，對於婚姻家庭的衝擊力比較大，因此受到了更多的反對。相關事件至少表現得要更加隱晦，相關名詞也就顯得少見。

同性戀名詞的特點必然會受到同性戀社會環境的影響，不過具體到古代的同性戀環境，對其基本面貌的認識有一部分實際是來自於對同性戀名詞的認識：因為古代同性戀名詞具有某些特徵，所以推知古代同性戀環境具有某些特徵。如此一來，在分析古代同性戀名詞特徵的產生原因時，某種意義上自我證明的因素是存在的。這是古代名詞與現代名詞的差異之一，現代社會真實直觀地呈現在我們面前，對它的準確認識相對來看可以不像古代那樣更多地借助於語言分析。

語言名詞存在於社會當中，它對社會也是能夠具有反作用的，尤其當社會發生變革的時候，所謂語言政治能對這種變革發揮促進作用。而在中國古代，同性戀環境一直都比較穩定，同性戀者與社會保持了長久的平衡，無意

〔註179〕見《清代燕都梨園史料》，第 603 頁。

也無力改變自身境況。這樣一來，古代同性戀名詞對於社會的順應是主流表現，它的反作用主要體現為保持而不是改變。如果也名之以語言政治的話，這與強調變革的通常意義上的語言政治不同，可以說是一種無為之為的語言政治。當然，古代同性戀名詞在不同時期的面貌也並非全無變化，總的來看是越到後期詞彙越豐富。這既有語言本身的原因：漢語的發展史就是其表現力越來越強，語言日趨細緻豐富的歷史。另一方面也要看到社會變化的原因：雖然古代社會的封建性質一直未變，不過社會生活的具體內容還是越來越豐富了，同性戀的社會生活也是如此，用以表現生活內容的同性戀詞彙相應地也就獲得了擴充。

四、古代女性同性戀名詞與社會

作為古代同性戀不可缺少的一部分，女性同性戀受到的反映明顯少於男性同性戀。表現在名詞詞彙上，相關語詞明顯缺乏，社會比較熟悉的只有幾個，相類於男風、斷袖的表示女性同性戀通常一般的社會存在狀態的名詞則幾乎一個也沒有。在男權佔據著統治地位的古代社會，女人未嫁從父，既嫁從夫，夫死從子，一生都受到男性支配，從屬於男性，限圍於家庭。她們之間的愛戀慾求沒有可以公開表露的環境，男權社會沒有予以重視的興趣。結果，女性同性戀竟然成為了一個無名之物，好像這種現象並不存在一樣。當然，社會人群全然不知也是不可能的，只是他們比較熟悉的兩個相關名詞又反映出了他們認識上的片面性。第一個名詞是對食。此詞在漢代是指宮中女子之間的同性戀，應劭曰：「宮人自相與為夫婦名對食，甚相妒忌也。」〔註180〕對食已可以表示社會關係，但若從詞源上論，它其實是對兩女之間互慰行為的一種文雅表述。第二個名詞是磨鏡。此詞出現於清代，是對互慰行為更直露的表述。描寫清道光年間相公生活的《品花寶鑒》第八回裏有一個笑話：「人家姑嫂兩個，哥哥不在家，姑娘就和娘子一床睡覺。嫂子想起她丈夫，但睡不著，叫這姑娘學著他哥哥的樣兒。那嫂子樂得了不得，姑娘道：『咱們起他個名兒才好。』嫂子道：『本來有個名兒，叫磨鏡子。』姑娘道：『不像，還是叫他敬皮杯吧。』」這個笑話是在把磨鏡和相公侑酒時敬皮杯的動作相提並論，實屬惡謔。在談到女性同性戀時，人們能夠用到的名詞是表示她們的性行為、性關係。這表明社會認為女同性戀者的所為只是孤寂無奈時的暫且為之，所求只

〔註180〕 《漢書·卷九十七下·孝成趙皇后傳》顏師古注引。

是積慾渴望的消解和排豁，其中並沒有多少感情因素，也就不必去探究其社會方面的內涵和意義。

而在實際上，女同性戀夥伴之間也是可以產生出無比深厚的感情的。金蘭契現象存在於清代民國間的廣東珠江三角洲等地，同光間張心泰所著《粵遊小志》曾記道：「廣州女子，多以拜盟結姊妹，名金蘭會。女出嫁後回寧，恒不返夫家。近十餘年風氣又復一變，則竟以姊妹花為連理枝矣。凡婦女定交後情好綢繆，逾於琴瑟，竟可終身不嫁，風氣壞極矣。」而「壞極」的「女風」中實有綢繆的戀情，龍舟歌是廣東地方俗曲，在其描寫金蘭契的曲文中，結契姊妹之間鮮活的相稱名詞不時可見：

（一）金蘭友、蘭友。《拆外母屋》：「你做乜縱結金蘭友，累人絕嗣為乜因由。」

（二）金蘭、金蘭姊妹。《夢蘭憶友》：「花心上苑我亦都唔理，為憶金蘭袖苦悲。」

（三）同群、同群姊妹。《錦繡食齋成道》：「同群姊妹唔思念，你千祈唔好咁發癲。」

（四）同裙、同裙姊妹。《夜諫金蘭》：「記得從前曾發誓，同裙姊妹不得離開。」

（五）同心、同心姊妹。《五想同心》：「一想同心妹係亞金，金蘭情義實難尋。」

（六）同年、同年姊妹。《七夕贊花》：「初杯酒，極新鮮，低頭下跪眾同年。」

（七）群伴、裙伴。《夜諫金蘭》：「大家裙伴知佢意，拍掌齊嘩笑佢顛。」

（八）情嬌、嬌友。《打天九歌》：「十二點時鐘長把嬌姐望，仁義情嬌到我地畫堂。」

（九）愛友。《玉蟬歎五更》：「自係愛友歸陰奴亦淨守，花前月下懶去行遊。」

（十）相知。《打相知》：「相知千萬誇到尾，從今交契莫傚前時。」

從這些名詞的使用可以看出金蘭之戀的深切程度，她們在一起相處時，「春景同遊芳草地，夏賞荷香納悶心。秋飲黃花新美酒，冬來白雪共聯吟」〔註181〕。思念對方時，「一到午時日正中，二八佳人不再逢。三餐茶飯唔思

〔註181〕《吳小姐憶母怨夫四季解心》。

用，四肢困倦又唔窓。五經壞過真沉重，六脈唔和減卻玉容。……」〔註182〕
其情其景，和熱戀中的男女也無甚區別。只是金蘭契在主流觀念看來是屬於
「文章之偏鋒，兵家之詭道」〔註183〕，相關文獻主要反映的是其僻其淫。而
龍舟歌中那些寄託了深情厚誼的相稱名詞也和龍舟歌一樣，當時就只流傳於
珠三角一隅，現在則以極少的遺存埋沒於故紙陳灰當中，等待人們的解讀，去
認清塵封之下的真實。

鴨與兔子、雞

　　鴨子在文言裏被稱為「鶩」，「趨之若鶩」，就是像爭食的鴨子一樣成群地
向前跑。現在鴨有了廣為人知的新含義，也即男妓 MB（money boy），或稱男
性性工作者。說起來新義的產生也簡單：雞鴨雞鴨，既然女妓是雞，男妓當然
便是鴨了。此言不錯，不過若能再考求一下歷史，我們對於鴨子的這一含義會
理解得更為全面。

　　作為水禽，鴨子是一種陰性的動物。《本草綱目》卷四十七曾經指出，鴨
肉、油、血、膽、卵、糞的特點分別是甘冷、大寒、鹹冷、辛寒、微寒、冷。
多食鴨卵會「發冷氣，令人氣短背悶」。鴨肉的功用則是「補虛除客熱，解丹
毒止熱痢」。既然如此性陰，也就意味著公鴨缺少陽氣，和烏龜、兔子是屬一
類。所以早在宋代，江南浙江一帶的人們就已經忌諱稱鴨。《雞肋編》卷中：
「浙人以鴨兒為大諱。北人但知鴨羹雖甚熱亦無氣，後至南方，乃知鴨若只
一雄，則雖合而無卵，須二三始有子。其以為諱者，蓋為是耳，不在於無氣
也。」其實，公鴨既然生殖能力不強，這就是缺少陽氣的表現。而變童男妓在
同性戀關係中是處於被動接受的地位，同樣顯著陰盛陽虛，和鴨子也就有了
相通之處。清代袁枚曾經講過一個故事：「江西高安縣僮楊貴，年十九，微有
姿，性柔和。有狎之者，都無所拒。一日夏間浴於池中，忽一雄鴨飛起，齧其
臀而以尾抽之，作抽疊狀。擊之不去，須臾死矣，尾後拖下肉莖一縷，臊水涓
涓然。合署人大笑，呼楊為鴨嫠。」〔註184〕楊貴自身是一變童，他受到公鴨
如此的「傾慕」，不禁讓人覺得變童和鴨子是可以聯繫在一起的。

　　但古代在用動物表示變童男妓也即同性戀者中的被動者、賣身者時，用

<hr>

〔註182〕《日夜時辰》。
〔註183〕《柳弧·卷三·粵東女俗》。
〔註184〕《子不語》卷六。

的是兔子而不是鴨子。相關分析見本書第 508 頁。既然兔子已經成為了變童的動物代表，（圖 419）同樣性陰的鴨子也就落了選。

鴨和兔相剋，和雞則是相生，經常會在一起連用，並且這些雞鴨經常是用來代表風月女子。據《清稗類鈔·娼妓類》，晚清上海某些妓女本已被豪家包養，「自此閉置閒房，他客不能見矣」。然而妓中之「黠者」並不安分，只要豪家不在身邊，便「竊召所歡，啖以重金。甘為野鶩，恥作家雞。煙花本質，往往然矣」。《尺牘含芳》卷四收有一句「碎錦」：「避女色而就變童，捨家雞而尋野鶩。」如果對應著看，野鴨子（野鶩）正好是指變童男妓。當然我們不能這樣拘泥地進行理解，這是互文句，雞和鴨既代表女色也代表變童。

雞、妓同音，雞在清代已可以實指妓女。在上海，光緒中葉以後，「野雞」妓「以漢口路、南京路、福州路之西為最，群雌粥粥，蹀躞路隅。夜漏三下，猶執途人而語之曰：『盍就宿儂家乎？』此與明代之揚州歪妓，無或異也」〔註185〕。滬妓中還有「打野雞」的說法：「凡有生客臨門，各妓爭相獻媚，以冀入選。倘獲一生客賞識定交，則謂之打野雞，以遇獵人之獲雉也。」〔註186〕在廣州，「頭等妓曰大寨，大寨妓女分三種：1. 雞仔，即正經琵琶仔，2. 半掩門，3. 大老舉。雞仔長成，覓客為之開苞，叫擺房。代價多以四五百金，少亦一二百金」〔註187〕。（圖 420）不過有意思的是，在四川，雞是地地道道地指男妓。少年時代的郭沫若就和這樣的雞仔打過交道，他曾回憶說：「我們走過一家煙館門前，突然遇著一位雞仔——這是相公（男妓）的別名。我拉著他，叫他陪我去喝酒。夜漸漸深了，我要引著那位相公去開旅館。汪君他也把我沒法，他借著買下酒菜為名，拿了兩塊大洋給那相公，叫他走了。那人一去便沒有轉來。」〔註188〕沒做什麼服務就賺得了兩塊銀洋，現代的 MB 能不羨慕這位雞仔前輩？

其實把男妓稱為雞是完全可以理解的一件事。早在明代，與雞同音的「畟」字已經出現。當時「畟兒」就是指的變童男妓，《宜春香質》月集第三回：「今之畟兒愈肏愈快活，越貪越爽利。」相應地，「做畟」指做男妓，「畟行」指男妓這一行業。而當時「畟姦」的同音同義詞「雞姦」也已經出現了，此詞形象地表明了同性性行為是如何進行的。可見雞與男妓有著相當緊密的

〔註185〕《清稗類鈔·娼妓類》。
〔註186〕《海上冶遊備覽》卷三。
〔註187〕《中國娼妓史》第六章第二節。
〔註188〕《我的童年》，見《郭沫若作品經典》第 V 卷，第 58～59 頁。

關聯性，可以認為，郭沫若所提到的雞仔就是從晏兒演變過來的。

再從郭沫若的少年時代（20世紀初）起，中國社會開始經歷天翻地覆的革命性巨變，歷史與現實之間的聯繫出現了太多的斷裂。其結果，現今很少再用兔子來指稱男妓，更不會用雞。今人只會想到雞、妓同音，雞、鴨同類，故此雞就是妓女，鴨就是妓男。而通過前面的回顧，我們可以看到，一方面鴨子確實適合於指男妓，另一方面能夠適合的也並非只鴨一種。到底選中的是鴨、雞還是兔子？這裡面有偶然性，也與歷史文化的因演很有關係。

最後再講一個小故事。晚清名士李慈銘當時是京城風月場裏的常客，當然那不是女妓院而是相公堂子，某種意義上可以說是男妓院。李慈銘喜好男色而且多情善感，他曾養過兩隻公鴨，後來一隻被狗咬死，另一隻便「哀鳴不食」，三天後亦死。感其友義，李為文以祭，曰：「爾鳧何產，雙雙而來。畜之庭宇，出入裦回。忽以災至，隕一於尨。爾尋爾覓，哀鳴繞窗。見食低頭，予水不嗌。向曝形孤，殉以三日。嗟爾相偶，匪雌則雄。禽之特兮，諡之曰義。」〔註189〕這兩隻公鴨在天願作比翼鳥，在地願為連理枝。而鴨猶如此，人可無情？現代社會的重要特徵是認可生活方式的多樣性，鴨子隊伍的逐漸擴大那是現實的客觀存在。他們為求生計而失去了許多，但不可能因性便就泯沒了感情、親情和戀情。越把自己掩蓋起來，越是不容易得到，心裏就越會嚮往，越想去擁有和感受。

同志小考

「同志」這個詞在中國古代談不上常見，但也非罕見。它在先秦文獻中已經出現了，《國語·晉語四》：「同德則同心，同心則同志。」漢儒鄭玄釋《周禮》中「朋友」之義，謂曰：「同師曰朋，同志曰友。」〔註190〕如此，孔子名言「有朋自遠方來，不亦樂乎？」〔註191〕大致也可以翻譯為：「同志們遠道而來，見到大家我能不高興嗎？」一日孔子讓他的幾位弟子各言其志，曾點對曰：「莫春者，春服既成。冠者五六人，童子六七人，浴乎沂，風乎舞雩，詠而歸。」夫子聽罷喟然歎曰：「吾與點也」〔註192〕，你說得太好了！後來清康

〔註189〕 《荀學齋日記》光緒十六年十月初七日。
〔註190〕 《周禮注疏》卷第十。
〔註191〕 《論語·學而》。
〔註192〕 《論語·先進》。

熙年間經筵日講，儒臣在呈給皇帝的講義中認為曾點喜結同志：「偕我同志，冠者五六人焉，童子六七人焉。少長咸集，薄言出遊。……是則點之志如此而已。」〔註193〕而這同時也是孔夫子的愛好。

就字面含義而言，「同志」的「志」主要應被理解為「志向」，比較宏觀開闊，政治色彩是比較濃的。它在政治方面有應用，如謂「鳩合同志，以謀王室」〔註194〕、「於是引同志尹勳為尚書令」〔註195〕等。不過總的來看，古人在政治上對「同志」的使用是有忌諱的。其原因，既為同志則臣下就是在橫向地結成小團體，這就有了結黨的嫌疑。而在中央集權的專制政體之下，朋黨對於君權是一種干擾因素，必然不會為君主所喜，歷代君王都是要求全體臣民必須縱向地完全服從於自己。因此，「君子群而不黨」〔註196〕是古代政治的一項基本原則，黨同伐異、結黨營私都是一些很負面的行為表現。漢、唐、宋代分別出現過黨錮、黨爭和黨禁，到了明代，明太祖朱元璋的專制意識超邁前帝，他親自主持制定了《大明律》，其中規定：「若在朝官員交結朋黨，紊亂朝政者，皆斬，妻子為奴，財產入官。」〔註197〕但雖如此，明代後期的黨爭還是相當激烈的，東林黨與閹黨尖銳對立，彼此之間可以說是你死我活。過程當中，閹黨曾經搜羅出一個《東林同志錄》，也就是列出了一個敵對者的名單。而東林同人也不諱互稱同志，像天啟初年，左都御史鄒元標、副都御史馮從吾「共建首善書院於京師，朝暇與同志高攀龍等講學其中，名望日重，而諸不附東林者咸忌之」〔註198〕。

有鑑於明末的亂象叢生，清代重申朋黨之禁，並且實際的措施堅強有力。因此有清一代，統治階層內部結黨攻訐的問題基本算是得到了解決。但這是以封建君權的進一步加強為前提，中國社會變得益發專制了。

正所謂物極必反，面對專制政體所造成的危亡局面，孫中山先生領導的革命黨在清末應時而生。他們接受了歐美和日本的政治理論與實踐，自身又是以推翻現政權為目標，當然也就不諱稱黨，把「黨」這一名詞由貶義改為了褒義。相應地，「同志」這一稱呼也在他們當中流行了開來。中山先生臨終教

〔註193〕　《日講四書解義》卷八。
〔註194〕　《晉書·卷五十四·陸機傳》。
〔註195〕　《後漢書·卷六十九·竇武傳》。
〔註196〕　《論語·衛靈公》。
〔註197〕　《大明律集解附例·卷第二·吏律職制》。
〔註198〕　《御批歷代通鑒輯覽》卷一百十三。

導：「革命尚未成功，同志仍需努力。」這句話不論何時都可以激勵人們的志氣，去與各種各樣的壓迫和不公做鬥爭。

雖然「同志」在古代的政治生活中用的不多，不過相對而言，社會生活中還是不時可見的。這時「志」需被理解為「志趣」，只要有共同的想法愛好，古人就可以互稱同志。

（一）《晉書·卷八十·王羲之傳》：「孫綽、李充等皆以文義冠世，與羲之同好。嘗與同志宴集於會稽山陰之蘭亭，羲之自為之序。」這是名士之間互為同志。

（二）《近思錄》卷五：「伊川點頭，因語在坐同志者曰：『此人為學，切問近思者也。』」伊川即宋儒程頤，這是學者之間互為同志。

（三）《香溪集》卷三：「試問社中同志士，經春學力竟如何？」這是社友之間互為同志。

（四）《涇野子內篇》卷十三：「人居家中，須要二三同志者相處，方能幹得事業。」這是平日居處需有同志。

（五）《清異錄》卷下：「瑩姐，平康妓也，善梳掠畫眉。唐斯立戲之曰：『更假以歲年，當率同志為修眉史矣。』」這是流連娼樓需有同志。

甚至僧道、女流、親人之間的關係表述也可使用同志。

（六）《開元釋教錄》卷五下：「招集同志沙門二十五人，發跡北土，遠適西方。」

（七）《會稽志》卷十九：「予家本若耶溪東，與閨中同志者紉蘭、佩蕙趨幽閒人境。不得已從人，不幸良人已失，邈然無依。」

（八）《靜學文集》：「可謂父子同志而有莫大之幸矣。」

古人有名字叫同志的，《八旬萬壽盛典》卷二十七：「雲陽縣民邑同志，年八十三。」也有人名前後冠、跟同志的，《少墟集》卷九：「今歲春莫，余偕同志王惟大為華嶽之遊。」《明文海》卷四百四十九：「值武廟將南巡，公與黃鞏諸同志伏闕極諫。」

中國是一個詩歌的國度，其中友情詩是古代詩歌的一個重要組成部分。古代的詩人在表達友情時遣詞用語時常顯得過於親密，像李群玉《醒起獨酌懷友》：「西風靜夜吹蓮塘，芙蓉破紅金粉香。美人此夕不入夢，獨宿高樓明月涼。」〔註199〕（圖421）而同志為友，古代有的同志詩也是情真意切，現代讀

〔註199〕《全唐詩》卷五百六十八。

者如果只看字面含義，難免會感覺曖昧，像王恭《山樓晚坐有懷同志》：「綠蘿煙暝夕陽收，何處猿啼更倚樓。京國故人分別久，楚雲湘水共關愁。」〔註200〕劉得仁《對月寄同志》詩情意更加纏綿，詩云：「霜滿中庭月在林，塞鴻頻過又更深。支頤不語相思坐，料得君心似我心。」〔註201〕如果這首詩是作於當今，其作者能不成為「同志」們的文學偶像？

古代同志雖然不指同性戀，不過文有湊巧，同志與一些古代的同性戀人物恰好也曾發生過聯繫，讀之不禁使人一笑。

（一）謝惠連

謝惠連是南朝詩人，他「愛會稽郡吏杜德靈，贈以五言詩十餘首，文行於世」〔註202〕。可見謝惠連確實寫過同性戀詩歌，在《悲哉行》中他曾詠歎道：「羈人感淑節，緣感欲回沴。睹實情有悲，瞻華意無悅。覽物懷同志，如何復乖別。翔鳴常疇偶，所歎獨乖絕。」〔註203〕不知所懷同志是否就是情友杜德靈？

（二）辛德源

辛德源是北朝名士，他「沉靜好學，美儀容。中書侍郎裴讓之特相愛好，兼有龍陽之重」〔註204〕。龍陽是一個同性戀的專有名詞，指孌童男寵，可見辛德源曾經有過同性戀的經歷。另據記載，他曾與人結為同志，《北史·卷二十四·崔逞傳附崔儦傳》：「儦字岐叔，少與范陽盧思道、隴西辛德源同志友善，每以讀書為務。」不知讀書之暇這幾位同志少年之間是否還有其他更親密的活動？

（三）李慈銘

李慈銘是晚清名士，以《越縵堂日記》聞名於時。當時北京城裏的相公業正處在繁榮時期，李氏是多家堂寓裏的常客。在《秋夜聽雨示諸同志》詩中他寫道：「同居念我友，疏簾隔秋房。共聽空階滴，所惜非聯床。美人易遲暮，況復客異鄉。相朂葆真意，無為多感傷。」〔註205〕此詩情真意切，但我們不

〔註200〕《草澤狂歌》卷五。
〔註201〕《全唐詩》卷五百四十五。
〔註202〕《宋書·卷五十三·謝方明傳附謝惠連傳》。
〔註203〕《樂府詩集》卷第六十二。
〔註204〕《北史·卷五十·辛雄傳附辛德源傳》。
〔註205〕《越縵堂日記》光緒二年七月十九日。

要想得太多，因為這裡李慈銘的同志是著名學者陶方琦和著名文人樊增祥，三人之間並無特殊關係。不過這三人時常同遊堂寓，在喜好相公男色這一點上他們確乎可謂同志。

（四）高芳州

在福建地方文學作品《閩都別記》裏，高芳州是一位重情知孝的狐仙。他的母親中箭身亡，需得人精血來配藥回生。於是芳州變作一位美少年去與品行端正的周豔冰親近，二人結誼為異姓兄弟，芳州喜曰：「今得了同志，死無恨矣。」〔註206〕晚間同寢，二人情難自禁，發生了身體關係。事畢又歃血盟誓，不相背離。芳州以此方式得到精血救了母親，他並非採補淫狐，過後與豔冰仍然相親相愛。所以，在講「今得了同志」這句話時，芳州內心已經想到了同性戀行為的將要發生，他恰好是用同志來稱呼自己的同性戀夥伴。

最近一些年來，「同志」確確實實地成為了同性戀者的代稱。究其原因，一方面經過近現代的劇烈社會變革，古代的同性戀名詞如分桃、斷袖、變童、龍陽等已與現代社會產生了隔膜，我們今人會感覺陌生。另一方面，新名詞「同性戀」又過於直露，平常使用時會讓人感覺尷尬。因此，既為人熟悉又意義含蓄的「同志」一經圈內人提出便迅速流行開來，並進而進入了主流語境，在媒體和網絡上成為了一個熱門詞彙。就目前而言，同志人群使用同志時更多考慮的還是藉此來淡化自身的形象，讓同性戀保持一種曖昧模糊的存在狀態。不過這種狀態其實是同志們無奈的選擇，他們內心渴望的當然是陽光下光明正大的生活，是可以無所顧慮地走出「暗櫃」。如此，同性戀的性政治也就具有了現實意義，伴隨著社會環境的日漸寬容，同性戀人群爭取平權的活動將會日益地活躍起來。到了那時，同志們在談說中山先生的著名教導時，將不再是調侃戲謔，而是認真嚴肅地來進行思考。

變態小考

「變態」曾是一塊沉重的巨石壓在每一位同志的心頭，社會變化也快，近幾年來公開地用這個詞來定性同志的言論已經少了，學術界和媒體大體上已經承認同性戀是可供選擇的一種生活方式，只是性少數而非性變態。不過實際上，在社會的底裏、在普通大眾的觀念中，對同性戀最經常的定性仍是變態。

〔註206〕《閩都別記》第二百零一回。

以致多數同志仍然掩藏在櫃子裏，仍然無奈地在對主流異性戀文化表示著尊從。所以變態這個詞很值得考究，當它恢復了傳統含義之時，也就是同性戀者獲得了平等待遇之日。

在古代，變態經常是指物體形態的變化，如：

（一）風雲

程顥《秋日偶成》：「道通天地有形外，思入風雲變態中。」〔註207〕

（二）山川

錢紳《濟川諸公同遊》：「好山如佳人，變態百種好。」〔註208〕

（三）花朵

李漁《鸚哥菊和阿倩沈因伯》：「菊花種類多於粟。滿園紅共紫，變態從今始。」〔註209〕

（四）身形

《清蒙古車王府藏子弟書·鳳仙傳》：「這叫作影裏情郎畫中愛寵，非仙人變態也無此真情。」

同時，變態也可以指聲音、動作、書畫乃至詩文的變化，這就比較虛了。

（一）聲音

嵇康《琴賦》：「嗟姣妙以弘麗，何變態之無窮。」〔註210〕

（二）動作

《鶯嘯小品》卷之三：「梁溪八旦之舞，進退開合，參錯亦極變態，最為美觀。」〔註211〕

（三）書畫

《書法正傳》卷七：「窮變態於毫端，合情調於紙上。」

（四）詩文

《竹莊詩話》卷十四：「文章變態，初無窮盡，惟能者得之。」

〔註207〕《河南程氏文集》卷第三。
〔註208〕洪武《無錫縣志》卷四上。
〔註209〕《笠翁餘集·小令·菩薩蠻》。
〔註210〕《六臣注文選》卷第十八。
〔註211〕轉引自《潘之恒曲話·上編·佚舞》。

而且，變態還可以指人情事理的變化，這就更虛了，不能直觀地看到聽到。

（一）風俗

屈原《九章·思美人》：「吾且僔佪以娛憂兮，觀南人之變態。」〔註212〕

（二）世情

李呂《題君山愛松軒》：「世情苦炎涼，一日幾變態。」〔註213〕

（三）乾坤

貢師泰《題王維輞川圖》：「乾坤多變態，江海生暮愁。」〔註214〕

（四）學術

《思辨錄輯要》卷三十二：「凡學術之岐，盡出於周秦之時，其變態已極矣。」

可見古漢語中變態就是變化的同義詞。從一種狀態到另一種狀態，雙方通常是對等互補的，談不上優劣。不過雖無優劣之分，變化本身就值得肯定，否則刻板呆滯，有何可觀可喜？即如書畫，如想氣蘊生動就必須「求諸變態」〔註215〕而不能「乏變態」〔註216〕。能夠變態是上品書畫的一個標誌，所謂「心手相應，變態無窮」〔註217〕、「細窮毫髮，極其變態」〔註218〕。詩詞文章也是這樣，大家如李斯之《上逐客書》、韓非之《說難》，可謂「極文之變態」〔註219〕。而某書生之作平庸拘板，「不能變態」，結果被人以詩嘲諷曰：「百首如一首，卷初如卷終。」〔註220〕

當然，既然有變化就不會全是好的或中性的，在比較少的具體情況下，古代的變態是負面性質的。《晉書·藝術列傳序》：「法術紛以多端，變態諒非一緒。真雖存矣，偽亦憑焉。」這裡的變態包含了妄偽的法術。《宋書·後廢帝本紀》：帝「自加元服，變態轉興」。《魏書·恩倖列傳序》：「書其變態，備禍

〔註212〕 《楚辭章句》卷第四。
〔註213〕 《澹軒集》卷一。
〔註214〕 《御定歷代題畫詩類》卷三十。
〔註215〕 《書苑菁華》卷二十。
〔註216〕 《珊瑚網》卷二十。
〔註217〕 《書法離鉤》卷七。
〔註218〕 《秘殿珠林》卷十一。
〔註219〕 《震澤長語》卷下。
〔註220〕 《北夢瑣言》卷六。

福之由焉。」這裡的變態是淫昏君主和佞倖小臣的所為，它們都具貶義，但這與變態本身無關。作為一個名詞概念，變態本身是中性的，只是在具體的語境當中它才具有了負面性質。

而隨著近代西方學術文化的傳入，變態的古今用法出現了巨大的差異。弗洛伊德等西方學者對於心理變態、性變態都有著名的論述，在他們那裏，變態是指常態以外的不正常狀態。既然不正常，就是不好的、有問題的、需要得到矯正和治療的。中國學者接受了上述觀念，把貶義的變態用到了自己的表述當中，從而使其完成了中國化。（圖 422）如在 1934 年，鄭振鐸為張次溪《清代燕都梨園史料》作序，序末寫道：「清禁官吏挾妓，彼輩（官吏）乃轉其柔情，以向于伶人（以男旦為主）。《史料》裏不乏此類變態性慾的描寫與歌頌，此實近代演劇史上一件可痛心的污點。惟對於研究變態心理者，也許也還足以作為參考之資。」此處變態的含義已與現代完全相同了。

變態古今含義的區別主要有兩點。（1）當今變態的英文 Abnormality 直譯應為非正常、非標準，本身就是一個貶義詞。而漢語「變態」的字面含義則是改變了的狀態，其中只有一部分的具體改變是非正常的。在傳統概念裏，變態強調的是變而不是非，因此，Abnormality 譯為變態可以講是一個誤譯。但語言具有約定俗成性，一旦變態與 Ab 對應了起來，人們就可以只關注它的某些方面，即把「狀態」的態單純理解為「常態」的態。（2）傳統上，變態極少用來形容心理和性的變化，而當今變態主要就是形容這兩方面。今義逐漸推廣開來，佔據了絕對優勢之後，變態的古義也就退出了語言實踐。現在一般讀者乍一看到山能變態、舞能變態、文章也變態，感覺必定是新鮮和驚異，然後難免會心中一笑。

將自身定位為常態的社會主流文化在理解變態時，或者認為它違背道德，或者認為它是一種疾病。但具體地到底何為變態？同性戀曾被無可置疑地歸入其中，而目前國際社會的普遍潮流則是將其定性為少數人所具有的一種常態。實在地講，同性戀雖具客觀的表現，不過社會對其評價卻是主觀的。也就是說，不管同性戀自認為表現得多麼正常，即便它從古及今一直都具備正常的基本要素，主流異性戀文化仍是從自己的視角、自己的感受出發對其進行評判。而評判結果既與整體的社會發展狀況有關，同時也有自身的獨立性或者說偶然性。即在相近似的社會狀態下，不同時期不同國家對待同性戀的態度可能會很不相同，突出表現就是中世紀時代歐洲對同性戀的嚴厲懲罰和東

亞對同性戀的相對寬容的對比。這種觀念意識上的獨立偶然性以前是被忽略的，各個時代的主流文化總會傾向於認為自身對同性戀的評判和態度在當時是唯一可取的態度。如此的一種認識論現在已經到了應予摒除的時候，現代社會狀態並非只能對應一種評判同性戀的結果。

有了上述認識論上的突破，整個社會的群體意識就可以變得靈活和實際，不再拘泥於僵滯的理念，也不會被所謂「現實的客觀物質條件」所束縛。同性戀完全可被歸入正常的範疇，今後的發展方向是主流文化觀念對此予以確認和接納。

因此，古代概念適合於當今和今後的使用。按照變態的古義，各種狀態都是同質的，並無上下優劣之分。同性戀和異性戀的關係就是如此，它們都是性態的具體形式，兩者互為變態而非一本一支、一正一邪。當然，現在再恢復變態的古代用法並不符合語言實際，我們只能是在理念上恢復之。而在現實當中，將同性戀從性變態的清單裏徹底拉出來就是恢復的標誌。這方面學術界已經有了積極的表現，可社會大眾的觀念改變卻還只是浮於表面，要走的路還屬漫長。

屁精小考

「拍馬屁」是社會上的一個常用詞彙，人人知曉其意；行此事者被稱為「馬屁精」，此詞人們也不陌生。而如果減去一個字，變成「屁精」呢？首先，對當代人而言，「屁精」還是比較陌生的，已經沒有多少人在用。其次，即便初見此詞，「屁」和「精」的組合也會讓人產生聯想：屁中之精、屁中有精，如果不是有過後庭肛交，誰能如此？實際上，在清代以及民國年間，「屁精」不是一個生僻詞，它很明確地是指同性肛交中的被動方，並由此衍生出了其他的一些含義。

先請看幾部小說。在明代男色小說《宜春香質》雪集中，小官伊人愛嗜財如命，「有錢的，就是下人奴隸，他也多方奉承；你若沒錢鈔，就是子建潘安，也不在他心上」。結果被人罵道：「屁精！忘八編頭貪的屁精，你屁眼也不曾乾！」〔註221〕文中忘八也即王八，妓院龜鴇，編頭也即理髮匠。清代色情小說《怡情陣》中，白琨和井泉是一對男風伴侶，兩人相昵相愛。前者因而

〔註221〕《宜春香質》雪集第一、三回。

主動提供方便，撮合後者與自己妻子李氏相交。李氏受創深巨，白琨又開始心有不甘，便罵道：「井泉這個屁精！弄破了你的毬，肏壞了你的屁股，此恨怎消？」〔註222〕白琨雖然這樣罵，其實井泉後庭裏的精水是出自他的下體。《品花寶鑒》寫作於清道光年間，其中有一個剃頭徒弟巴英官，後來成了紈絝大佬奚十一的跟班兼男寵。一日奚十一喝酒之後又吸鴉片，

> 到二更後才回，醉醺醺的。底下那東西甚是作怪，時刻直豎起來，頭上癢颼颼的，好不難受。便想著英官多時沒有做這件事了，又想道：「這個兔子與別人不同，真是屁中之精。近來嫌我不好，勉勉強強的，今日我要收拾這個兔崽子。」酒醉模模糊糊，吃了四粒丸藥，帶了綾帶，到書房叫英官來開上燈，叫他打煙。……〔註223〕

文中兔子是對變童男寵的俗稱，屁中之精是屁精的擴展，不過「精」還有精華、精靈之義，奚十一把巴英官視為了屁精中的屁精。《寶鑒》第五十八回還寫英官的駭人濫交：「算他十三歲起，到如今大約著一千人沒有，八百人總有多無少。」如此看來，「屁中之精」對於巴英官而言確實名副其實。

下面《儒林外史》中的屁精缺乏直接的背景描述，對其含義需做更細緻的分析：

> 他轎裏是坐的債精，抬轎的是牛精，跟轎的是屁精，看門的是謊精，家裏藏著的是妖精，這是五精了。而今時作，這些鹽商頭上戴的是方中，中間定是一個水晶結子，合起來是六精。〔註224〕

轎裏坐著的雖稱債精，卻有主人的身份，無非過度享樂而已。家裏的妖精顯然是指豔妾美婢，那麼屁精呢？他們的表面身份是跟轎的侍僕，而在清代，長相姣美的隨侍俊僕經常也在充當變童龍陽的角色。有一首竹枝詞寫道：

> 標品跟班氣象雄，主人得用不相同。
>
> 其中骨病何能識，俱本平時救急功。〔註225〕

何為「救急功」？請看清初豔情小說《肉蒲團》中的一段敘寫：

> 未央生別了術士，回到寓中，獨自一個睡了。就把改造陽物以後與婦人幹事的光景預先揣摩起來，不覺淫興大發。就有些睡臥不安，要爬起來尋妓婦。又怕他有了嫖客不肯開門，熬過一會，又思

〔註222〕《怡情陣》第八回。
〔註223〕《品花寶鑒》第五十八回。
〔註224〕《儒林外史》第二十八回。
〔註225〕《邗江竹枝詞》。

量道：「我身邊現有救急的傢伙，為何不拿來用用？」就喚隨身一個
家僮上床去睡，把他權當了婦人，恣其淫樂。〔註226〕

所以，所謂「救急」的意思就是：侍僕龍陽隨時都服侍在側，主人可以很
方便地在他們身上發洩性慾，尤其是當女色不易得到的時候。因此，跟轎的屁
精並非馬屁精，他們的後庭確有承精之用。

戲曲方面，乾隆間錢德蒼增輯的《綴白裘》中收有一齣《請師》，周德龍
（旦角）家中鬧鬼，請王法師（付角）做法降拿，王謂周的家中有妖怪。

（旦）王法師，你看是什麼妖怪？（付）臭得緊，是個屁精。

（旦）嗳、嗳、嗳！屁那裏有什麼精的？（付）咳！你不曉得。小
官家相與得大哥哥，多受這些精華，肚皮裏結成了胎，養出一個兔
子來，就變了個妖怪了嚇。（旦）休要取笑。〔註227〕

此處屁精也被進行了擴展，「精華」指的就是精液，再做引申則是指承精
之人。

《賣草囤》是一部色情小戲，旦、丑分別是一位尼姑和一賣草囤的鄉下人。

（丑唱）仝你拜拜堂來並並親，青紗帳裏趕私情。日也困夜也
困，肚皮弄得勿能能。養出來，是個男，大得起來做屁精。（旦白）
呸，做公卿！（丑白）嗳，勿講個做公卿，我答內做個一對老封君。

屁精極賤，公卿極貴，通過諧音兩者被聯繫了起來。而通過對比，我們也
能推測出「屁精」是一個貶義詞，是某些公卿的賞狎對象。

在清代，有兩類人最易成為為人賞狎的孌童龍陽，一是前面《品花寶
鑑》、《儒林外史》寫到的跟班俊僕，另一類就是優伶尤其旦角優伶。在北京
以及外地，賣色乃至賣身的優伶也被稱為相公。對此，《清門考源》有言簡意
賅的解釋，其《幫中之風景雜誌·（七十五）各項切口》：「相公：屁精也。」
按：此處「相公」的內涵要更廣一些，不事演藝的比較純粹的賣身男妓也可以
包括在內。

《儒林外史》第二十四回中有這樣一段描寫：

走進茶館，只見一個人獨自坐在那裏吃茶。鮑文卿近前一看，
原是他同班唱老生的錢麻子。鮑文卿道：「我方才遠遠看見你，只疑
惑是那一位翰林科道老爺，錯走到我這裡來吃茶，原來就是你這老

〔註226〕《肉蒲團》第八回。
〔註227〕《綴白裘·十一編·方集》。

屁精。」當下坐了吃茶。

在戲曲優伶當中，固然旦優最易成為龍陽，不過其他角色也不可能決然只是賣藝。因此，鮑文卿戲罵錢麻子是屁精，也是和男色有關聯的。當然就具體語境而言，鮑主要是在開玩笑，「屁精」也確實容易成為玩笑詞。

屁精者流嗜精成癮，其後庭如是，而口舌亦然。請看《何典》第一回中的一段描寫：

> 看看來到橋邊，只見一個老鬼，頸上掛串數珠，腰裏束條黃布，雙手捧了卵子，跨著大步，慢慢的跑過橋去。活鬼笑道：「你看，這老鬼怎不把緊橋欄杆，倒捧好了個張騷硬卵，難道怕人咬了去不成？」艄公道：「相公們不知，近來奈何橋上出了一個屁精，專好把人的卵當笛吹。遇有過橋的善人老卵常拖，他便鑽出來蓆卵脬一戴，把卵咬住不放。多有被他咬落的。饒是這等捧好，還常常咬卵弗著，咬了脬去。所以那些奈河橋上善人，都是這般捧卵子過橋的。」

「卵」即陰莖陽物，乃輸精、射精之器，在屁精眼裏自屬鮮美佳物，恨不得日日含吮狎玩了。

作為清末民國間具有全國影響的一份大報，上海出版的《申報》內容豐富，涉及面相當廣泛。通過梳理其中的「屁精」用法，我們對該詞的認識可以更加全面。

（一）雞姦之人

> 本邑人名金和者，向在城中老學前左近源茂賬簿店為夥，素不安分，屢與青年子弟作不端事，該處居民均呼之為屁精。〔註228〕

（二）孌童龍陽

> 淫娼扮為洋婦，遮人耳目，輕賤實勝煙妓。更有小流氓狼狽為奸，無惡不作，無恥不異屁精。交遊者切宜留意。〔註229〕

> 此風一開，必有像姑、契弟、屁精等託名大家貴公子，繼起而遍鬻龍陽券，以引誘世之斷袖癖者矣。民國社會之進化，其蒸蒸日上若此，亦可哀也夫！〔註230〕

〔註228〕《剪髮狂奔》，光緒十八年正月二十六日，第 6765 號。
〔註229〕《狐兔猖狂》，光緒十八年閏六月二十八日，第 6943 號。
〔註230〕《自由談話會》，民國二年正月十一日，第 14327 號。

按：清末小說家吳趼人在其《滬上百多談》中曾謂：「珊家園多小屁精。」珊家園位於上海黃浦區長沙路、牯嶺路一帶，小屁精（圖 423）們也被稱為相公。不過和北京相公相比，他們的主業就是賣身。

（三）女性化者

滬西某大學本學期新聘英文教員鄭某，北京人，好修邊幅，每日必更衣一次。且身上日必施以香料，如雪花粉等。開口便笑，絕類一好女子。一般學生見其如此，贈以綽號曰 S. P.。人皆不解其故，詢之某生，乃告余曰：「S.一字為 Shanghai 之首，P.一字為 Peking 之首，蓋取其諧音『上海屁精』也。」令人聞之捧腹不已。〔註 231〕

這種人自以為「泰山之靠」，必然趾高氣揚，拔扈驕慢，工作不在他們心上。一天到晚，專門「吃食、打扮、理毛衣」！弄得頭光光，臉滑滑，頭上香噴噴，屁精似的。妖形怪狀，吃糧不管事。〔註 232〕

（四）綽號貶稱

流氓屁精桂寶，近與同類阿松、阿金福等在梧州路等處租賃密室，誘人賭博。昨被捕頭訪聞，立飭中西探嚴拿解辦。〔註 233〕

新北門內錦華堂箋扇店小主丁桂生（綽號強盜屁精——原注），向與無類少年成群結隊，勾引婦女。〔註 234〕

金榮生（綽號小屁精——原注），平湖人，年約三十左右。前曾在蔣毛毛處為廚役，旋入伊所設合記廚房為夥。〔註 235〕

蘇州人季金生，綽號屁精小阿毛。素以摸竊為生，技術甚精。故一般竊賊，均奉之為領袖。〔註 236〕

（五）羞罵之詞

捕送在路打架之張關雲、莊連生請訊。張供：在路與莊相逢，

〔註 231〕《新聞拾遺・絕妙之綽號》，民國九年三月初十日，第 16899 號。
〔註 232〕《談言・為「花瓶與花瓶架子」說一句公正話》，民國二十二年十一月十五日，第 21765 號。
〔註 233〕《美租界・密室聚賭》，宣統元年八月二十九日，第 13179 號。
〔註 234〕《男女自由之罪惡》，民國二年三月二十四日，第 14412 號。
〔註 235〕《張福康律師代表張金森賞拿金榮生啟事》，民國二十一年六月二十五日，第 21270 號。
〔註 236〕《電影女演員之夫為摸竊專家》，民國二十四年十月初一日，第 22427 號。

以我不應罵伊屁精,因此被打受傷。〔註237〕

　　大夫人知道沒有好事,連忙追著問他放的什麼東西?迨他才一
說明,大夫人即連嘔帶吐,一面追在身後罵道:「好個老屁精,老小
子,你真把老娘害苦了。」〔註238〕

可以看出,《申報》中「屁精」的用法多樣,已構成一個連續的詞義譜,
能夠反映該詞含義的衍申過程,即:屁中有精,唯有肛交雞姦之人方能如此。
——被動者才屁內承精,故屁精常指變童龍陽。——作為被動方,不少變童
都會有女性化的表現。——男性而如此嬌媚,故屁精易被當做一個貶義的綽
號。——以此罵人,被罵者會深感恥辱。後面兩個含義多是基於對女性化的設
定,不過在具體語境下也可以是指變童。總之,在清代以及民國年間,人們尤
其江浙東南地區的人們對屁精並不陌生。而在新中國成立後,嚴肅的道德環境
讓這類人幾無立錐之地,社會成員幾乎不知他們的存在,同時又感覺「屁精」
是一個關涉同性性行為的髒詞,羞於出口,於是此詞的使用頻率大降。改革開
放以來,社會的道德環境日漸寬鬆,語言禁忌漸被打破,不過就像分桃斷袖、
兔子變童的命運一樣,舊詞被諸多新詞所取代,同志、基友、gay、1號、0號
等已可以滿足對現代同性戀現象進行概念描述的需求,於是屁精的使用率雖
有所提高,卻是難以恢復舊觀了。

「菊花」小考

由於形貌有相近之處,菊花在現代具有一個特殊的含義,指人之後庭。那
麼,這一含義最早出現於何時?其實,菊花與後庭的形近向來如此,古人同樣
能夠看到,將兩者相關聯的情形在古代也是可以存在的。

清末學者葉德輝曾經寫過一首《相風》詩:

相思無俚為崑崙,坐欲含來臥欲吞。
背指菊花開正好,眉頭柳葉畫難論。
月明夜扣雙鐶影,風色情佔五兩痕。
一種腰肢消瘦好,楚宮纖細不勝言。〔註239〕

〔註237〕《英界公堂瑣案》,光緒十六年七月十二日,第 6232 號。
〔註238〕《梨園外紀·王克琴與張勳離合之經過》,民國二十八年九月二十日,第 23549
　　　　號。
〔註239〕《崑崙酏詠集》卷下。

「相」即相公，這首詩描寫的是京中狎賞相公的風氣。自乾隆末年以來，有些京優除去演戲，還在堂寓裏私下款客，他們被稱為相公、像姑。通俗地講，相公堂子有些像是現代的色情 KTV，陪酒、陪唱是必有的內容，至於陪宿，則因人而異。在一般的記載當中，相公陪侍還是比較文雅的。而在葉德輝的這首《相風》詩中，我們看到的則是赤裸裸的豔情與肉慾。

詩中「五兩痕」是一個明代典故，《文飯小品》卷二曾載：「優兒譚惟孝一時豔哄，每戲闋，少年候勞，進參鴨者恐後。某生私之，得出門溲遺，略奉其手，納金一鋌，色猶薄怒。謔庵聞之曰：『所謂南風五兩輕也。』」「謔庵」即《文飯小品》的作者王思任，「南風五兩輕」出自唐代王維詩《送楊少府貶郴州》。「南風」當被理解為「男風」，也即現在的男男同性戀。明末的這位譚姓藝人頗似現代的當紅小鮮肉，粉絲眾多，追慕者爭先恐後。他身價頗高，看不上一般的薄禮。而清代的相公也是如此，當時妓女是不如他們風光的。

詩中「坐欲含來臥欲吞」是男男床上的兩個動作，按現在的說法，就是坐蓮和口交。在古代詩歌當中，描寫男風同性戀的用詞一般都比較委婉，至多是用到「分桃」、「斷袖」一類的相關典故。就筆者目前所知，古代在個人的多首詩歌中直接描寫同性歡媾、寫到性交器官的只有葉德輝一人。在《與實甫夜話，記四部書別典，成詩四首》、《相風四首》等詩作中，他還寫有「大道何妨窮矢溺」、「逐臭三年彼物痕」〔註240〕、「捷算要通鉤股術」、「尻輪自轉妙難論」〔註241〕等詩句。

在此尤其要注意的是詩中「背指菊花開正好」這句話，它所描寫的也是一個床上狀態：相公裸身俯臥，恩客雙目癡迷。客人所看到的「菊花」意同「後庭花」，美男的風流情穴。也就是說，在一百多年前葉德輝的詩作當中，菊花已經具有了「後庭」的含義。

補充一點，清代戲業被稱為菊部，清人寫有《菊部群英》、《鞠（菊）臺集秀錄》等描寫優伶色藝的多種花譜雜記。因此，清人把菊花和優伶是緊密聯繫在一起的。那麼，菊花可雅，它澹麗幽香；而菊也可俗，它紛披的花瓣像極了某處的褶皺。在相公堂寓裏，某些所為已經俗成了褻猥。據晚清名士李慈銘日記所記，有的相公在堂子裏會與恩客公開地「互脫其袴，相為以手出精」〔註242〕，

〔註240〕 《崑崙唫詠集》卷上。
〔註241〕 《崑崙唫詠集》卷下。
〔註242〕 《越縵堂日記》同治三年十一月二十四日。

也即互相手慰。那麼，在這樣的客人眼裏，菊花是容易染俗的，將此花視為後庭花的採花人在清代未必只有葉德輝一位。

娼優關係考

娼妓是出自倡伎，經歷了一個賣藝色彩漸淡、賣身色彩漸濃的漫長變化過程。她們與優伶先合後分，但始終未曾完全分開，兩者之間的關係可以用「糾結莫解」來做概括。

一、娼妓與倡伎

（一）娼與倡

先秦秦漢時期有倡而無娼。關於「倡」字的含義，清代段玉裁指出：「唱，古多以倡字為之。」〔註243〕王念孫指出：「唱與倡通。」〔註244〕具體實例，《詩經·鄭風·蘀兮》：「倡予和女。」《禮記·樂記》：「壹倡而三歎。」可見，「倡」是「唱」這種行為的行為人，廣義上可以作為對優伶的一種稱呼。《說文解字》第八上：「優，〔一〕曰倡也。」「倡，樂也。」《急就篇》卷第三有「倡優俳笑觀倚（伎）庭」之句，唐顏師古注曰：「倡，樂人也。優，戲人也。」就性別而言，倡可男可女。《史記·佞倖列傳》：「李延年，中山人也。父母及身兄弟及女，皆故倡也。」這是男女兼指。《漢書·地理志下》：「趙、中山地薄人眾，丈夫相聚遊戲，多弄物，為倡優。」這是指男性。《史記·趙世家》：「趙王遷，其母倡也。」這是指女性。

專指女性優伶的名詞在先秦秦漢時期是「女樂」。女樂的歷史是很長久的，《戰國策·秦策一》中晉國曾饋郭女樂，用美女計將郭國滅亡。《論語·微子》中齊人饋魯女樂，「季桓子受之，三日不朝」，孔子遂去魯。《漢書·禮樂志》：漢成帝時，「鄭聲尤甚。貴戚之家淫佚過度，至與人主爭女樂」。《後漢書·馬融傳》：「融常坐高堂，施絳紗帳。前授生徒，後列女樂。」女樂們載歌載舞，是主人聲色之娛不可缺少的組成部分。而隨著時間的推移，語言與現實的不協調逐漸就凸顯了起來。其原因，女樂的活動內容越來越多樣，與男優的相互區分越來越明顯，這就需要一系列新的相關詞彙來加以表示。可女樂是一

〔註243〕《說文解字注》第三卷。
〔註244〕《廣雅疏證》卷三下。

個雙字詞，衍生新詞的功能甚弱，諸如女樂家、女樂樓、名女樂之類的複合詞讀起來很拗口，難以推廣。這種情況下，以一個單字來代表女優女樂就變得越來越有必要，於是魏晉南北朝時期出現了「娼」字。如同「她」自「他」出，顯然「娼」是出自於「倡」，同時兩字可以互通。

1. 倡家與娼家。《烏棲曲》：「青牛丹轂七香車，可憐今夜宿倡家。」〔註245〕《梅花落》：「娼家怨思妾，樓上獨徘徊。」〔註246〕

2. 倡女與娼女。《豔歌行》：「凌晨光景麗，倡女鳳樓中。」〔註247〕《輕薄篇》：「娼女掩扇歌，小婦開簾織。」〔註248〕

3. 名倡與名娼。《夏日詩》：「延賓作名倡，絃歌隨風屬。」〔註249〕《贈棗腆詩》：「娛耳以名娼，博弈逞妙思。」〔註250〕

由上可見，娼字的出現在某種程度上導致了倡的娼化。秦漢時期倡經常是指男優，魏晉以來由於娼是明確地指稱女優，結果與其音同形近的倡就變得經常也是如此。

同時，魏晉以來女倡的活動範圍和活動方式也發生了變化。先秦秦漢時期，倡優女樂主要是隸屬於宮廷和官僚豪貴之家，服務於非特定人群的、商業性質的倡優尚不多見。而魏晉以來，倡（娼）家的倡（娼）女在倡（娼）樓中獻藝陪歡，這表明她們已經獨立於特定的主人之外，同時不可避免地，賣身現象也就相隨出現了。南齊名倡蘇小小曾作歌唱曰：「我乘油壁車，郎乘青驄馬。何處結同心？西陵松柏下。」〔註251〕柔曼傾意，開啟了後世歡場中浪子佳人相戀相慕的先聲。當然，這裡需要強調一點，即隸屬於豪貴之家的女倡女樂魏晉以來同樣興盛，只是用來表示她們的詞彙主要是妓而非娼，見後「妓與伎」部分。

〔註245〕《玉臺新詠》卷九。

〔註246〕《先秦漢魏晉南北朝詩》陳詩卷五。娼家，《樂府詩集》卷第二十四《梅花落》作倡家。按：由於倡、娼互通，所以經過長期的傳抄、傳刻，六朝具體某篇文獻中到底是倡還是娼現在有時不易做出判斷的。一般來講，作倡的可能性要大一些。這種情況隋唐時期也存在，不過存疑的程度可以小些。宋元以來的文獻由於版本比較可靠，基本可不存疑。

〔註247〕《樂府詩集》卷第三十九。

〔註248〕《玉臺新詠》卷五。娼女，《先秦漢魏晉南北朝詩》梁詩卷八《擬輕薄篇》作倡女。

〔註249〕《先秦漢魏晉南北朝詩》魏詩卷四。

〔註250〕《先秦漢魏晉南北朝詩》晉詩卷四。

〔註251〕《樂府詩集》卷第八十五。

　　隋唐時期，娼業繼續發展繁榮。在文字使用上，一方面娼與倡依然可以互通，如娼家與倡家、娼樓與倡樓、娼婦與倡婦、邯鄲娼與邯鄲倡等。另一方面，娼、倡與妓也可以兼用。如盧思道《夜聞鄰妓》詩中有「倡樓對三道，吹臺臨九重」〔註252〕句，主要是用妓字的孫棨《北里志》中有「潤娘在娼中狂逸特甚」句，等。總的來看，這一時期有關妓的描敘要更多一些，所以娼的性質可由妓來說明，見後。

　　再一方面，娼與妓開始組合出「娼妓」。娼妓的同音近義詞倡伎在漢代應已出現，《後漢書・梁冀傳》：「冀遊觀第內，多從倡伎〔註253〕。鳴鐘吹管，酣謳竟路。」後來六朝時期出現了倡妓，《宋書・五行二》：「晉海西時，庾晞喜為輓歌。又燕會，輒令倡妓作新安人歌儛離別之辭，其聲悲切。」「倡妓」兩字偏旁不同，顯著不整齊，於是再進一步而為「娼妓」。唐・白居易《白氏長慶集》卷四十五：「有軍使高霞寓者，欲聘娼妓。妓大誇曰：『我詠得白學士《長恨歌》，豈同他妓？』」戴孚《廣異記》：「隴西李捎雲，其妻一夜夢捕捎雲等輩十數人，雜以娼妓，連驅而去。」〔註254〕不過，隋唐時期雖然已有娼妓之詞，但一方面此詞使用無多，另一方面娼與妓的組合也不穩定。例如同是「欲聘娼妓」的說法，同是文淵閣《四庫全書》的版本，《舊唐書・白居易傳》即為「欲聘倡妓」。〔註255〕《廣異記》在言「雜以娼妓」的同時復言「選長安名倡，大縱歌妓」。這固然與長期傳抄、傳刻所可能導致的文字訛舛有關，也與「倡」字在隋唐時期仍然常見，人們經常使用有關，他們還沒有必用「娼妓」的習慣。再經五代到宋元，「娼妓」就已經比較常見了，兩個字的組合也固定了下來。《行都紀事》：莫氏某人「嘗至一酒樓飲，壁間有題字云：『春王三月，公與夫人會於此樓。』蓋輕薄子攜娼妓飲於此所題耳。莫即援筆題其

〔註252〕《盧武陽集》。
〔註253〕倡伎，南宋紹興本、明汲古閣本、王先謙《後漢書集解》本作倡妓，中華書局，1965年點校本據清武英殿本逕改。按：點校本認可宋代劉攽《東漢書勘誤》的說法，認為古無「妓」字，故當作「伎」。筆者認為，妓字的創製固然晚於伎，但許慎《說文解字》已經收入，所以至遲在東漢已經出現了。況且《後漢書》是南朝宋范曄所撰，使用的是當時詞彙，而宋時「妓」已經是一個常見字。因此點校本的逕改值得商榷，為了審慎起見，還是不改為妥。當然，東漢時期「妓」字的使用顯然不如「伎」普遍，況且「倡伎」偏旁一致，顯得整齊。所以，如果說東漢時期已經出現了「倡伎」之詞，對此筆者是表示認同的。
〔註254〕見《太平廣記》卷第二百七十九。
〔註255〕南宋紹興本《白氏文集》卷四十五《與元九書》中作「欲聘倡伎」。

下云：『夏大旱，秋饑，冬雨雪，公薨。君子曰：不度德不量力，其死於飢寒也，宜哉！』見者無不大笑」。《鶴林集》卷二十三：「挾娼妓以遨遊，冒新喪而應舉。」

同時，娼優也有取代倡優的趨勢。「娼優」之詞唐代或已出現，白行簡《說郛》本之《汧國夫人傳》：「日會其娼優儕類，嬉戲遊宴，囊中盡空。」按此傳亦名《李娃傳》，在《虞初志》、《唐人說薈》、《龍威秘書》本的《李娃傳》中，「娼優」是作「倡優」。宋・楊溥《唐會要》卷五十六：「雜鄭衛之音，縱娼優之樂，恐非聖德所誼。」到了宋元時期，謝維新《古今合璧事類備要》前集卷五十三專設有娼優門，再如「居民煩夥，娼優所聚」〔註256〕、「暮則易布裘徒步市廛間，或娼優所集處，率以為常」〔註257〕、「魚三嫂娼優之家，官司不為詳審」〔註258〕，等。而且，先前文獻中使用倡優的一些文句宋元時人換成了娼優。

1. 倡優下賤。《漢書・賈誼傳》：「庶人屋壁，得為帝服。倡優下賤，得為后飾。」《文忠集》卷十二：「庶人屋壁，得為帝服。娼優下賤，得為后飾。」

2. 倡優拙。《史記・范雎蔡澤列傳》：「楚之鐵劍利而倡優拙。」《河南程氏遺書》卷第三：「鐵劍利而娼優拙。」

3. 倡優畜之。《漢書・司馬遷傳》：「文史星曆固主上所戲弄，倡優畜之，流俗之所輕也。」《古今考》卷六：「司馬遷為漢大史，乃謂大史卜祝星曆，上以娼優畜之。特怨詞耳。」

4. 倡優雜技。《舊唐書・韋承慶傳》：「倡優雜伎，不息於前。鼓吹繁聲，亟聞於外。」《冊府元龜》卷七百十四：「娼優雜伎，不息於前。鼓吹繁聲，亟聞於外。」

當然，宋元時期倡優還是時有使用的，尤其是在正史等嚴肅文獻中。《宋史・輿服五》：「今閭閻之卑，倡優之賤，尚多僭侈，未合古制。」《元史・刑法三》：「諸職官與倡優之妻姦，因娶為妾者，杖七十七，罷職不敘。」

娼在這一時期私娼化、賣身化的色彩進一步加深。宋末元初周密曾記：「聞東都盛時，無賴男子用此（同性賣淫）以圖衣食。政和中始立法告捕，男子為娼者杖一百。〔今〕吳俗此風尤盛，新門外乃其巢穴。然未見有舉舊條以

〔註256〕 《沂公筆錄》，見《類說》卷十七。
〔註257〕 《石林燕語》卷十。
〔註258〕 《秋澗集》卷八十八。

禁止之者，豈以其言之醜故耶？」〔註259〕此條記載名為《禁男娼》，其中男子純以身體為交易之具，則某些女娼的所為可知。不過總的來看，宋元時期的娼終究尚需在倡優女樂的含義內加以認識，她們給人的總體印象仍然還是賣藝。北宋丁度釋「倡」曰：「樂也，或從女。」〔註260〕即倡與娼通。明初朱權論戲曲，也是認娼為優，且把男優稱為娼夫。他在《太和正音譜》卷上中曾謂：「雜劇，俳優所扮者謂之娼戲。子昂趙先生〔註261〕曰：『良家子弟所扮雜劇謂之行家生活，娼優所扮者謂之戾家把戲。』」又：「娼夫自春秋之世有之，自古娼夫如黃番綽、鏡新磨、雷海青之輩，皆古之名娼也。」夏庭芝《青樓集》所記為元代的「青樓歌舞之妓」，其中《李芝秀》條謂她「賦性聰慧，記雜劇三百餘段，當時旦色號為廣記者皆不及也。金玉府張總管置於側室，張沒後復為娼。」李芝秀身為雜劇女旦而又為娼妓，由此可見當時娼妓的優藝特徵，而當時的娼優大體上則可以認為是女優和男優的合稱。

　　明代廢除了官妓，娼妓的賣身特徵成為了她們的主要特徵，至此，娼與倡優才分作了兩類人群。而作為一個名詞稱謂，面對具有特定含義的娼的廣泛使用，不便再與之互通的、可能會引起理解混亂的、指稱人物的倡在明清時期也就不再多見了。

（二）妓與伎

　　娼自倡出，倡是唱的行為人。相似地，妓自伎出，伎是技的行為人，同時伎與技可以互通。《說文解字》第十二上：「技，巧也。」《說文解字注》第十五卷：「伎，俗用為技巧之技。」《唐寫本切韻殘卷》卷三：「技：藝，或作伎。」技的含義是巧藝，伎是具有巧藝之人，其外延較廣，像《北齊書·方伎傳》所收就是一些精於道術、相術、卜筮、算術、醫術之人。當然，歌舞演藝必然是「伎」藝的重要內容。兩漢之際桓譚曾謂：「昔余在孝成帝時為樂府令，凡所典領倡優伎樂，蓋有千人。」〔註262〕東漢後期仲長統曾謂：「妖童美妾，填乎綺室。倡謳伎樂，列乎深堂。」〔註263〕由「伎」而「妓」，後字產生的原因與

〔註259〕《癸辛雜識》後集。
〔註260〕《集韻》卷之三。
〔註261〕元代書畫家趙孟頫。
〔註262〕《桓子新論·離事》。
〔註263〕《後漢書·卷四十九·仲長統傳》。伎樂，南宋紹興本、明汲古閣本、清武英殿本均作妓樂，中華書局點校本據王先謙《後漢書集解》本徑改。筆者認為不改為妥，參見前面對「倡伎」的注釋。

「娼」相同，並且產生較早，東漢已經出現。《說文解字》第十二下：「妓，婦人小物也。」許慎此解較為寬泛模糊，實際上，婦人小物可以理解為卑下微賤的女子，這與優伎女樂的特徵正好相符。《後漢書·濟南安王康傳》：「錯為太子時，愛康鼓吹妓女〔註264〕宋閏，使醫張尊招之。不得，錯怒，自以劍刺殺尊。」妓女宋閏所從事的就是女樂演藝。

魏晉以來，妓已經成為了一個常見字，它與伎可以通用。

1. 伎女與妓女。《南齊書·曹虎傳》：「虎好貨賄，吝嗇。在雍州得見錢五千萬，伎女食醬菜，無重肴。」《宋書·阮佃夫傳》：「時佃夫執權柄，亞於人主。妓女數十，藝貌冠當時。」

2. 伎妾與妓妾。《魏書·序紀》：「烈帝出居于鄴，石虎奉第宅、伎妾、奴婢、什物。」干寶《晉紀》：「崇出妓妾數十人，皆蘊蘭麝而被羅縠。」〔註265〕

3. 妙伎與妙妓。《詠舞》：「紅顏自燕趙，妙伎邁陽阿。」〔註266〕《七啟》：「才人妙妓，遺世越俗。」〔註267〕

4. 伎樂與妓樂。《洛陽伽藍記》卷一：「伎樂之盛，與劉騰相比。」《魏書·僭晉司馬睿傳附》：「昌明妙列妓樂，陪侍嬪少。」

它如聲伎與聲妓、女伎與女妓、河陽伎與河陽妓等。

就像倡、娼互通一樣，伎、妓互通可以說明妓的演藝性質。在魏晉南北朝時期，娼的商業色彩較重，而妓則經常是指家內女樂。著名事例，如西晉石崇「有妓人曰綠珠，美而工舞」。趙王司馬倫的嬖寵孫秀「使人求焉」，崇不與，秀乃「勸趙王倫殺之」〔註268〕。東晉謝安「在東山畜妓」，宋明帝《文章志》曰：「安縱心事外，疏略常節。每畜女妓，攜持遊肆也。」〔註269〕據《洛陽伽藍記》卷三的記載，北魏高陽王元雍「貴極人臣，富兼山海。童僕六千，妓女

〔註264〕妓女，南宋紹興本、明汲古閣本、清武英殿本、《後漢書集解》本均作妓女。
〔註265〕見《藝文類聚》卷第十八。
〔註266〕《玉臺新詠》卷六。妙伎，《先秦漢魏晉南北朝詩》梁詩卷十七《詠舞詩》作妙妓。由於伎、妓互通，六朝隋唐時期具體某篇文獻中到底是伎還是妓現在有時不易做出判斷。總的來看，當時倡比娼常見，而伎則是比妓少見。例如在北京大學《全唐詩》全文電子版上進行檢索，唐前詩及《樂府詩集》中倡、娼、伎、妓4個字分別出現了135、4、28、42次，《全唐詩》及其補編中這4個字分別出現了78、14、50、218次。
〔註267〕《六臣注文選》卷第三十四。
〔註268〕《晉紀》，見《藝文類聚》卷第十八。
〔註269〕《世說新語》卷中之上。

五百」。人數之眾，令人瞠目。家妓為家主提供聲色之娛，南齊張瓌「居室豪富，伎妾盈房」。或有譏其衰暮畜伎者，瓌答曰：「我少好音律，老而方解。平生嗜慾，無復一存，唯未能遣此處耳。」〔註270〕就家妓在家內的地位而言，她們大體上是界於妾婢之間，北魏高聰「有妓十餘人，有子無子皆注籍為妾，以悅其情」〔註271〕。可見妓女易於為妾但不一定為妾。

既然家妓是只為家主服務，也就不必去談賣身，她們侍寢那是屬於本分。所以隋陸法言在《切韻》中是把「妓」釋為「女樂」〔註272〕。當然，娼的主要特徵也是女樂，並且妓、伎與娼、倡雖有使用上的區分，但並不絕對，兩方也可以通用的。劉孝綽《夜聽妓賦得烏夜啼》中有「倡人怨獨守，蕩子遊未歸」〔註273〕句，丘巨源《聽鄰妓詩》中有「貴里臨倡館，東鄰歌吹臺」〔註274〕句。這裡，倡可為家倡，妓可為私妓，而私妓是有賣身成份的。

隋唐時期，妓的應用範圍擴大了許多，主要是用在四個方面。

1. 家妓。對於家妓的蓄養，唐朝曾經有過具體的規定，《唐會要》卷三十四：神龍二年九月，「敕三品以上聽有女樂一部，五品以上女樂不過三人」。著名的家妓女樂，白居易曾有樊素、小蠻，《本事詩·事感》：「白尚書姬人樊素善歌，妓人小蠻善舞。嘗為詩曰：『櫻桃樊素口，楊柳小蠻腰。』年既高邁，而小蠻方丰豔，因為《楊柳枝詞》以託意，曰：『一樹春風萬萬枝，嫩於金色軟於絲。永豐坊裏東南角，盡日無人屬阿誰？』」《本事詩》還載有劉禹錫以詩得妓事：「劉尚書禹錫罷和州，為主客郎中。李司空罷鎮在京，慕劉名，嘗邀至第中，厚設飲饌。酒酣，命妙妓歌以送之。劉於席上賦詩曰：『鬢髮梳頭宮樣妝，春風一曲杜韋娘。司空見慣渾閒事，斷盡江南刺史腸。』李因以妓贈之。」〔註275〕以人數多而見諸記載的，唐德宗曾賜給李晟「女樂八人」〔註276〕，唐憲宗曾「以張茂昭家妓四十七人歸定州」〔註277〕。

2. 宮妓。宮妓也即在帝王宮廷從事演藝的妓女。南朝徐陵《雜曲》中已

〔註270〕　《南齊書·卷二十四·張瓌傳》。
〔註271〕　《魏書·卷六十八·高聰傳》。
〔註272〕　《唐寫本切韻殘卷》卷三。
〔註273〕　《玉臺新詠》卷八。
〔註274〕　《先秦漢魏晉南北朝詩》齊詩卷二。
〔註275〕　《本事詩·情感》。
〔註276〕　《舊唐書·卷十二·德宗本紀上》。
〔註277〕　《舊唐書·卷十四·憲宗本紀上》。

有「碧玉宮妓自翩妍，絳樹新聲自可憐」〔註278〕之句。唐朝尤其盛唐時期宮妓大興，據《開元天寶遺事》，唐玄宗的極欲生活中這樣的女子是不可或缺的。其卷上曾載：「念奴者，有姿色，善歌唱，宮妓中帝之鍾愛者。」卷下：「宮妓永新者，善歌，最受明皇寵愛。帝嘗謂左右曰：『此女歌直千金。』」又：「明皇與貴妃每至酒酣，使妃子統宮妓百餘人，帝統小中貴百餘人，排兩陣於掖庭中，目為風流陣。」據《次柳氏舊聞》，唐肅宗在做太子時「為李林甫所搆，勢幾危者數矣」。一日玄宗幸東宮，見「宮中庭宇不灑掃，而樂器久屏，塵埃積其間，左右使令無有妓女」。上為之色動，乃選得三位掖廷宮人以賜之。其中吳氏得寵，生代宗，是為章敬吳皇后。

3. 官妓。官妓即承應於官府的妓女。張祜《陪范宣城北樓夜讌》詩曾詠曰：「華軒敞碧流，官妓擁諸侯。何處偏堪恨，千回下客籌。」〔註279〕蜀女薛濤是官妓中最出名的一位，她知書工詩，「每承連帥寵念，或相唱和，詩達四方。應銜命使車每屆蜀，求見濤者甚眾」〔註280〕。濤善製箋，曾「造小幅松花箋百餘幅」，題詩獻給大詩人元稹，稹寄舊詩與濤云：「長教碧玉藏深處，總向紅箋寫自隨。」〔註281〕官妓在身份上是屬於樂籍，這能說明她們的女樂性質。孟棨《本事詩·情感》：「有酒妓善歌，色亦爛妙。浙西樂將聞其能，召置籍中。」杜牧《張好好詩》序：「好好年十三，以善歌來樂籍中。」〔註282〕當然，官妓的所為並不僅僅是歌舞音樂，侑酒獻笑乃至獻身之事也要做的，例如會昌間左庶子薛宜僚與籍中飲妓段東美事，見《南部新書》卷七。

4. 私妓。這一時期私妓的體制與後代已有諸多相似之處。據《北里志》所載，同一妓館中的妓女會按年齡大小排出行第，由一假母領管。她們平時無故不得外出，行動受到諸多限制。而如果恩客有意，也可以把未屬教坊的妓女贖出做妾。不過有些妓女是籍屬教坊的，既是私妓又是官妓。凡朝士宴聚，假諸曹署行牒，即可致之。

很明顯，家妓、宮妓都是典型的女樂，官妓的女樂色彩也較重，私妓中的一些人又兼具著官妓的身份。所以唐代妓女總的來看是以演藝為主業的。除去家、宮、官、私之稱，妓女還有歌妓、樂妓、箏妓、琵琶妓、柘枝妓等稱呼，

〔註278〕《樂府詩集》卷第七十七。
〔註279〕《全唐詩》卷五百十。
〔註280〕《鑒誡錄》卷第十。
〔註281〕《牧豎閒談》，見《六藝之一錄》續編卷十四。
〔註282〕《全唐詩》卷五百二十。

這也能表明她們的演藝性質。

　　宋元時期，伴隨著商品經濟的進一步發展，平民社會的進一步形成，妓業在繼續繁榮的基礎上出現了一些新的情況。首先，家妓、宮妓的提法變得少見。這類女樂其實並不比前代少，但作為名詞已不如前代常見，例如家妓就常被稱為家樂、女樂、歌姬、家姬、侍兒、青衣、後房等。其次，官妓的承應範圍和方式受到了一些限制。宋元時期官妓一直是存在的，即如宋末吳自牧所記：「官府公筵及三學齋會、縉紳同年會、鄉會，皆官差諸〔酒〕庫角妓祗直。官妓如金賽蘭、范都宜等，後輩雖有歌唱者，比之前輩終不如也。」〔註283〕不過作為理學的產生和逐漸發展期，這一時期有關官─妓關係的禁限、懲戒類記載開始出現。法規如《畫墁錄》曾載，北宋「嘉祐以前惟提點刑獄不得赴妓樂，熙寧以後監司率禁，至屬官亦同。唯聖節一日許赴州郡，別設留倡」。《元史·刑法一》：「諸職官頻入倡優之家者，斷罪罷職。」事例如《東軒筆錄》卷十一：「熙寧新法行，督責監司尤切。兩浙路張靚、王庭老、潘良器等因閱兵赴妓樂，筵席侵夜，皆黜責。」《齊東野語》卷二十：「天台營妓嚴蕊字幼芳，色藝冠一時」，守令唐與正寵之。後大儒朱熹「以使節行部至臺，欲摭與正之罪。遂指其嘗與蕊為濫，繫獄月餘。蕊雖備箠楚，而一語不及唐」《青樓集》：「金鶯兒，山東名姝也。賈伯堅任山東僉憲，與之甚昵。後除西臺御史，不能忘情，作《醉高歌》、《紅繡鞋》曲以寄之。由是臺端知之，被劾而去。」

　　上述兩點變化一方面是理學影響的結果，一方面也與私妓的進一步繁盛有關。宋元私妓的存在可謂是無孔不入，《都城紀勝》之《酒肆》條云：「庵酒店謂有娼妓在內可以就歡，而於酒閣內暗藏臥床也。其他大酒店娼妓只伴座而已，欲買歡則多往其居。」《馬可·波羅遊記》第二卷：杭州「妓女的人數，簡直令人不便啟齒。這些婦女善於獻媚拉客，並能施出種種手段去迎合各類嫖客的心理。遊客只要一親芳澤，就會陷入迷魂陣中，任她擺佈。害得失魂落魄，流連忘返」。私妓的賣身色彩是比較明顯的，她們數量的增多、活動範圍的擴大以及不善歌舞的下等妓女的湧現導致了作為人群稱呼的「妓」的污名化的加深，從而宮中、家內之女樂開始避用，而官妓為示區別則對其演藝特性進行了強調。對此，《西湖遊覽志餘》卷二十一曾言：「宋時閫帥郡守等官雖得以官妓歌舞佐酒，然不得私侍枕席。熙寧中，祖無擇知杭州，坐與官妓薛希濤通，為王安石所執。希濤榜笞至死，不肯承伏。」

〔註283〕《夢粱錄·卷二十·妓樂》。

當然，雖然因私妓的原因整體上妓的賣身色彩在增強，不過，即如前面「娼與倡」部分所言，總的來看，宋元時期的娼妓尚需在倡優的含義內加以認識，她們的演藝特徵仍然還是主要特徵。就「妓」而言，《青樓集》之《李定奴》條曾言：「凡妓以墨點破其面者為花旦。」《太和正音譜》：「當場之妓曰狚。」這兩條資料講的是雜劇中旦角的含義，元雜劇是當時演藝的主要形式，劇中旦角係由妓女裝扮，則妓的性質可知。

就妓─伎關係而言，宋元以前是兩字互相通用、伎的妓化時期。其後，隨著妓的更廣泛使用和污名化程度的加深，指稱人物的伎逐漸變得少見，就連與技藝、方技並用的伎藝、方伎之類的詞彙逐漸也都變得少用。上述變化過程從語言學的角度表明了妓的賣藝與賣身成份的消長。

二、娼妓與優伶

就最初和較早的含義而言，優和伶都是指的男性藝人。優的長項在於滑稽調笑，《左傳》襄公六年：「宋華弱與樂轡少相狎，長相優。」晉杜預注：「優，調戲也。」《史記·滑稽列傳》記有優孟、優旃等人的事蹟，他們均以俳諧調笑出名。伶或作泠，他們的長項是音樂，《毛詩·簡兮》：「衛之賢者仕于伶官。」漢鄭玄箋：「伶官，樂官也。伶氏世掌樂官而善焉，故後世多號樂官為伶官。」《急就篇》卷第一有「泠幼功」之句，唐顏師古注謂：「泠人，掌樂之官也，因為姓焉。黃帝時有泠倫，周有泠周鳩，秦有泠至，漢有泠褒、泠豐。」宋王應麟注謂：「泠，字從水，亦作伶。」

秦漢以來，優與倡組合出「倡優」之詞，已可以泛指演藝人員。到了隋唐時期，優與伶組合，產生了泛指性的「優伶」之詞。《舊唐書·李實傳》：「取其詼諧，以託諷諫，優伶舊事也。」《酉陽雜俎》前集卷八：「崔承寵遍身刺一蛇，酒酣，輒袒而努臂戟手，捉優伶輩曰：『蛇咬爾！』優伶等即大叫，以此為戲樂。」宋元時期，優伶的使用漸多，不過倡優也還比較常見。再到明代，娼優成為了娼妓與優伶的合稱，同音詞倡優易引發概念上的混亂，開始少用，於是優伶成為了對於演藝人員最標準、最常見的稱呼。

雖然倡優、優伶都是泛指詞，不分男女，不過各種文獻中具體的倡優、優伶、優、伶一般都是男性，顯然這與男性藝人善長滑稽、音樂有關。女性藝人經常是用娼、妓或倡、伎表示，這與女藝人善長歌舞有關。如用優伶來表示她們，則經常會前加「女」字，即用女優、女伶來表示女性優伶。《因話錄》卷

一：「肅宗宴於宮中，女優有弄假官戲，其綠衣秉簡者謂之參軍椿。」《明皇雜錄‧補遺》：「新豐市有女伶曰謝阿蠻，善舞凌波曲，常入宮中。」在文淵閣《四庫全書》的全文電子版〔註284〕上進行檢索，女優、女伶計有 80 條，男優、男伶僅有 1 條，可見優伶具有比較明顯的男性特徵。進入明代後，優伶的這一特徵進一步得到了加強，其男女性別比明顯拉大，這是由於大的社會環境發生了比較明顯的變化。

理學產生於宋代，元代開始成為官學，而其在思想文化和社會生活領域佔據統治地位則是由明代開始的，清代達到了極端。宣揚、主張禁慾主義是理學的一個重要特徵，男女之防、理慾之辨受到了特別的重視，其結果之一就是女性的活動範圍受到了進一步的限制。宋元及以前，女性優伶在社會上的存在可以說是比較普遍的，像《青樓集》所載一百多位戲曲歌舞女優就是她們的集中代表。明代情形一變，面向社會一般公眾的商業性演出中女優女伶只是少量的存在，從整體上看，男女不合演，旦角男扮成為了一項制度。這方面情況的較早反映，《都公譚纂》卷下曾載：「吳優有為南戲於京師者，錦衣門達奏其以男裝女，惑亂風俗，英宗親逮問之。優具陳勸化風俗狀，遂籍群優於教坊，群優恥之。駕崩，遁歸於吳。」這條記載反映出「以男裝女」的南戲表演當時在北方還不大多見，而在南方，成化—弘治間陸容曾記：「嘉興之海鹽，紹興之餘姚，溫州之永嘉，皆有習為倡優者，名曰戲文子弟，雖良家子不恥為之。其贗為婦人者名妝旦，柔聲緩步，作夾拜態，往往逼真。」〔註285〕明代戲劇以曲牌連套體的南戲傳奇為主，萬曆以來達於全盛。入清以後，板式變化體的花部亂彈諸腔逐漸取得了優勢。由於清代世風比明代嚴肅，男旦體制在繼續保持的基礎上又得到了進一步的加強。

再從娼妓這方面看，明代以來不但家妓、宮妓的提法徹底消失，而且宣德之後還正式取消了官妓。官吏宿娼的行為在明初洪武年間就是非法的，《大明律集解附例》卷第二十五：「凡官吏宿娼者，杖六十。若官員子孫宿娼者，罪亦如之。」但雖如此，獻藝不獻身的官妓承應當時仍然存在，這引起了理學朝臣的非議。洪武后期，中書庶吉士解縉就曾上書於帝，認為「太常非俗樂之可肆，官妓非人道之所為」〔註286〕。宣德初年，經右都御史顧佐奏請，官妓被

〔註284〕迪志文化出版公司開發製作，上海人民出版社，2001 年版。
〔註285〕《菽園雜記》卷十。
〔註286〕《明史‧卷一百四十七‧解縉傳》。

正式革除。這是一項重要的吏治變革，《後渠雜識》、《菽園雜記》卷二、《西樵野記》卷第一、《五雜組》卷八、《續金陵瑣事》上卷、《亙史鈔》雜篇卷八、《西湖二集》第二十卷等均有反映，即如大名士祝允明《野記》卷三所言：「本朝初不禁官妓，唯挾娼飲宿者有律耳。永樂末（據《明史》之《劉觀傳》、《顧佐傳》等，其時當為宣德初），都御史顧公佐始奏革之。國朝於京師官建妓館以安遠人，其時雖憲法嚴肅，諸司或朝退，相帥飲於妓樓。後乃寢淫放恣，解帶盤礴，歸署半已沾醉，曹多廢務矣。朝廷知之，遂從顧公之言。顧公太康人，剛嚴為朝紳冠，時謂明之包公也。」

官妓的革除標誌著娼妓已完全等同於私妓，她們身處青樓妓院，不再拋頭露面於大庭廣眾之前，賣身成為了主要特徵。這也標誌著娼與優的正式分途，以前的娼優可以理解為男、女優伶，此後，娼妓和優伶成為了性質不同的兩類人群。

但古代社會的等級制度決定了娼與優的完全分開是不可能的事情。明清時期經常可以聽到兩句話，一是「娼優下賤」，二是「娼優隸卒」。娼與優在法律上均屬賤民，自身及子孫不得應試，沒有資格與良人通婚。他們都是娛人之人，方式和手段不可避免地會有通同之處。

在娼妓方面，她們侍客娛賓時如果一味肉帛相向那是劣妓所為，只有嫻於唱曲歌吟才能提高自身的級次。《陶庵夢憶》卷七：「南曲中，妓以串戲為韻事，性命以之。」《板橋雜記》卷上：「名妓仙娃，深以登場演劇為恥。若知音密席，推獎再三，強而後可。歌喉扇影，一座盡傾，主之者大增氣色。纏頭助采，遽加十倍。」《續板橋雜記》卷中：「徐壽姐，杭州人。雋逸風流，妙解音律，同居數姬，並善度曲。余嘗避暑河亭，壽率諸姬柳蔭列坐，絲肉競發，雲委塵飛，靜聆移時，宛在清虛府也。」《板橋雜記》中的高級妓女「深以登場演劇為恥」，非不善唱，而是要藉此高自位置，所以不會輕展歌喉。在清末的上海、北京等地，最高級的妓院稱為書寓、小班，諸妓都是以歌吟精妙相標榜。

在優伶方面，首先，官妓之革和男旦體制導致了明清時期男優男色的較多發生，男優尤其男旦的娼化傾向變得引人注目起來。古代優伶的演藝方式大致可以分為 5 種，即歌、舞、音樂、滑稽、雜技。相對而言，後 3 種是男優的善長，不過與歌、舞相比，不易與情色相關聯。歌舞雖是女優的長項，但其實古代一些男優的水平也是很高的，像漢代的李延年、唐代的李龜年、李可及都是歷史上有名的歌唱家。總的來看，明代以前優伶意義上的女性娼妓（倡伎）廣

泛存在，與藝相伴隨的色主要是集中在她們身上，男優男色相對不太明顯。當然有是不必置疑的。《戰國策‧秦策一》曾載「美女破舌，美男破老」的史實，其中「美女」亦稱女樂，則「美男」當為男性倡優，他們分別被晉獻公用在了美女計和美男計當中。《史記‧佞倖列傳》載有漢武帝與李延年的同性戀，《舊唐書‧恒山王承乾傳》載有唐太宗廢太子李承乾與太常樂童稱心的同性戀。至於社會上的優伶男色，岑參《醉後戲與趙歌兒》曰：「秦州歌兒歌調苦，偏能立唱《濮陽女》。座中醉客不得意，聞之一聲淚如雨。向使逢著漢帝憐，董賢氣咽不能語。」〔註287〕此詩用到了著名的西漢哀帝與董賢的同性戀典故，雖為戲作，但也有寫實的成份在內。

　　與前相比，明清時期的優伶男色具有了充分發展的必要條件。第一點，官妓之革。官妓之革、宿娼之禁阻斷了明清兩朝最重要的聲色消費群體之一——各級官吏的妓色消費途徑。他們很難再像先前那樣去陶醉於醇酒美婦之間，於是只好調變方式，把目光更多地投注在優伶身上，去體會醇酒美男的情味。小唱可以指唱曲的一種方式，也可以用來指唱曲之人。宋元時期已經出現，多為女性，如《青樓集》中的小娥秀、李芝儀、真鳳歌等均善此藝。而在明代，京城以及外地的小唱幾乎變成了男娼的同義詞。多種記載都談到了小唱之興與官妓之禁的關係。《五雜組》卷八：「京師有小唱，專供搢紳酒席。蓋官伎既禁，不得不用之耳。」《萬曆野獲編》卷二十四：「京師自宣德顧佐疏後，嚴禁官妓。縉紳無以為娛，於是小唱盛行。」《舊京遺事》卷二：「唐宋有官妓侑觴，本朝惟許歌童答應，名為小唱。小唱在蓮子胡同，倚門與倡無異，其姝好者，或乃過於倡。有耽之者，往往與託合歡之夢矣。」

　　第二點，男旦體制。明清最重要的演藝活動是將歌舞、音樂、滑稽、雜技結合在了一起的戲劇演出，由於男女不合演，這就使得男旦色藝得到了充分的展現，從而優伶男色主要是集中在了他們的身上。明末豔情小說《弁而釵‧情烈記》中，流落南京的文雅全心地純淨，並無以身侍人之念，可他的優伶經歷卻也能夠反映旦優男色的普遍性，見本書第 494～495 頁。清代康雍年間，豔情小說《姑妄言》曾把崑腔發源地江蘇崑山地區的優伶男色寫得駭人眼目，該書卷之六：「他這崑山地方，十戶之中有四五家學戲，以此為永業，恬不為恥。戲子中生得面目可憎者，只得去學花面。不但怨天恨地，還怨祖墳風水不好，不得個標緻子孫為掙錢之本，將來何以存濟。若稍有面目可觀者，無

〔註287〕《全唐詩》卷一百九十九。

不兼做龍陽。」「龍陽」意近男妓，由於這方面的原因，在勸善書等道德評判比較鮮明的文獻中，優與妓總會同時受到譴責和排斥。《慾海回狂》卷二：「不納舞女歌童，不赴優觴妓席」，「妓女不許入門，梨園不許入門」，「懺悔邪淫歌童妓女之罪」。《遠色編》卷中：「蓄戲子、妓女、俊僕在家，致啟邪淫，一日為十過。」清人錢泳曾記一事：「乾隆中，有某太守告老歸田。日與梨園子弟、青樓妓女徵歌度曲，為長夜之飲。遂收梨園為義子，青樓為義女，無分上下，合為一家。」〔註288〕此條記載名為《溺於聲色》，並非優對應聲，妓對應色，實際上優是聲色兼備的。

清代中後期，北京的相公是優伶男色的最典型代表，體制相當完備。他們以旦角居多，雅稱明僮，俗稱兔子，音轉之後即為像姑。像姑的居所稱為下處、私寓，或直稱為像姑（相公）堂子。來堂狎遊的恩客名老斗，更被昵呼為乾爹。相公體制和娼妓體制有諸多相似可比之處，這裡不妨可以看一看名詞用語的通用情況，詳見本書第 543～545 頁。

所以，在特定意義上把相公稱為男妓是可以的，他們不但侑酒獻唱，有人還會獻身。但相公們畢竟受到了嚴格的演藝培訓，會在戲樓茶園為一般觀眾表演，從那裏獲取收入和聲名。因此，他們主要的身份仍然還是優伶，而話題至此，清代北京的相公和宋代汴京、杭州的妓女又具有了可比性。據《東京夢華錄》、《都城紀勝》等書記載，有些汴、杭娼妓既在妓館娛賓，又在勾欄獻藝，還在酒樓陪飲。〔註289〕這樣的「工作模式」與相公何其相似，這在一個側面也可以說明宋妓的優伶性質。

明清優伶固然是以男優為主體，但社會現象複雜多樣，女優也並未完全消失。《雲間據目抄》卷二：「蘇人鬻身學戲者甚眾，又有女旦、女生，插班射利。」《嗇庵隨筆》卷四：「萬曆年間，優人演戲一出，止一兩零八分。今（順治—康熙年間）選上班，價至十二兩。若插入女優幾人，則有纏頭之費，供給必羅水陸。」《續板橋雜記》卷上：「河亭設宴，向止小童歌唱。年來教習女優，派以生旦。妝束登場，神移四座。纏頭之費，十倍梨園。」《揚州畫舫錄》卷九：「顧阿姨，吳門人。徵女子為崑腔，名雙清班，延師教之。」明清女優或者插入男班或者單組女班，人數雖少畢竟也佔有演藝上的一席之地，

〔註288〕《履園叢話》卷二十一。

〔註289〕例如李師師是北宋名妓，而據《東京夢華錄》卷五之《京瓦伎藝》，她在當時還是瓦舍勾欄裏出名的小唱藝人。

只是演出的同時她們有人還會兼為娼行。明末徐樹丕曾謂：「十餘年來，蘇城女戲盛行。蓋以娼兼優，而縉紳為之主。」〔註290〕清初李漁借一鄉紳之口曾謂：「做女旦的人，若單靠做戲，那掙來的家私也看得見。只除非真戲也做，假戲也做。臺上的戲也做，臺下的戲也做，方才趁得些銀子。」〔註291〕康熙後期，戲女禁入北京城，相關條例的解釋是：「今戲女有坐車進城遊唱者，名雖戲女，乃於妓女相同，應禁止入城。如違禁被獲者，照妓女進城例處分。」〔註292〕清中期以來，女清音、女彈詞、檔子班中的女優也有侑酒賣色的表現。相關情況，女清音可參見《秦淮畫舫錄》卷上之《李潤香》、卷下之《朱芸官》、《楊龍》、《王蘭官》，《畫舫餘譚》，《天真閣集》卷五之《女清音》；女彈詞可參見《淞濱瑣話》卷十二之《滬上詞場竹枝詞》、《九尾龜》第一回；檔子班可參見《檮杌萃編》第八回、《淞隱漫錄》卷十一之《東部雛伶》。

　　女優而為娼行，這在明清以前就是被稱作娼妓。明清時期女優與女妓固然有了區分，但其實前者身上的妓色是明顯存在的，時人經常地還會一體視之。表現在名詞稱謂上，當時有「戲妓」之稱：「伎倆舞青衫，怪蒼奴忽有髻。梨園並作勾欄院〔註293〕，這行也兼，那行兒也兼，兩般風月伊都占。假妝男叔敖，但露足纖纖。」〔註294〕有時女優會被直接稱為女妓：「吾嘗觀妓樂矣，靖江之陳二，生也，湖口之沈，旦也，皆女班之師也。」〔註295〕

　　由上可見，明清時期娼優雖然大體上已經分途，但兩者之間仍有許多交叉重合之處，有相同或相似的活動、服務空間，完全分開既無必要也無可能。當然有一點在此需要予以強調，即在優伶尤其男優方面，對於他們賣色賣身的程度需要保持清醒的認識。一般來講，旦角、私寓——與科班相對應、城市中的優伶比較易於出賣色身，其他則更多地是傾向於賣藝本業。清代劇學家焦循讚賞並且喜觀鄉間所演花部地方戲，曾經記曰：「花部事多忠孝節義，足以動人。其詞直質，雖婦孺亦能解其音。郭外各村，於二八月間遞相演唱，農叟漁夫聚以為歡，由來久矣。」「余憶幼時觀村劇，演《清風亭》。其始無不切齒，既而

〔註290〕《識小錄》卷之二。
〔註291〕《比目魚》第十三齣。
〔註292〕《定例成案合鈔》卷二十五。
〔註293〕宋代的勾欄、金元的行院本為當時藝人的表演場所，後來卻都具有了妓院的含義，這從一個側面可以說明宋元藝人的謀生方式並不僅僅是演藝。
〔註294〕《大明天下春》卷之六。
〔註295〕《亙史鈔》雜篇卷八。

無不大快。鐃鼓既歇，相視肅然，罔有戲色。歸而稱說，浹旬未已。」〔註296〕此情此景，如與情色相關聯，很可能是在歪曲事實的真相。

　　對本文做一總結，最主要的一點就是要充分認清娼優關係的複雜性，尤其明清以前通常意義上的娼妓尚未發育成熟，尚且屬於倡優的範疇。在社會史研究中，優伶史和娼妓史雖然可以分作兩門，但如果認識片面、牽強，則在資料取捨時就會把一些該取的捨掉──這在優伶史研究中比較容易發生，把另些該捨的拿來──這在娼妓史研究中比較容易發生，從而造成描敘的混亂。因此，綜合性的娼優史研究其進一步開展是很有必要的。需從優伶的角度分析娼，從娼妓的角度分析優，但又要適可而止，不能把兩者混同。在等級身份制的古代社會，存在著兩個牽連交叉、面貌近似的人群集團。他們創造出大美，卻被指稱為大醜；能帶來至樂，卻又是苦痛之源。娼優史對此進行研究，其目的不僅是要辨清實相，還應藉此盡力去探求美醜歡苦的真義。

唐代宮廷男優考

　　南宋學者王灼談唐代歌者，曾謂：「唐時男有陳不謙、謙子意奴〔註297〕、高玲瓏〔註298〕、長孫元忠〔註299〕、侯貴昌、韋青、李龜年、米嘉榮、李袞、何戡、田順郎、何滿、郝三寶、黎可及〔註300〕、柳恭。女有穆氏、方等、念奴、張紅紅、張好好、金谷里葉、永新娘、御史娘、柳青娘、謝阿蠻、胡二姊、寵姐、盛小叢、樊素、唐有態、李山奴、任智方四女、洞雲。」〔註301〕在這份名單當中，男性善歌者所佔的比例是比較高的，並且他們大多都是身隸皇家。〔註302〕晚唐段安節也列有一份宮廷男歌者的名單：「貞元中有田順郎，

〔註296〕《花部農譚》。
〔註297〕《太平廣記・卷二百四・米嘉榮》引《盧氏雜說》：「歌曲之妙，其來久矣。元和中，國樂有米嘉榮、何戡，近有陳不嫌、不嫌子意奴。」
〔註298〕當即商玲瓏，中唐杭州官妓。
〔註299〕《舊唐書・卷二十九・音樂二》：「隋鼓吹有《白淨皇太子》曲，與北歌校之，其音皆異。開元初，以問歌工長孫元忠，云自高祖以來，代傳其業。元忠之祖，受業於侯將軍名貴昌。貞觀中有詔令，貴昌以其聲教樂府。元忠之家世相傳如此，雖譯者亦不能通知其辭。」
〔註300〕當為李可及。
〔註301〕《碧雞漫志・卷一・古人善歌得名不擇男女》。
〔註302〕侯貴昌、韋青、李袞、郝三寶、柳恭不是宮廷歌者。

曾為宮中御史娘子。元和、長慶以來，有李貞信、米嘉榮、何戡、陳意奴。武宗已降，有陳幻奇、南不嫌、羅寵。咸通中有陳彥暉、鄧牽復。」〔註303〕與此相對，段氏所言女歌者只有永新、張紅紅和御史娘三位。以歌舞男優為代表，唐代宮廷男優在演藝史、社會史乃至政治史上都有引人矚目的表現，值得全面予以總結。

在宮優當中，最著名者當係李龜年。杜甫名作《江南逢李龜年》云：

> 岐王宅裏尋常見，崔九堂前幾度聞。
>
> 正是江南好風景，落花時節又逢君。〔註304〕

此時已是安史之亂之後，李龜年落拓江南。而在開元天寶年間的盛唐之時，隨侍於唐玄宗、楊貴妃身側，那才是他的黃金時代。《太平廣記·卷二百四·李龜年》引《松窗錄》云：

> 開元中，禁中初重木芍藥，即今牡丹也。會花方繁開，上乘照夜白，太真妃以步輦從。李龜年以歌擅一時之名，手捧檀板，押眾樂前將歌之。上曰：「賞名花，對妃子，焉用舊樂詞為？」遂命龜年持金花箋宣賜李白，立進《清平調》辭三章。白欣然承旨，猶苦宿醒未解，因援筆賦之。
>
> 雲想衣裳花想容，春風曉拂露華濃。
>
> 若非群玉山頭見，會向瑤臺月下逢。
>
> 一枝紅豔露凝香，雲雨巫山枉斷腸。
>
> 借問漢宮誰得似，可憐飛鶯倚新妝。
>
> 名花傾國兩相歡，長得君王帶笑看。
>
> 解釋春風無限恨，沉香亭北倚欄干。
>
> 龜年遽以辭進，上命梨園弟子約略調撫絲竹，遂促龜年以歌。太真妃持玻璃七寶盞，酌西涼州蒲桃酒，笑領歌意甚厚。上因調玉笛以倚曲，每曲遍將換，則遲其聲以媚之。太真飲罷，斂繡巾重拜上。龜年常語於五王，獨憶以歌得自勝者無出於此，抑亦一時之極致耳。

此條記載細緻描寫了宮優歌唱的方方面面，齊言絕句也能唱出婉轉纏綿。李龜年藝精湛而人令巧，遂得盛寵。

而同在玄宗朝，何滿子卻是因結局淒慘而名著。白居易《何滿子》詩序：

〔註303〕《樂府雜錄·歌》。
〔註304〕《全唐詩》卷二百三十二。

「開元中滄州有歌者何滿子，臨刑進此曲以贖死，上竟不免。」詩云：

世傳滿子是人名，臨就刑時曲始成。

一曲四詞歌八迭，從頭便是斷腸聲。〔註305〕

不過據白居易友人元稹所寫，何滿是得到了玄宗恩免的。其《何滿子歌》：

何滿能歌能宛轉，天寶年中世稱罕。

嬰刑繫在囹圄間，下調哀音歌憤懣。

梨園弟子奏玄宗，一唱承恩羈網緩。

便將何滿為曲名，御譜親題樂府纂。〔註306〕

中唐時期，田順郎、何戡、米嘉榮曾經得到過白居易、劉禹錫的欣賞。他們雖為宮廷優伶，但與宮外仕宦也有接觸的機會。白居易《聽田順兒歌》：

戛玉敲冰聲未停，嫌雲不遏入青冥。

爭得黃金滿衫袖，一時拋與斷年聽。〔註307〕

劉禹錫《與歌童田順郎》：

天下能歌御史娘，花前葉底奉君王。

九重深處無人見，分付新聲與順郎。〔註308〕

《田順郎歌》：

清歌不是世間音，玉殿嘗聞稱主心。

唯有順郎全學得，一聲飛出九重深。〔註309〕

《與歌者何戡》：

二十餘年別帝京，重聞天樂不勝情。

舊人唯有何戡在，更與殷勤唱渭城。〔註310〕

《與歌者米嘉榮》：

唱得涼州意外聲，舊人唯數米嘉榮。

近來時世輕先輩，好染髭鬚事後生。〔註311〕

至於無名的宮廷歌者，代宗朝的一位樂工因歌未精進而失顏於將軍韋青家妓張紅紅：「嘗有樂工自撰歌，即古曲《長命西河女》也。加減其節奏，頗

〔註305〕 《白居易詩集》卷第三十五。
〔註306〕 《元稹集》卷二十六。
〔註307〕 《白居易詩集》卷第二十六。
〔註308〕 《全唐詩》卷三百六十五。
〔註309〕 《全唐詩》卷三百六十五。
〔註310〕 《全唐詩》卷三百六十五。
〔註311〕 《全唐詩》卷三百六十五。

有新聲。未進聞，先印可於青。青潛令紅紅於屛風後聽之，紅紅乃以小豆數合記其拍。樂工歌罷，青入問紅紅如何？云已得矣。青出，云：『某有女弟子，久曾歌此，非新曲也。』即令隔屛風歌之，一聲不失。樂工大驚異，遂請相見，欽伏不已。」〔註 312〕由這條記載，可見有些歌曲男女均可演唱。中唐時期，李益詩歌大受歡迎，被當時樂工傳唱於宮廷：「李益，故宰相揆族子。於詩尤所長，貞元末名與宗人賀相埒。每一篇成，樂工爭以賂求取之，被聲歌供奉天子。」〔註 313〕

關於宮廷舞者，《樂府雜錄》曾載：「開成末，有樂人崇鬍子能軟舞，其腰支不異女郎也。」〔註 314〕又：「舞童五人，衣繡衣，各執金蓮花引舞者。金蓮，如仙家行道者也。」〔註 315〕張祜《悖拏兒舞》：

春風南內百花時，道唱梁州急遍吹。

揭手便拈金椀舞，上皇驚笑悖拏兒。〔註 316〕

玄宗朝有一種馬舞，《明皇雜錄‧補遺》曾載：「玄宗嘗命教舞馬。或命壯士舉一榻，馬舞於榻上，樂工數人立左右前後。皆衣淡黃衫，文玉帶，必求少年而姿貌美秀者。每千秋節，命舞於勤政樓下。」〔註 317〕為馬伴舞，別出新意。

就色藝表現而論，歌舞男優顯然最易受到關注。相對而言，音樂男優比較雅靜，更側重於藝的表現。但唐代宮廷音樂極盛，「樂」是各種演藝活動的代表，男優的統稱是樂工、樂官、伶官，新、舊《唐書》的相關記載是在《禮樂志》、《音樂志》。如果表演者儀容俊雅，面貌清秀，欣賞者還是會有賞色心理的。著名的宮廷樂人，《樂府雜錄‧琵琶》所載曹保、曹善才、曹綱祖父孫三人尤其出名。對於曹綱（剛），白居易、劉禹錫、薛逢都曾有詩詠贊：

聽曹剛琵琶兼示重蓮

撥撥弦弦意不同，胡啼番語兩玲瓏。

誰能截得曹剛手，插向重蓮衣袖中。〔註 318〕

〔註 312〕《樂府雜錄‧歌》。
〔註 313〕《新唐書‧卷二百三‧李益傳》。
〔註 314〕《樂府雜錄‧補遺考辨》。
〔註 315〕《樂府雜錄‧雲韶樂》。
〔註 316〕《全唐詩》卷五百十一。
〔註 317〕《明皇雜錄》。
〔註 318〕《白居易詩集》卷第二十六。

曹剛

大絃嘈囋小絃清，噴雪含風意思生。

一聽曹剛彈薄媚，人生不合出京城。〔註319〕

聽曹剛彈琵琶

禁曲新翻下玉都，四絃振觸五音殊。

不知天上彈多少，金鳳銜花尾半無。〔註320〕

　　琵琶、箜篌都是宮廷裏的流行樂器。顧況《李供奉彈箜篌歌》：

國府樂手彈箜篌，赤黃條索金鎝頭。

早晨有敕鴛鴦殿，夜靜遂歌明月樓。

急彈好，遲亦好，宜遠聽，宜近聽。

左手低，右手舉，易調移音天賜與。

美女爭窺玳瑁簾，聖人捲上真珠箔。

李供奉，儀容質，身才稍稍六尺一。

在外不曾輒教人，內裏聲聲不遣出。

指剝蔥，腕削玉，饒鹽饒醬五味足。

弄調人間不識名，彈盡天下崛奇曲。

馳鳳闕，拜鴛殿，天子一日一回見。

王侯將相立馬迎，巧聲一日一回變。

實可重，不惜千金買一弄。

銀器胡瓶馬上馱，瑞錦輕羅滿車送。

此州好手非一國，一國東西盡南北。

除卻天上化下來，若向人間實難得。〔註321〕

　　李供奉即李憑，德宗至憲宗朝的宮廷樂師，李賀《李憑箜篌引》、楊巨源《聽李憑彈箜篌二首》亦寫之。「天子一日一回見」、「王侯將相立馬迎」，可見其彈奏感染力之強，而「指剝蔥，腕削玉」則帶出了一些性感的氣息。

　　在進行表演時，單獨的歌、舞、音樂當然會有，不過綜合性的則更常見。並且，唐代雖未出現成熟的戲劇，但帶有情節的歌舞劇也已存在了。據《新唐書·卷一百一十九·武平一傳》，唐中宗景龍年間，一日帝宴於兩儀殿。

〔註319〕《全唐詩》卷三百六十五。

〔註320〕《全唐詩》卷五百四十八。

〔註321〕《全唐詩》卷二百六十五。

酒酣，胡人襪子、何懿等唱合生，歌言淺穢。平一上書諫曰：
「伏見胡樂施於聲律，本備四夷之數。比來日益流宕，異曲新聲，
哀思淫溺。始自王公，稍及閭巷。妖伎胡人，街童市子，或言妃主
情貌，或列王公名質。詠歌蹈舞，號曰「合生」。昔齊衰，有《行伴
侶》；陳滅，有《玉樹後庭花》。臣願屏流僻，崇肅雍。凡胡樂備四
夷外，一皆罷遣。況兩儀、承慶殿者，陛下受朝聽訟之所，不容以
倡優媟狎虧污邦典。若聽政之暇，苟玩耳目，自當奏之後廷可也。」
不納。

武平一所指責的是宮中合生戲的表演。「或言妃主情貌，或列王公名質，
詠歌蹈舞，號曰『合生』。」有唱有「言」也即說白，合生的戲劇因素是存在
的。武氏斥之為哀思淫溺、淺穢媟狎，而這正是異曲新聲的迷人之處。

武氏所言合生係男女合演，襪子、何懿應當分別是一位女優、男優。而宮
中還有男扮女裝之戲，《樂府雜錄·俳優》：「弄假婦人。大中以來有孫干飯、
劉璃瓶，近有郭外春、孫有熊，善為此戲。僖宗幸蜀時，戲中有劉真者尤能，
後乃隨駕入京，籍於教坊。」男優女相，更是屬於淫溺媟狎了。

我們談論唐戲，通常認為它的主要特徵是滑稽，弄參軍、踏謠娘是其代
表。但從合生等戲來看，唐戲倒毋寧說是情節比較簡單而已，主題無論滑稽與
否，大多是為歌舞提供一個表演框架。參軍戲宮廷內外皆曾流行，《雲溪友議》
卷下載一宮外之例：

有俳優周季南、季崇及妻劉采春自淮甸而來，善弄陸參軍。歌
聲徹雲，篇韻雖不及濤，容華莫之比也。元公〔稹〕似忘薛濤，而
贈采春詩曰：

言詞雅措風流足，舉止低迴秀媚多。

更有惱人腸斷處，選詞能唱《望夫歌》。

《望夫歌》者，即羅嗊之曲也。采春所唱一百二十首，皆當代
才子所作，其詞五六七言皆可和矣。詞云：

不喜秦淮水，生憎江上船。

載兒夫婿去，經歲又經年。

借問東園柳，枯來得幾年？

自無枝葉分，莫怨太陽偏。

莫作商人婦，金釵當卜錢。

朝朝江口望，錯認幾人舡。

此處陸參軍戲男女合演，未言滑稽。劉采春在戲中歌喉精妙，大詩人元稹因她而淡忘了著名官妓薛濤。可想在宮廷之內，戲唱表演會更加精彩。據《新唐書・卷一百八十一・曹確傳》，懿宗朝李可及可謂唐代演藝水準最高者之一：

> 可及者，能新聲，自度曲，辭調淒折。京師嬌薄少年爭慕之，號為「拍彈」。同昌公主喪畢，帝與郭淑妃悼念不已。可及為帝造曲，曰《歎百年》。教舞者數百，皆珠翠襐飾，刻畫魚龍地衣，度用繒五千。倚曲作辭，哀思裴迴，聞者皆涕下。舞闋，珠寶覆地。帝以為天下之至悲，愈寵之。

另據《唐會要》卷三十四，李可及「常於安國寺作菩薩蠻舞，上益憐之」。《杜陽雜編》卷下：「可及善轉喉舌。對至尊弄媚眼，作頭腦，連聲作詞，唱新聲曲，須臾即百數方休。時京城不調少年相傚，謂之『拍彈』。」

關於「拍彈」，《太平廣記》卷第二百四所引《盧氏雜說》曾謂：「歌曲之妙，其來久矣。一二十年來絕不聞善唱，盛以拍彈行於世。拍彈起於李可及，懿宗朝恩澤曲子，《別趙十》、《哭趙十》之名。」再據《教坊記》，曲名尚有《憶趙十》，其與《別趙十》、《哭趙十》結合，就是一個完整的愛情故事。因此，拍彈應非單純歌唱，李可及所特擅長的是愛情歌舞劇。他在其中若是別、哭之人，所扮應為女性角色，所謂「弄假婦人」者也。

在唐代，宮廷男優的表現是相當搶眼的，他們被稱為樂工、樂官、歌工、舞工。而宮廷女優則被稱為宮妓，念奴、永新等是她們當中的佼佼者。《開元天寶遺事》卷上：「念奴者，有姿色，善歌唱，未常一日離帝左右。每執板當席，顧眄左右，帝謂妃子曰：『此女妖麗，眼色媚人。每囀聲歌喉，則聲出於朝霞之上，雖鐘鼓笙竽嘈雜而莫能遏。』宮妓中帝之鍾愛者。」卷下：「宮妓永新者善歌，最受明皇寵愛。每對御奏歌，絲竹之聲莫能遏。帝嘗謂左右曰：『此女歌直千金。』」

宮妓色藝皆妙，有人會獲得皇帝召幸，侍寢承歡。而若言得寵獲賞，記載當中還是男優更多見一些。關於他們與帝王親近相處的一些細節，《教坊記》：「高宗曉音律，嘗晨坐，聞鶯聲，命歌工白明達寫之為《春鶯囀》。」《樂書》卷一百二十八：「唐教坊謝大善歌，嘗唱《烏夜啼》，明皇親御箜篌和之。」《角力記・考古》：「蒙萬贏者，唐僖宗咸通中選隸小兒園。……與樂工皇甫店相遇，

攜手見武肅王曰：『某與皇甫供奉自小相聚。憶僖宗官家令其就康乃博士處，同唱《鵲踏枝》詞，今已二十年也。』」

《太平廣記・卷二百五十七・張浚伶人》引《南楚新聞》曾載：

> 唐宰相張浚常與朝士於萬壽寺閱牡丹而飲。俄有雨降，抵暮不息，群公飲酣未闌。左右伶人皆御前供奉第一部者，恃寵肆狂，無所畏憚。其間一輩曰張隱，忽躍出，揚聲引詞曰：
>
> 位乖燮理致傷殘，四面牆匡不忍看。
>
> 正是花時堪下淚，相公何必更追歡！
>
> 告訖遂去。闔席愕然，相眄失色，一時俱散。

這條記載雖然是做負面記錄，但仍然反映了優伶侑酒的情形。在唐代，有關女妓侑酒陪歡的描寫很常見，以致有酒妓之稱。男優也會如此，但見諸記載的確實不多，所以《新聞》所述彌足珍貴。諸高官「位乖燮理」，諸伶人成為「追歡」的對象，可見席間的表現很不雅觀。諸伶身為御前供奉，陪宰相宴飲只是說明當時宮優的活動比較自由，他們主要侍奉的肯定還是皇帝。而在皇帝身邊，侍酒獻笑當然也是分內之事。至於更進一步的事情，有與未有就要看具體情況了。

唐代多位帝王有寵賞乃至狎昵優伶之舉。

高祖。《舊唐書・卷六十二・李綱傳》：

> 高祖拜舞人安叱奴為散騎常侍，綱上疏諫曰：「方今新定天下，開太平之基。起義功臣，行賞未遍；高才碩學，猶滯草萊。而先令舞胡致位五品，鳴玉曳組，趨馳廊廟，顧非創業垂統、貽厥子孫之道也。」高祖不納。

太宗。《舊唐書・卷七十四・馬周傳》：

> 周上疏曰：「臣伏見王長通、白明達本自樂工。縱使術逾儕輩，伎能有取，乍可厚賜錢帛，以富其家；豈得列預士流，超授高爵。遂使朝會之位，萬國來庭，駔子倡人，鳴玉曳履。與夫朝賢君子，比肩而立，同坐而食，臣竊恥之。然朝命既往，縱不可追，謂宜不使在朝班，預於士伍。」太宗深納之。

玄宗。《明皇雜錄》卷下：

> 唐開元中，樂工李龜年、彭年、鶴年兄弟三人，皆有才學盛名。彭年善舞，鶴年、龜年能歌，尤妙製《渭川》，特承顧遇。於東都大

起第宅，僭侈之制，逾於公侯。宅在東都通遠里，中堂制度，甲於都下。

德宗。《南部新書·壬》：

貞元已來，選樂工三十餘人出入禁中，號宣徽。長入供奉，皆假以官第。每奏伎樂稱旨，輒厚賜之。

穆宗。《舊唐書·卷一百七十三·鄭覃傳》：

穆宗不恤政事，喜遊宴。覃與崔玄亮等廷奏曰：「陛下即位已來，宴樂過多，畋遊無度。伏聞陛下晨夜昵狎倡優，近習之徒，賞賜太厚。凡金銀貨幣，皆出自生靈膏血，不可使無功之人濫沾賜與。」帝初不悅其言。

《唐會要》卷三十四：

長慶四年三月，賜教坊樂官綾絹三千五百匹，又賜錢一萬貫以備行幸，樂官十三人並賜紫衣魚袋。

文宗。《唐會要》卷三十四：

大和九年，文宗以教坊副使雲朝霞善吹笛，新聲變律，深愜上旨，自左驍衛將軍宣授兼帥府司馬。宰臣奏：帥府司馬品高郎官，不可授伶人。上亟稱朝霞之善，左補闕魏謨上疏論奏，乃改授潤州司馬。

武宗。《唐語林》卷三：

武宗數幸教坊作樂，優倡雜進。酒酣作技，諧謔如民間宴席。上甚悅。

懿宗。《新唐書·卷一百八十一·曹確傳》：

帝薄於德，昵寵優人李可及。可及憑恩橫甚，人無敢斥，遂擢為威衛將軍。

僖宗。《新唐書·卷二百八·田令孜傳》：

帝沖騃，喜鬥鵝走馬，與內園小兒尤昵狎。而荒酣無檢，發左藏、齊天諸庫金幣，賜伎子歌兒者日鉅萬，國用耗盡。

若言帝王寵優的最高潮，後唐莊宗和唐玄宗可謂不相伯仲。玄宗設立梨園，以至後世把梨園子弟作為了對優人的稱呼。至於莊宗，他起初很有作為，但最終卻「身死國滅，為天下笑」〔註322〕，其中原因與寵狎優伶關繫甚重，宋

〔註322〕《新五代史·卷三十七·伶官傳》。

儒歐陽修乃竟為此在其《新五代史》中特立《伶官傳》以言其事。莊宗雖非唐帝，但從後唐國號就可以看出，其宮廷文化於唐多有繼承。玄宗宮中男優、女妓並陳，莊宗則是獨寵前者，詳見本書第 158～159 頁。在某種意義上，唐代宮廷男優與帝王的親近、被帝王的寵暱，其最集中的表現是在莊宗時期。

　　本文談論唐宮男優，其著眼點還是男風男色。唐代男風應當屬於興盛，但直接的記載實在少見。這時再看宮廷男優的表現，筆者認為這是相關研究的一個突破口。唐代宮廷演藝的特點在於，雖然宮廷女妓的數量不算少，但演藝管理者、樂舞創製者基本都是男優，著名藝人、得寵藝人也多為男優。在此意義上，宮廷樂工的聲勢是超過了宮妓的。在樂工當中，有人長於禮樂，有人長於滑稽，這樣的優伶距離男色較遠。不過在多數情況下，樂工男優之得寵肯定是由於他們精於歌舞燕樂，李龜年、李可及是為代表。而包括唐代在內，無論男優女優，古代演藝與色媚都是緊密聯繫在一起的。就宮廷女妓而言，她們獻藝之外還會侍酒陪笑，進而侍寢承恩也是本分所在，雖然不會人人都雨露均霑。就宮廷男優而言，他們和女妓在身份上是相同的，整體上也不會僅是獻藝。他們既然聲勢占優，則宮廷男色未必會遜於女色。由於性別身份的具體特點，男優不會像宮妓那樣易於得到帝王的內闈召幸，但斷袖分桃的存在是可以肯定的。

　　至於具體事例，《新唐書・卷一百七十五・楊虞卿傳》曾載：「穆宗初立，逸遊荒恣。有衡山布衣趙知微，上書指言帝倡優在側，馳騁無度，內作色荒，外作禽荒。」「內作色荒」本指帝王荒淫於女色，出自《尚書・夏書・五子之歌》：「內作色荒，外作禽荒，甘酒嗜音，峻宇凋牆。有一於此，未或不亡。」而據前《舊唐書・鄭覃傳》所述，唐穆宗寵愛的多為男優，且是「晨夜昵狎」。《舊唐書・卷十六・穆宗本紀》的記載也表明他喜歡與年青男子在一起遊樂：元和十五年「二月丁丑，陳俳優百戲於丹鳳門內，上縱觀之。丁亥，幸左神策軍，觀角抵及雜戲，日昃而罷。六月癸巳，皇帝幸右軍。自是凡三日一幸左右軍及御宸暉、九仙等門，觀角抵、雜戲」。所謂「雜戲」應係合生、參軍戲一類的歌舞諧戲，表演者則為禁軍軍士。所以，穆宗的「內作色荒」應是荒於男色。

　　唐太宗時期，右庶子張玄素係太子李承乾的屬官，曾經進言曰：「騎射畋遊，褻戲酣歌，悅耳目，移情靈，不可以御。夫心為萬事主，動而無節則亂。敗德之原，實在於此。」〔註 323〕張玄素所言是很有針對性的，李成乾耽愛「褻

〔註 323〕《新唐書・卷一百三・張玄素傳》。

戲酣歌」，具體表現就是寵愛太常樂童稱心，見本書第 146 頁。承乾後來雖然被廢，但其此前的太子身份是能夠代表皇家的。他與稱心「同臥起」〔註324〕，是性質明確的宮廷同性戀事件。

唐代官府男優考

唐代官妓以獻聲鬻色著名於史，唐人詩歌、雜記描寫豐富，全面立體。由此，許多人把唐代官員的享樂場景想像為一邊飲酒一邊有女妓陪酒獻唱。應當講，這樣的場景確屬常見。但如果認為再無其他，則官員們的公餘生活還是過於簡單了。

所謂官妓是指承應於官府的妓女，她們還有營妓、郡妓、縣妓等稱呼。女妓一旦在籍，就有義務為官府提供服務。相關反映比比皆是，無需贅述。眾言之下，官府聲色彷彿只有官妓一途。但揆諸一般情理，宮廷當中除去歌舞、音樂還有滑稽、雜技，除去女樂還有男優，而官府怎能如此單一？何謂上之所好，下必隨之？實際上，首先就職業性質而言，優伶其實和工匠一樣都是以技謀生，均有為官府服役的義務。工匠出的是匠役，優伶出的則為藝役。只要有藝在身，應役時是不會區分男女的。《唐六典》卷第十四曾載宮中樂人的來源：「凡樂人及音聲人應教習，皆著簿籍，覈其名數而分番上下。」注：「短番散樂一千人，諸州有定額。長上散樂一百人，太常自訪召。關外諸州者分為六番，關內五番，京兆府四番。」據此，宮內聲樂人有取自地方者，屬應役的性質。官府男女樂人大體也是如此，他們如果不應身役，則需輸錢以代。

其次就表演內容而言，暫且不論男優的長項滑稽、雜技。歌舞需要伴奏，音樂還有獨奏，而男優更善音樂，因此為官家獻藝時男性優伶是不可或缺的。即便是女妓所擅長的歌舞，有些男優的表演水平也很高，他們同樣也有承應官府的可能。《雲溪友議》曾載，安史之亂時「龜年曾於湘中採訪使筵上唱：『紅豆生南國，秋來發幾枝。贈君多彩擷，此物最相思。』又：『清風朗月苦相思，蕩子從戎十載餘。征人去日殷勤囑，歸雁來時數附書。』此詞皆王右丞所制，至今梨園唱焉。歌闋，合座莫不望行幸而慘然」〔註325〕。按：宮廷樂工李龜年此時流落江南，身份自由，但他畢竟是在為官員演唱。類似事例，再如《碧

〔註324〕《資治通鑒·卷第一百九十六·太宗貞觀十七年》。
〔註325〕《雲溪友議》卷中。

雞漫志》卷四引《樂府雜錄》曰：「靈武刺史李靈曜置酒，坐客姓駱，唱《何滿子》，皆稱妙絕。白秀才者曰：『家有聲妓，歌此曲音調不同。』召至令歌，發聲清越，殆非常音。駱遽問曰：『莫是宮中胡二子否？』妓熟視曰：『君豈梨園駱供奉邪？』相對泣下，皆明皇時人也。」

對於女優來講，成為官妓即為在籍，而此「籍」所針對的實際並不僅僅只是女優。《明皇雜錄》卷下：「唐玄宗在東洛，大酺於五鳳樓下。命三百里縣令、刺史，率其聲樂來赴闕者。時河內郡守令樂工數百人於車上，皆衣以錦繡。時元魯山遣樂工數十人，聯袂歌《於蔿》。《於蔿》，魯山文也。」既名「樂工」則為男優，至少多數會是男優。他們隸於地方官府，與官妓只存在性別的差異。

官員公餘享樂時通常是宴飲與演藝並陳，可謂風流適意，酒色交集。《舊唐書・卷十六・穆宗本紀》：

> 國家自天寶已後，風俗奢靡，宴席以喧嘩沉湎為樂。而居重位秉大權者，優雜倨肆於公吏之間，曾無愧恥。公私相傚，漸以成俗，由是物務多廢。

此處「優雜」係指男優，下文則是女妓與男優並列。崔祐甫《廣喪朋友議》：

> 乃其宴也，大庖具，酒車傾。鄭衛之女列於賓席之末，俳優侏儒設於公堂之下。晝日不足，繼之以燭。〔註326〕

至於宴樂場所，既可在公堂也可在專室。據沈亞之《華州新葺設廳記》，中唐穆宗時期，華州宴享曾在公堂舉行，不大嚴肅：

> 今天下邦郡之望，莫與太華等。然而公堂讌無別位，顧几硯與餘樂之具，日吏廢置於其間。隴西公為守未滿歲，曰：「夫几硯者，公事之重器也。以宴而遷，撤宴而復，則居不得常。且吏入公門，望其居則必莊。是几硯之處，宜其嚴也。今朝撤而暮置，事之者既勞，固以慢矣。而況酒行樂作，婦女列坐。優者與詼謾搖笑，讒左右侍立，或衙晒壞容，不可罪也夫。」

於是，郡守隴西公乃新葺一宴設廳室，

> 觧冗宇一構於正寢西南隅，塹其外數步，土基之，飾故材以轅用。垢者磨其淄，弱者承其輕。決流於其所，以便塗者。補棟續楹，

〔註326〕《全唐文》卷四百九。

不涉旬而功就。沼沚之濁，隨而比矣。〔註327〕

而無論飲宴於何處，「婦女列坐」與「優者搖笑」都是同時存在的，前者為女妓，後者為男優。

關於官府男優的演唱情形，據《太平廣記·卷二百五十七·封舜卿》所引《王氏見聞錄》，五代後梁太祖年間，

> 封舜卿文詞特異，才地兼優，恃其聰俊率多輕薄。梁祖使聘於蜀，遂溯漢江而上，路出全州。土人全宗朝為帥。封至州，宗朝致筵於公署。及執觴索令，曰：「《麥秀兩歧》。」伶人愕然相顧，未嘗聞之。主人恥而復惡，杖其樂將。次至漢中，伶人已知全州事，憂之。及飲會，又曰：「《麥秀兩歧》。」亦如全之筵，三呼不能應。有樂將王新殿前曰：「略乞侍郎唱一遍。」封唱之未遍，已入樂工之指下矣。由是大喜，吹此曲訖席不易之。其樂工白帥曰：「此是大梁新翻，西蜀亦未嘗有之。請寫譜一本急遞入蜀，具言經過二州事。」洎封至蜀，置設，弄參軍後長吹《麥秀兩歧》於殿前。施芟麥之具，引數十輩貧兒襤褸衣裳，攜男抱女，挈筐籠而拾麥。仍合聲唱，其詞悽楚，及其貧苦之意。封顧之，面如土色，卒無一詞。慚恨而返，蜀人嗤之。

《麥秀兩歧》集曲奏、歌唱、情節於一體，吹唱表演者多為男性樂工。我們尤其需要注意「樂將」這一職務，做為官樂首領，他所領管的是樂營。而據幾條常見記載，樂營給人的總體印象是其中只有營妓、官妓。《舊唐書·卷一百四十五·陸長源傳》：「叔度苛刻，多縱聲色，數至樂營與諸婦人嬉戲。自稱孟郎，眾皆薄之。」羅虬《比紅兒詩》：

> 樂營門外柳如陰，中有佳人畫閣深。
>
> 若是五陵公子見，買時應不啻千金。〔註328〕

顯然，樂營當中的歌舞女妓最受官員青睞，但因此認為其中再無他伎肯定是過於拘泥的。《敦煌研究》2000年第3期登載有李正宇《歸義軍樂營的結構與配置》一文，詳談歸義軍時期（晚唐、五代、宋初）沙州（敦煌）樂營情形，其總結如下：

> 歸義軍樂營中除行政官員外，應有樂伎、歌伎、舞伎、雜伎及

〔註327〕《沈下賢文集》卷第五。

〔註328〕《全唐詩》卷六百六十六。

作語人等諸色伎藝行當；又有導演、編撰、領班、道具及布景人員。各色伎藝人及後臺人員，構成樂營內的專業班子。專業班子內不同行當人員的領班叫做「頭」，高級伎藝人員稱做「音聲博士」，一般伎藝人員統稱「音聲人」、「音聲子弟」。

歸義軍樂營的人數在 50 到 100 之間，其樂營使（樂將）等管理人員基本都是男性，包括音樂、雜伎、編撰等在內的專業人員也是男性為多。雖然具體到歌唱與舞蹈，女妓的比例會比較高，不過男優應亦不少。（圖 424）據 S.289 背（1）《李存惠邈真贊》，樂營使李存惠「彈弦五音足，歌唱四聲全」。P.3160《辛亥年（951）六月押衙知內宅司宋遷嗣樴破用請憑牒》曾載：「今月十八日……付歌郎練綾〔樴〕七束。」S.1053 背《糧支破曆》曾載：「粟三斗，二月八日，郎君踏悉磨遮用。」悉磨遮即蘇幕遮，華名潑寒胡舞，為傳自西域的著名樂舞。

歸義軍孤懸於中原之外，受西域文化的影響很大，且一直存續到北宋時期。其樂營形制與中原內地會有一些區別，不過大體情形應是相似的。可以認為，官府樂營就是宮廷教坊的具體而微，諸色伎藝並陳、男優女妓是並列的。白居易《府齋感懷酬夢得》詩云：「府伶呼喚爭先到，家醞提攜動輒隨。」〔註329〕此詩作於白氏河南尹任上，府伶即是樂營伶人。

在吐蕃、回鶻的環伺威脅之下，歸義軍軍事色彩濃厚，與內地藩鎮比較接近。藩鎮是軍政合一的官府組織，安史之亂之後，魏博、范陽等巨藩勢力強大，可謂一個個的小朝廷。而為了管控具有離心傾向的外藩，為了抵禦突厥、吐蕃的侵襲，朝廷領管的官軍也極受重視，頗多優待。據《唐會要》卷三十四，唐敬宗寶曆二年（826），京兆府曾奏：「伏見諸道方鎮，下至州縣軍鎮，皆置音樂以為歡娛。豈惟誇盛軍戎，實因接待賓旅。」在此，「音樂」是對演藝娛樂的統稱，就像《舊唐書》的《音樂志》一樣，並不單指器樂演奏。而很顯然，軍中「音樂」的表演者也不會全為女妓。《舊唐書·卷一百七十七·崔慎由傳附崔彥曾傳》：「牙官許佶等九人立糧料判官龐勛為都將，自浙西入淮南界。每將過郡縣，先令倡卒弄傀儡以觀人情。」所謂「倡卒」即具有軍士身份的倡優，韓愈《答張徹》中稱為「軍伶」：

　　及去事戎轡，相逢宴軍伶。

〔註329〕《白居易詩集》卷第二十七。

　　舫秋縱兀兀，獵旦馳駉駉。〔註330〕

如果說「伶」在字面上可男可女的話，《異聞錄》中的此「伶」肯定是為男性：

　　南昌軍伶能箏者求丐高安，殷得見之，謂軍伶曰：「崔家小娘子容德無比，年已及笄。供奉與他取家狀，到府日求秦晉之匹可乎？」

　　軍伶依其請至府，以家狀歷抵士人門，曾無影響。〔註331〕

杜甫《軍中醉飲寄沈八劉叟》的「從伶」亦為軍伶：

　　野膳隨行帳，華音發從伶。

　　數杯君不見，醉已遣沉冥。〔註332〕

　　關於軍中伎樂的場景面貌，《新唐書·卷一百四十三·高適傳》曾載：「監軍諸將不恤軍務，以倡優蒲簺相娛樂。」《新唐書·卷一百八十二·劉璩傳》：璩「由河南尹進宣武軍節度使。先時大饗，雜進倡舞」。《玉堂閒話·卷四·振武角抵人》：「光啟年中，左神策軍四軍軍使王卞出鎮振武，置宴。樂戲既畢，乃命角抵。」《北夢瑣言》卷十四：「他日命使聘汴，汴帥開宴，俳優戲醫病人以譏之。」

　　戍邊是軍隊的重要職責，邊塞詩是唐代詩歌的重要組成部分。如果其中出現伎樂，大體可以認為是軍伶之所為。張祜《邊上逢歌者》：

　　垂老秋歌出塞庭，遏雲相付舊秦青。

　　少年翻擲新聲盡，卻向人前側耳聽。〔註333〕

　　秦青是先秦時期的著名男歌者，可見張祜所遇亦為男性。他還另有《聽歌二首》之二：

　　十二年前邊塞行，坐中無語歎歌情。

　　不堪昨夜先垂淚，西去陽關第一聲。〔註334〕

《塞上聞笛》：

　　一夜梅花笛裏飛，冷沙晴檻月光輝。

　　北風吹盡向何處？高入塞雲燕雁稀。〔註335〕

〔註330〕《全唐詩》卷三百三十七。

〔註331〕《太平廣記·卷一百六十·秀師言記》。

〔註332〕《全唐詩》卷二百三十四。

〔註333〕《全唐詩》卷五百十一。

〔註334〕《全唐詩》卷五百十一。此詩亦名《耿家歌》。

〔註335〕《全唐詩》卷五百十一。此詩亦名《蕭家笛》。

李中《吹笛兒》亦寫邊關之聲：

隴頭休聽月明中，妙竹嘉音際會逢。

見爾樽前吹一曲，令人重憶許雲封。

詩注：「雲封，開元善笛者。」〔註336〕

　　既然官府、軍隊所領倡優中存在男優，我們就要考慮男優男色，與他們相對應的是官妓女色。後者的相關記載豐富多樣，她們獻藝、獻色之外，獻身侍寢之事亦有可見。至於男優，他們的身份與官妓相同，其歌舞以及音樂表演同樣是可以色藝兼具的。軍隊之中，中唐李觀在《邠寧慶三州節度饗軍記》中謂朔寧軍內「無淫樂，無亂音」〔註337〕，則「淫樂」其實亦是軍中之樂的一種表現。安史之亂過後，杜頏在《故絳行》中寫道：

君不見銅鞮觀，數里城池已蕪漫。

君不見厖祁宮，幾重臺榭亦微濛。

介馬兵車全盛時，歌童舞女妖豔姿。

一代繁華皆共絕，九原唯望冢累累。〔註338〕

「妖豔」的歌童與舞女並列，晚唐司空圖《歌》詩云：

處處亭臺只壞牆，軍營人學內人妝。

太平故事因君唱，馬上曾聽隔教坊。〔註339〕

「軍營人」或即軍伶，他們作內人也即宮中女妓的裝束，屬男作女裝，果然是姿態妖豔。

　　官員之樂，獨孤及《東平蓬萊驛夜宴平盧楊判官，醉後贈別姚太守置酒留宴》云：

驛樓漲海嶠，秋月寒城邊。

相見自不足，況逢主人賢。

夜清酒濃人如玉，一斗何嘗直十千。

木蘭為樽金為杯，江南急管盧女弦。

齊童如花解郢曲，起舞激楚歌採蓮。

固知別多相逢少，樂極哀至心嬋娟。

〔註336〕《全唐詩》卷七百四十九。

〔註337〕《李元賓文編》外編卷二。

〔註338〕《全唐詩》卷一百四十五。

〔註339〕《全唐詩》卷六百三十三。

少留莫辭醉，前路方悠然。

明日分飛倘相憶，只應遙望西南天。〔註340〕

齊童歌優舞美，面貌如花，自能惹人憐愛。

韓愈《和武相公早春聞鶯》：

早晚飛來入錦城，誰人教解百般鳴。

春風紅樹鶯眠處，似妒歌童作豔聲。〔註341〕

武相公即武元衡，曾任劍南西川節度使，駐節錦城成都。

薛逢《醉春風》：

江城太守鬚鬢蒼，忽然置酒開華堂。

歌兒舞女亦隨後，暫醉始知天地長。〔註342〕

上面幾首詩中，無論歌童、歌兒還是齊童，所指都比較虛，其中甚至有指稱女妓的可能。而下面岑參的這首《醉後戲與趙歌兒》則是實實在在地寫給一位男優：

秦州歌兒歌調苦，偏能立唱《濮陽女》。

座中醉客不得意，聞之一聲淚如雨。

向使逢著漢帝憐，董賢氣咽不能語。〔註343〕

這位趙地歌兒獻藝於隴西秦州，岑參將其比為漢哀帝的幸臣董賢，男色意味比較明顯。我們知道，岑參是著名的邊塞詩人，秦州即今甘肅天水，為唐代西邊重鎮。岑氏在此所遇歌兒，最大的可能是供奉於軍府。

五代之初的一則事例也有較明顯的男色意味，《舊五代史·卷一百三十·王峻傳》：

王峻字秀峰，相州安陽人也。父豐，本郡樂營使。峻幼慧黠，

善歌。梁貞明初，張筠鎮相州，憐峻敏惠，遂畜之。

王峻之父為樂營使，他慧黠善歌，自然亦是身隸樂籍，〔註344〕身份同於

〔註340〕《全唐詩》卷二百四十七。

〔註341〕《全唐詩》卷三百四十四。

〔註342〕《全唐詩》卷五百四十八。

〔註343〕《全唐詩》卷一百九十九。

〔註344〕關於優伶世承其業的情形，《歸義軍樂營的結構與配置》一文曾謂：「樂營的長官叫做樂營使，其副貳為副樂營史。樂營使、副，都是當地雅善宮商的名家，有的可能還是當地音樂世家。如晚唐光化元年（898）有樂營使張懷惠，30年後，後唐天成三年（928），又有一位『承受先人歌調』的知樂營使張某，似不排除張氏一門承業的可能性。」

官妓。節度使張筠私蓄之，與官妓被官長私寵相類，同性戀的色彩是比較濃厚的。

唐代社會男優考

相較於宋代，一般認為唐代的平民化、市民化程度相對較低。宋代瓦舍勾欄、青樓妓院裏的聲色伎藝後世多聞，唐代的類似記載確實在數量上少於兩宋。不過就基本形式而言，其實唐代大體也已具備。不僅宮廷、官府，當時市井民間的演藝活動也可謂為活躍，男優女妓獻歌呈舞，為唐代的文藝繁榮增色不少。

據《唐會要》卷三十四所載，唐玄宗於開元二年（714）八月敕諭：

> 自有隋頹靡，庶政凋弊。微聲遍於鄭衛，炫色矜於燕趙。廣場角牴，長袖從風。聚而觀之，浸以成俗。此所以戒王奪志，夫子遂行也。朕方大變澆訛，用除災蠹。眷茲技樂，事切驕淫。傷風害政，莫斯為甚。既違令式，尤宜禁斷。

但雖如此，以玄宗耽迷聲樂之甚，他無非是在即位之初張揚矯飾而已。「廣場角牴，長袖從風。聚而觀之，浸以成俗。」自隋以來，向是如此。而廣場聚觀，正是演藝大眾化的典型表現。

諸藝聚演，在唐代有「大酺」之稱。《教坊記》曾載：

> 龐三娘善歌舞，其舞頗腳重，然特工裝束。又有年，面多皺，帖以輕紗，雜用雲母和粉蜜塗之，遂若少容。嘗大酺汴州，以名字求雇。使者造門，既見，呼為「惡婆」！問龐三娘子所在。龐紿之曰：「龐三是我外甥，今暫不在，明日來書奉留之。」使者如言而至。龐乃盛飾，顧客不之識也。因曰：「昨日已參見娘子阿姨。」其變狀如此，故坊中呼為「賣假金賊」。

龐三娘本隸宮廷教坊，她去參加汴州大酺，有使者迎請求雇，有如現代的藝人商演。

聚演場所有「戲場」之稱。《南部新書・戊》：「長安戲場多集於慈恩，小者在青龍，其次薦福、永壽。」戲場之內則分棚表演，元稹《哭女樊四十韻》：「騰踔遊江舫，攀緣看樂棚。」〔註345〕眾所周知，宋代城市裏演藝集中的所

〔註345〕《元稹集》卷九。

在稱為瓦舍（瓦肆、瓦子），舍內諸家勾欄分別表演雜劇、歌舞、雜技諸藝。
而戲場、樂棚的功能、格局顯然與瓦舍、勾欄近似，熱鬧場景未必下之。萬壽
公主是唐宣宗愛女，下嫁起居郎鄭顥。她身份如此尊貴，也被長安戲場的精彩
紛呈所吸引，乃至於樂不思家。《幽閒鼓吹》：

> 駙馬鄭尚書之弟顥嘗危疾，上使訊之。使回，上問公主視疾否？
> 曰：「無。」「何在？」曰：「在慈恩寺看戲場。」上大怒，且歎曰：
> 「我怪士大夫不欲與我為親，良有以也！」命召公主。公主走輦至，
> 則立於階下，不視久之。主大懼，涕泣辭謝。上責曰：「豈有小郎病，
> 乃親看他處乎？」立遣歸宅。

《太平廣記》中的兩條記載帶有一些神異色彩，不過都能反映地方戲場、
酺設的興盛繁榮。第一條引自《仙傳拾遺》，廣陵人張定身懷變化之術，他

> 與父母往漣水省親，至縣，有音樂戲劇。眾皆觀之，定獨不往。
> 父母曰：「此戲甚盛，親表皆去，汝何獨不看邪？」對曰：「恐尊長
> 要看，兒不得去。」父母欲往，定曰：「此有青州大設，可亦看也。」
> 即提一水瓶，可受二斗以來，空中無物。置於庭中，禹步繞三二匝，
> 乃傾於庭院內。見人無數，皆長六七寸。官僚將吏、士女看人，喧
> 闐滿庭。即見無比設廳戲場，局筵隊仗、音樂百戲、樓閣車棚，無
> 不精審。〔註346〕

第二條引自《集異記》，楚州徐智通偷聽二客笑語，一曰：

> 「不如於此郡龍興寺前，與吾子較技耳。」曰：「君將何戲？」
> 曰：「寺前古槐僅百株，我霆震一聲，剖為纖莖，長短粗細悉如食箸。
> 君何以敵？」答曰：「寺前素為郡之戲場，每日中聚觀之徒通計不下
> 三萬人。我霆震一聲，盡散其髮，每縷仍為七結。」二人因大笑，
> 約諾而去。〔註347〕

戲場裏諸藝備陳，《樂府雜錄》曾載「傀儡子」之戲的緣起及表演情形：

> 自昔傳云，起於漢祖在平城為冒頓所圍。其城一面即冒頓妻閼
> 氏，兵強於三面。壘中絕食，陳平訪知閼氏妒忌，即造木偶人，運
> 機關舞於陴間。閼氏望見，謂是生人，慮下其城，冒頓必納妓女，
> 遂退軍。史家但云陳平以秘計免，蓋鄙其策下爾。後樂家翻為戲，

〔註346〕《太平廣記·卷七十四·張定》。
〔註347〕《太平廣記·卷三百九十四·徐智通》。

其引歌舞有郭郎者，髮正禿，善優笑，閭里呼為郭郎。凡戲場必在
俳兒之首也。

傀儡戲集情節、歌舞、技巧、戲笑於一體。總體而言，歌舞在諸藝裏是居
於主要地位，因此戲場也有歌場之稱。敦煌曲子詞《皇帝感・新集〈孝經〉十
八章》有云：

> 新歌舊曲遍州鄉，未聞典籍入歌場。
>
> 新合《孝經》皇帝感，聊談聖德奉賢良。〔註348〕

唐代寺院廣有俗講活動，（圖 425）在通俗講經的同時，世俗表演也頗引
人入勝。孟郊《教坊歌兒》詩：

> 十歲小小兒，能歌《得朝天》。
>
> 六十孤老人，能詩獨臨川。
>
> 去年西京寺，眾伶集講筵。
>
> 能嘶竹枝詞，供養繩床禪。
>
> 能詩不如歌，悵望三百篇。〔註349〕

宋代優伶有「衢州撞府」之行，用以形容他們的流動性。〔註350〕而唐代
也有類似情形，《樂府雜錄・歌》曾載：

> 大曆中，有才人張紅紅者，本與其父歌於衢路丐食。過將軍韋
> 青所居，青於街牖中聞其歌者喉音寥亮，仍有眉首，即納為姬。其
> 父舍於後戶，優給之。

據《唐會要》卷三十四，唐玄宗於開元二年十月敕諭：「散樂巡村，特宜
禁斷。如有犯者，並容止主人及村正，決三十。」「散樂巡村」在字面上比「衢
州撞府」還要深入「基層」。玄宗曾有禁斷，這和他禁「廣場角牴」一樣，都
是時過境遷，照常如故。

據上所述，唐代社會民間的演藝娛樂也是豐富多彩的，其間必然是男優
女妓並陳諸藝，各顯其能。關於優伶的習藝方式和組織形態，家庭傳授是基本
形式之一，如張紅紅與其父親之例。這種藝戶、樂戶其實早已有之，南北朝時
期，《北史・卷八十六・梁彥光傳》：「初，〔北〕齊亡後，衣冠士人多遷關內。
唯技巧商販及樂戶之家，移實州郭。由是人情險詖，妄起風謠。」隋代，《資

〔註348〕《敦煌歌辭總編》卷三。

〔註349〕《全唐詩》卷三百七十四。

〔註350〕（宋）古杭才人《宦門子弟錯立身》：「衢州撞府妝旦色，走南投北俏郎君。」

治通鑒・卷第一百八十・隋紀四》：「大業三年冬十月，敕河南諸郡送一藝戶陪東都三千餘家，置十二坊於洛水南以處之。」在唐代，京妓福娘本河東「解梁〔註351〕人也。家與一樂工鄰，少小常依其家，學針線誦歌詩」〔註352〕。就連偏遠吉州〔註353〕的樂戶都具有極高的藝術水準，《樂府雜錄・歌》：「開元中，內人有許和子者，本吉州永新縣樂家女也。開元末選入宮，即以永新名之。善歌，能變新聲。韓娥、李延年歿後千餘載，曠無其人，至永新始繼其能。」

拜師也是習藝的一種方式。沈亞之《歌者葉記》：「唐貞元元年，洛陽金谷里有女子葉，學歌於柳恭，恭下之。初與其曹十餘人居，獨葉歌成無等。」〔註354〕《盧金蘭墓誌》：「盧金蘭，字昭華，本亦良家子。家長安中，其母以昭華父歿而生，私憐之。欲學伎，即令從師。舍歲餘，為綠腰、玉樹之舞。故衣製大袂長裾，作新眉愁嚬，頂鬢為娥叢小鬟。自是而歸，諸姊不為列矣。」〔註355〕

有伎在身的男女優伶經常是在戲場、歌場等處表演，可能是以家庭為單位，更多的還是諸優合成戲班一類的組織。而在商演之外，他們還有切磋較藝的活動，更能顯示出演藝活動的豐富性。在《歌者葉記》中，葉氏學成之後先是為人家妓，及家主死，復

　　　　來長安中。而轂下聲家聞其能，咸與會唱。次至葉，當引弄。
　　及舉意，則弦工吹師，皆失職自廢。既罷，聲黨相謂約慎語，無令
　　人得聞知。

《唐國史補》卷下：

　　　　李袞善歌，初於江外而名動京師。崔昭入朝，密載而至。乃邀
　　賓客，請第一部樂及京邑之名倡，以為盛會。紿言表弟，請登末
　　坐。令袞弊衣以出，合坐嗤笑。頃命酒，昭曰：「欲請表弟歌。」坐
　　中又笑。及囀喉一發，樂人皆大驚，曰：「此必李八郎也。」遂羅拜
　　階下。

李袞的事例表明，唐代除去職業優伶，還有人近似後世的串客、票友，藝術水準同樣高超。

〔註351〕在今山西臨猗縣。
〔註352〕《北里志・王團兒》。
〔註353〕今江西吉安。
〔註354〕《沈下賢文集》卷弟五。
〔註355〕《沈下賢文集》卷弟十一。

在唐代，有兩類優伶是以地域聞名。一類來自川東巴地及周邊，擅唱竹枝歌。劉禹錫《竹枝詞二首》之二：

> 楚水巴山江雨多，巴人能唱本鄉歌。
>
> 今朝北客思歸去，回入紇那披綠羅。〔註356〕

竹枝男女皆唱，少男為優，稱為巴童。陳陶《閒居雜興五首》之一：

> 虞韶九奏音猶在，只是巴童自棄遺。
>
> 閒臥清秋憶師曠，好風搖動古松枝。〔註357〕

劉禹錫《洞庭秋月行》：

> 山城蒼蒼夜寂寂，水月逶迤繞城白。
>
> 蕩槳巴童歌竹枝，連檣估客吹羌笛。〔註358〕

元稹《泛江玩月十二韻》：

> 闐咽沙頭市，玲瓏竹岸窗。
>
> 巴童唱巫峽，海客話神瀧。〔註359〕

竹枝若是唱於巴楚當地，則近於現代的山歌。不過巴童、巴女也有出外為優獻唱的，他們若有主可依，則為柔媚的家樂。

另一類優伶來自西域。唐代歌舞、音樂受到了西域龜茲、高昌等地的強烈影響，西來藝人有的久居中原，漸已同化。而還有的則是新至，異域色彩鮮明突出。其中胡騰、胡旋舞者尤其出名，迅疾飄逸的舞姿令人目眩神迷。（圖426至圖428）男性舞者的表現，李端《胡騰兒》：

> 胡騰身是涼州兒，肌膚如玉鼻如錐。
>
> 桐布輕衫前後卷，葡萄長帶一邊垂。
>
> 帳前跪作本音語，拾襟攪袖為君舞。
>
> 安西舊牧收淚看，洛下詞人抄曲與。
>
> 揚眉動目踏花氈，紅汗交流珠帽偏。
>
> 醉卻東傾又西倒，雙靴柔弱滿燈前。
>
> 環行急蹴皆應節，反手叉腰如卻月。
>
> 絲桐忽奏一曲終，嗚嗚畫角城頭發。

〔註356〕《全唐詩》卷三百六十五。
〔註357〕《全唐詩》卷七百四十六。
〔註358〕《全唐詩》卷三百五十六。
〔註359〕《元稹集》卷十一。

胡騰兒，胡騰兒，故鄉路斷知不知？〔註360〕

劉言史《王中丞宅夜觀舞胡騰》：

> 石國胡兒人見少，蹲舞尊前急如鳥。
>
> 織成蕃帽虛頂尖，細氍胡衫雙袖小。
>
> 手中拋下蒲萄盞，西顧忽思鄉路遠。
>
> 跳身轉轂寶帶鳴，弄腳繽紛錦靴軟。
>
> 四座無言皆瞪目，橫笛琵琶遍頭促。
>
> 亂騰新毯雪朱毛，傍拂輕花下紅燭。
>
> 酒闌舞罷絲管絕，木槿花西見殘月。〔註361〕

而在元稹《曹十九舞〈綠鈿〉》中，舞者似為已經同化的男性胡人：

> 急管清弄頻，舞衣才攬結。
>
> 含情獨搖手，雙袖參差列。
>
> 騕褭柳牽絲，炫轉風回雪。
>
> 凝眄嬌不移，往往度繁節。〔註362〕

按：「曹」為胡姓之一，中唐著名的琵琶樂師曹剛（綱），其先人即是來自於西域曹國。而以大數字為名，通常是為男性。像元稹作品中還有《酬獨孤二十六送歸通州》、《酬楊司業十二兄早秋述情見寄》等詩，所酬二人分別是右拾遺獨孤朗和國子司業楊巨源。

薛能《舞者》云：

> 綠毛釵動小相思，一唱南軒日午時。
>
> 慢靸輕裾行欲近，待調諸曲起來遲。
>
> 筵停匕箸無非聽，吻帶宮商盡是詞。
>
> 為問傾城年幾許，更勝瓊樹是瓊枝。〔註363〕

此詩中的優倡動作和緩，像是在表演傳統中原舞蹈。按：此詩未明言性別，不過瓊樹、瓊枝通常是用來形容優雅男子的，如錢起《送王季友赴洪州幕下》云：

> 列郡皆用武，南征所從誰。

〔註360〕《全唐詩》卷二百八十四。

〔註361〕《全唐詩》卷四百六十八。

〔註362〕《元稹集》續補遺卷一。

〔註363〕《全唐詩》卷五百五十九。

諸侯重才略，見子如瓊枝。〔註364〕

以上綜談唐代社會演藝的面貌，未專言男優，但男優的普遍存在已經顯而易見。再就與藝緊密關聯的色乃至慾而言，青樓北里〔註365〕是匯聚豔顯之地。白居易《長安道》：

花枝缺處青樓開，豔歌一曲酒一杯。

美人勸我急行樂，自古朱顏不再來。〔註366〕

盧仝《有所思》：

當時我醉美人家，美人顏色嬌如花。

今日美人棄我去，青樓珠箔天之涯。〔註367〕

而最著名的則是杜牧的這首《遣懷》：

落魄江南載酒行，楚腰腸斷掌中輕。

十年一覺揚州夢，贏得青樓薄倖名。〔註368〕

青樓女妓的身份性質為何？她們其實就是社會倡優的一個組成部分，當然係屬精華部分。也就是說，倡優出賣聲色是普遍現象，出賣慾身亦不罕見。其中有些娼女專門單獨出來，更加強調色慾。她們性別單一，居於專門處所，不但陪歡文士商賈，而且有人會承應官府，兼為官妓。甚至有的還能上達天廷，得寵於君主。元稹《連昌宮詞》注：

念奴，天寶中名倡，善歌。每歲樓下酺宴，玄宗遣高力士大呼

於樓上曰：「欲遣念奴唱歌，看人能聽否？」未嘗不悄然奉詔。然而

玄宗不欲奪俠遊之盛，未嘗置在宮禁。或歲幸湯泉，時巡東洛，有

司潛遣從行而已。〔註369〕

《開元天寶遺事》曾將長安青樓稱為「風流藪澤」：「長安有平康坊，妓女所居之地。京都俠少萃集於此，兼每年新進士以紅箋名紙遊謁其中，時人謂此坊為『風流藪澤』。」〔註370〕平康坊是長安青樓的集中地界，以念奴芳名之著，她當係其中的花魁班頭。當然，在此需要強調一點，「妓」在唐代是對

〔註364〕《全唐詩》卷二百三十六。

〔註365〕北里位於長安平康坊，唐末孫棨曾著《北里志》，專記里中諸妓情形。後世用以泛指妓院。

〔註366〕《白居易詩集》卷第十二。

〔註367〕《全唐詩》卷三百八十八。

〔註368〕《全唐詩》卷五百二十四。

〔註369〕《元稹集》卷二十四。

〔註370〕《開元天寶遺事》卷上。

所有女性優伶的統稱，包括宮妓、官妓、私妓、家妓等，並非只是青樓之女可以稱妓。

這裡談論青樓私妓，是為了說明在唐代社會，倡優聲色氛圍濃厚。雖說青樓為最，不過延展開來，在戲場等處的一般倡優當中，色慾現象亦應考慮。並且不止女倡，也應考慮男優。大詩人元稹在《誨姪等書》中曾謂：「吾生長京城，朋從不少。然而未嘗識倡優之門，不曾於喧嘩縱觀。」〔註371〕「倡優之門」似乎說明，除去青樓妓院，社會優伶也還有其他的比較私密的娛賓處所。前面在《歌者葉記》中，葉氏曾「學歌於柳恭門下」。柳恭為男性歌者，弟子應當不只女性。而授徒之所同時也可以是娛賓之處，清代的相公堂寓最為典型，唐代或者已有初型。韓愈《辭唱歌》云：

> 抑逼教唱歌，不解看豔詞。
>
> 坐中把酒人，豈有歡樂姿。
>
> 幸有伶者婦，腰身如柳枝。
>
> 但令送君酒，如醉如憨癡。
>
> 聲自肉中出，使人能透隨。
>
> 復遣慳客者，贈金不皺眉。
>
> 豈有長直夫，喉中聲雌雌。
>
> 君心豈無恥，君豈是女兒！
>
> 君教發直言，大聲無休時。
>
> 君教哭古恨，不肯復吞悲。
>
> 乍可阻君意，豔歌難可為。〔註372〕

此詩當中，優伶夫妻一同款客娛賓，為夫者雌聲獻唱，使得大力提倡道統的韓愈感覺不雅，而一般客人則會趨之若鶩的。這對優伶的所在，或略有清代堂寓的味道。〔註373〕元結《劉侍御月夜讌會》詩序：「時之作者煩雜過多，歌兒舞女且相喜愛。」〔註374〕又元氏《篋中集》序云：「指詠時物，會諧絲竹，與歌兒舞女生污惑之聲於私室可矣。」（圖429）「歌兒」性別兩指，在比較多的情況下是用來指稱男優。私室污惑，自有惑人之伎與技。

〔註371〕《元稹集》卷三十。

〔註372〕《全唐詩》卷三百四十五。

〔註373〕在清代堂寓，獻聲鬻色的相公優伶都是男性。不過堂主人的家眷就在他室，並未離堂而居。

〔註374〕《全唐詩》卷二百四十一。

至於元稹所謂的「喧嘩縱觀」，指的應當就是面向公眾的戲場歌場了。元氏以長者身份自誇清守，反倒能夠說明，在這類場所吸引觀者的不只是藝。雖非「風流藪澤」，但也有風流情味。《明皇雜錄》曾載：「新豐市有女伶曰謝阿蠻，善舞凌波曲。常出入宮中，楊貴妃遇之甚厚。」〔註 375〕新豐市位於長安東北面的臨潼，謝阿蠻曾經獻藝於此，她應是在戲場演出。同時她還能得到楊貴妃的厚遇，伎藝之精自不待言。而女伶如此，男優肯定亦有不遑多讓者。初唐陳子昂在《上薛令文章啟》中曾自謂少年之時「跡荒淫麗，名陷俳優。長為童子之群，無望壯夫之列」〔註 376〕。少年男優若歌舞精妙，同樣惹人憐愛。梁鍠《戲贈歌者》云：

> 白皙歌童子，哀音絕又連。
>
> 楚妃臨扇學，盧女隔簾傳。
>
> 曉燕喧喉裏，春鶯囀舌邊。
>
> 若逢漢武帝，還是李延年。〔註 377〕

李延年擅唱新聲，名列佞倖，漢武帝對他是有龍陽男色之寵的。則梁鍠詩中的這位盛唐歌者喉舌婉轉，比似延年，得到當時「武帝」的青睞亦非難事。

前面本文曾談巴童，他們巧舌如鶯，聲情並茂。白居易《聽竹枝贈李侍御》：

> 巴童巫女竹枝歌，懊惱何人怨咽多。
>
> 暫聽遣君猶悵望，長聞教我復如何？〔註 378〕

白氏此詩作於其忠州〔註 379〕刺史任上，長聞此曲，令他倍生惆悵。巴地屬南蠻之域，所以巴童亦稱蠻童、蠻兒。白氏《竹枝詞四首》之二：

> 竹枝苦怨怨何人，夜靜山空歇又聞。
>
> 蠻兒巴女齊聲唱，愁殺江樓病使君。〔註 380〕

此詩也是作於忠州，使君白居易獨倚江樓，聞歌感懷。而巴童、蠻童名聞於外，他們既然身懷妙藝，就要以求衣食。巴童們走出巴地，廣受士宦商賈的賞愛。王翰《觀蠻童為伎之作》云：

〔註 375〕《明皇雜錄·補遺》。
〔註 376〕《陳伯玉文集》卷第十。
〔註 377〕《全唐詩》卷二百二。
〔註 378〕《白居易詩集》卷第十八。
〔註 379〕今重慶市忠縣。
〔註 380〕《白居易詩集》卷第十八。

　　　　　長裙錦帶還留客，廣額青蛾亦效顰。

　　　　　共惜不成金谷妓，虛令看殺玉車人。〔註381〕

　　在此，蠻童（巴童）出外為伎，商演留客。他在歌唱時嬌嬈嫵媚，肖似女妓；而王翰復用「看殺衛玠」之典，是又讚美了他的美男容貌。總之，這位蠻童男優無論藝還是色，都不遜於女性同業。若能幸遇「漢武帝」，又是一位「李延年」。

唐代家庭男優考

　　家庭優伶和宮廷、官府、社會優伶一起共同組成了唐代聲色演藝人員的整體。家優當中女優即家妓的角色尤重，《唐會要》卷三十四曾經載有制度性的規定：唐中宗神龍二年（706）九月，「敕三品以上聽有女樂一部，五品以上女樂不過三人」。關於具體人數，唐德宗曾賜給李晟「女樂八人」〔註382〕，唐憲宗曾「以張茂昭家妓四十七人歸定州」〔註383〕。著名家妓，白居易的小蠻、樊素最為出名，白氏曾以《別柳枝》、《不能忘情吟》等詩寫之。〔註384〕孟棨《本事詩·事感》：「白尚書姬人樊素善歌，妓人小蠻善舞。嘗為詩曰：『櫻桃樊素口，楊柳小蠻腰。』年既高邁，而小蠻方手豔，因為《楊柳枝詞》以託意，曰：『一樹春風萬萬枝，嫩於金色軟於絲。永豐坊裏東南角，盡日無人屬阿誰？』」

　　而在實際上，著名詩人白居易的家樂是有男有女的，並非只有女妓。對此，他的多篇詩文曾予反映。據《池上篇》之序，他「罷刑部侍郎時，有粟千斛、書一車，泊臧獲之習筦磬、絃歌者指百以歸」。大和三年（830）夏，白氏「始得請為太子賓客，分秩於洛下，息躬於池上。凡三任所得，今率為池中物矣。酒酣琴罷，命樂童登中島亭，合奏《霓裳散序》。聲隨風飄，或凝或散，悠揚於竹煙波月之際者久之。曲未竟，而樂天陶然已醉，睡於石上矣」。詩云：

　　　　　十畝之宅，五畝之園。

　　　　　有水一池，有竹千竿。

〔註381〕　《全唐詩》卷一百五十六。
〔註382〕　《舊唐書·卷十二·德宗本紀上》。
〔註383〕　《舊唐書·卷十四·憲宗本紀上》。
〔註384〕　見《白居易詩集》卷第三十五、三十七。

> 有書有酒，有歌有弦。
>
> 有叟在中，白鬚飄然。〔註385〕

白氏《宿杜曲花下》亦云：

> 覓得花千樹，攜來酒一壺。
>
> 小面琵琶婢，蒼頭觱篥奴。〔註386〕

《南園試小樂》：

> 小園斑駁花初發，新樂錚摐教欲成。
>
> 紅萼紫房皆手植，蒼頭碧玉盡家生。
>
> 高調管色吹銀字，慢拽歌詞唱《渭城》。
>
> 不飲一杯聽一曲，將何安慰老心情？〔註387〕

《詠興五首·小庭亦有月》指出了蒼頭碧玉的名字：

> 小庭亦有月，小院亦有花。
>
> 可憐好風景，不解嫌貧家。
>
> 菱角執笙簧，谷兒抹琵琶。
>
> 紅綃信手舞，紫綃隨意歌。

自注：「菱、谷、紫、紅，皆小臧獲名也。」〔註388〕其中，菱角、谷兒像是蒼頭男優之名。

「臧獲」可男可女，而若用「僮」來指稱優伶，雖然不能完全排除女性，但總體上應是指男優；若是用「童」，則更是如此。在白居易的一些詩文表述當中，其家優為「僮」或「童」。除去《池上篇》之序中的「樂童」，《答蘇庶子月夜聞家僮奏樂見贈》有云：

> 牆西明月水東亭，一曲《霓裳》按小伶。
>
> 不敢邀君無別境，弦生管澀未堪聽。〔註389〕

《西行》：

> 常聞俗間語，有錢在處樂。
>
> 我雖非富人，亦不苦寂寞。
>
> 家僮解絃管，騎從攜杯杓。

〔註385〕《白居易詩集》卷第三十七。

〔註386〕《白居易詩集》卷第二十五。

〔註387〕《白居易詩集》卷第二十六。

〔註388〕《白居易詩集》卷第二十九。

〔註389〕《白居易詩集》卷第二十七。

時向春風前，歇鞍開一酌。〔註390〕

而如果稱優伶為僮僕，則基本是為男優。《洛下諸客就宅相送偶題西亭》：

几榻臨池坐，軒車冒雪過。

交親致杯酒，僮僕解笙歌。

流歲行將晚，浮榮得幾多。

林泉應問我，不住意如何？〔註391〕

雖說家優可男可女，不過一般來看，他們還是各有側重的：女優長於歌舞，男優則是長於音樂。《樂府雜錄》中有多條關於音樂家優的記載，其《琵琶》條：「武宗初，朱崖李太尉有樂吏廉郊者，師於曹綱，盡綱之能。綱常曰：『教授人多矣，未曾有此性靈弟子也。』」「某門中有樂吏楊志，善琵琶。」《箜篌》：「太和中，有季齊皋者，亦為上手，曾為某門中樂吏。」《方響》：「咸通中，有調音律官吳繽，為鼓吹署丞。善打方響，其妙超群，本朱崖李太尉家樂人也。」《全唐文》卷二十五所收《加哥舒翰爵賞制》更是記載，唐玄宗曾經賜給太子少保哥舒翰「音聲小兒十人」。

既然各有側重，在家內表演時，男優奏樂女優歌舞是比較多見的一種狀態。白居易《醉吟先生傳》云：

每良辰美景，或雪朝月夕，好事者相過。必為之先拂酒罍，次開篋詩。若興發，命家僮調法部絲竹，合奏《霓裳羽衣》一曲。若歡甚，又命小妓歌《楊柳枝》新詞十數章。放情自娛，酩酊而後已。〔註392〕

元稹《追昔遊》：

謝傅堂前音樂和，狗兒吹笛膽娘歌。

花園欲盛千場飲，水閣初成百度過。〔註393〕

不過，優美的音樂本身也是能夠引人入勝的。如果演奏者年青貌美，樂與人相得益彰，一種宛轉悠長同樣可觀。元稹長詩《琵琶歌》云：

琵琶宮調八十一，旋宮三調彈不出。

玄宗偏許賀懷智，段師此藝還相匹。

段師弟子數十人，李家管兒稱上足。

〔註390〕《白居易詩集》卷第三十。
〔註391〕《白居易詩集》卷第二十五。
〔註392〕《白居易文集》卷第三十三。
〔註393〕《元稹集》卷九。

管兒不作供奉兒，拋在東都雙鬢絲。
逢人便請送杯盞，著盡工夫人不知。
李家兄弟皆愛酒，我是酒徒為密友。
著作曾邀連夜宿，中碾春溪華新綠。
平明船載管兒行，盡日聽彈《無限曲》。
曲名《無限》知者鮮，《霓裳羽衣》偏宛轉。
《涼州》大遍最豪嘈，《六幺》散序多籠撚。
我聞此曲深賞奇，賞著奇處驚管兒。
管兒為我雙淚垂，自彈此曲長自悲。
淚垂捍撥朱弦濕，冰泉嗚咽流鶯澀。
因茲彈作《雨霖鈴》，風雨蕭條鬼神泣。
一彈既罷又一彈，珠幢夜靜風珊珊。
低徊慢弄關山思，坐對燕然秋月寒。
月寒一聲深殿磬，驟彈曲破音繁並。
百萬金鈴旋玉盤，醉客滿船皆暫醒。
自茲聽後六七年，管兒在洛我朝天。
遊想慈恩杏園裏，夢寐仁風花樹前。
去年御史留東臺，公私蹙促顏不開。
今春制獄正撩亂，晝夜推囚心似灰。
暫輟歸時尋著作，著作南園花拆萼。
胭脂耀眼桃正紅，雪片滿溪梅已落。
是夕青春值三五，花枝向月雲含吐。
著作施樽命管兒，管兒久別今方睹。
管兒還為彈《六幺》，《六幺》依舊聲迢迢。
猿鳴雪岫來三峽，鶴唳晴空聞九霄。
逡巡彈得《六幺》徹，霜刀破竹無殘節。
幽關鴉軋胡雁悲，斷弦砉騞層冰裂。
我為含淒歎奇絕，許作長歌始終說。
藝奇思寡塵事多，許來寒暑又經過。
如今左降在閒處，始為管兒歌此歌。〔註394〕

─────────────

〔註394〕《元稹集》卷二十六。

在此詩中，善奏琵琶的家優管兒是被欣賞的核心，而非伴奏配角。元氏《仁風李著作園醉後寄李十》尚云：

> 朧明春月照花枝，花下音聲是管兒。
>
> 卻笑西京李員外，五更騎馬趁朝時。〔註395〕

宅居洛陽仁風坊的李著作佚名，他是元稹友人，管兒的家主。管兒花下陪侍，樽前侑觴，其之所長肯定不只在藝。對此，白居易《琵琶引》中的琵琶女可為對照。她

> 自言本是京城女，家在蝦蟆陵下住。
>
> 十三學得琵琶成，名屬教坊第一部。
>
> 曲罷曾教善才伏，妝成每被秋娘妒。
>
> 五陵年少爭纏頭，一曲紅綃不知數。
>
> 鈿頭雲篦擊節碎，血色羅裙翻酒污。
>
> 今年歡笑復明年，秋月春風等閒度。〔註396〕

五陵年少爭纏頭、血色羅裙翻酒污，可見年輕時的京城琵琶女廣受青睞，洵屬名妓，豪客於她並不只是賞音。而管兒身為男子，無法稱妓，但他與家妓除去性別，在其他方面其實區別不大。既然家主對他著意垂顧，與他經常私處，我們對主人的性取向就需多加注意。

如果男性家優是擅長歌舞，他們比擅長音樂者通常更易獲得主人的垂青。這樣的優伶記載當中確是更加少見，但肯定也是存在的。張祜《聽歌二首》之一亦名《聽劉端公田家歌》，詩云：

> 兒郎漫說轉喉輕，須待情來意自生。
>
> 只是眼前絲竹和，大家聲裏唱新聲。〔註397〕

這位歌唱時聲情並茂的「兒郎」是否確為家優還有存疑之處，《新唐書·卷九十四·張亮傳》所載則是確定無疑的：「亮棄故妻，更娶李氏。李妒悍，私通歌兒，養為子。」由此再看《舊唐書·卷一百六·楊國忠傳》，其中歌兒亦有為男的可能：「國忠以劍南幢節引於前，出有餞路，遠近餉遺，珍玩狗馬、閹侍歌兒相望於道。」按：《張亮傳》中的歌兒是與家主之妻私通，這種情況若是發生在明代，則當時有一句俗語曾曰：「堂中無俊僕，必是好人家。」〔註398〕

〔註395〕《元稹集》卷十七。

〔註396〕《白居易詩集》卷第十二。

〔註397〕《全唐詩》卷五百十一。

〔註398〕《情史·情外類·馮子都》。

這句話是針對主僕同性戀而發，通常情況下，俊僕歌兒主要是得寵於男性家主。有此背景，他才敢把目光投向主母。

擅唱竹枝的巴童是唐代著名的演藝群體，除去客前公演，有些巴童是隨侍私人，成為家樂。劉商《秋夜聽嚴紳巴童唱竹枝歌》云：

> 巴人遠從荊山客，回首荊山楚雲隔。
> 思歸夜唱竹枝歌，庭槐葉落秋風多。
> 曲中歷歷敘鄉土，鄉思綿綿楚詞古。
> 身騎吳牛不畏虎，手提蒙笠欺風雨。
> 猿啼日暮江岸邊，綠蕪連山水連天。
> 來時十三今十五，一成新衣已再補。
> 鴻雁南飛報鄰伍，在家歡樂辭家苦。
> 天晴露白鐘漏遲，淚痕滿面看竹枝。
> 曲終寒竹風嫋嫋，西方落日東方曉。〔註399〕

這位巴童年紀少小，時常思鄉。而中唐詩人李賀與其巴童常相聚處，已經由主僕而似朋友。李氏《昌谷讀書示巴童》：

> 蟲響燈光薄，宵寒藥氣濃。
> 君憐垂翅客，辛苦尚相從。

身為主人，李賀反而感謝巴童的相憐相從。並且，他還別出新意，以童子的口吻代其作答：

> 巨鼻宜山褐，龐眉入苦吟。
> 非君唱樂府，誰識怨秋深？〔註400〕

主僕之間如此相知相親，如果時間是在明清，這位巴童難免會被視為變童。唐代類似資料太少，而也正是因為少見，我們不妨多從男色同性戀的角度做些考慮。

關於家優的家庭身份，男女有同有異。被稱為家妓的女優如果特別受寵可以成為妾侍，不過她們的基礎身份還是婢女。像白居易的寵妓樊素，一旦主人安排有變，還是會被放出家門。白氏《不能忘情吟》曾經寫到：「樂天既老，又病風，乃錄家事，會經費，去長物。妓有樊素者，年二十餘，綽綽有歌舞態，善唱《楊枝》。籍在經費外，將放之。馬有駱者，駔壯駿穩，乘之亦有年。籍

〔註399〕《全唐詩》卷三百三。
〔註400〕《李賀詩集》卷三。

在長物中，將鬻之。」〔註401〕

　　樊素色藝精妙，曾給白居易帶來莫大享受，但其家內角色在某種意義上竟然等同於駱馬，無非主人的賞用對象而已。女優如婢，則男優如僕。對此，白居易說的也是很明確的，他將自家的男優稱為臧獲、僮童。在白氏詩文當中，有關僮僕的內容還有不少。

　　　　洗竹
　　　　獨立冰池前，久看洗霜竹。
　　　　依然若有情，回頭語僮僕。
　　　　小者截魚竿，大者編茅屋。
　　　　勿作篲與箕，而令糞土辱。〔註402〕

　　　　詠興五首·出府歸吾廬
　　　　出府歸吾廬，靜然安且逸。
　　　　更無客干謁，時有僧問疾。
　　　　家僮十餘人，櫪馬三四匹。
　　　　慵發經旬臥，興來連日出。〔註403〕

　　　　東城晚歸
　　　　一條邛杖懸龜榼，雙角吳童控馬銜。
　　　　晚入東城誰識我，短靴低帽白蕉衫。〔註404〕

　　　　南塘暝興
　　　　水色昏猶白，霞光暗漸無。
　　　　風荷搖破扇，波月動連珠。
　　　　蟋蟀啼相應，鴛鴦宿不孤。
　　　　小僮頻報夜，歸步尚踟躕。〔註405〕

　　　　七月一日作
　　　　七月一日天，秋生履道里。
　　　　閒居見清景，高興從此始。

〔註401〕《白居易詩集》卷第三十七。
〔註402〕《白居易詩集》卷第三十六。
〔註403〕《白居易詩集》卷第二十九。
〔註404〕《白居易詩集》卷第三十四。
〔註405〕《白居易詩集》卷第三十二。

雙僮侍坐臥，一杖扶行止。

饑聞麻粥香，渴覺雲湯美。〔註406〕

自在

杲杲冬日光，明暖真可愛。

移榻向陽坐，擁裘仍解帶。

小奴捶我足，小婢捶我背。

自問我為誰，胡然獨安泰？〔註407〕

　　白氏僮僕的人數不算少，從家務雜事到貼身服侍，各司其職。那麼，他們和家優是何關係呢？實際上，兩者在一定程度上是相互重合的。男性家優未必會做洗竹一類的粗活，不過除去獻藝，他們肯定還會為主人做近身侍候，即所謂「雙僮侍坐臥」、「小奴捶我足」。他們有藝則也有色，面貌清俊，言行乖巧，藝外所為同樣也能討得主人的歡心。南卓在其《羯鼓錄》序中曾謂：「會昌元年，卓因為洛陽令，數陪劉賓客、白少傅宴遊。白有家僮，多佐酒。」劉賓客、白少傅也即劉禹錫、白居易，佐酒家僮就是白氏樂童。就像元稹《琵琶歌》中的「著作施樽命管兒」一樣，樂童在獻藝的同時亦司侑觴。如此所為對於女妓而言可謂輕車熟路，以致唐代有酒妓之稱。《本事詩‧情感》曾載劉禹錫所赴的另一場樂宴：「劉尚書禹錫罷和州，為主客郎中。李司空罷鎮在京，慕劉名，嘗邀至第中，厚設飲饌。酒酣，命妙妓歌以送之。劉於席上賦詩曰：『鬌鬌梳頭宮樣妝，春風一曲杜韋娘。司空見慣渾閒事，斷盡江南刺史腸。』李因以妓贈之。」李司空即李紳〔註408〕，劉禹錫在他那裏和白居易處分別得到了女性家妓、男性家優的柔曼趨奉。

　　家樂娛賓只是她（他）們的附帶所為，她（他）們主要是為了滿足家主個人的聲色享受。場景轉換，有些女樂接著會做更進一步的床第之奉。男樂與主人雲雨為歡的比例相對比較低，但床侍之有亦無可疑。無論男女，無論何時，家優的身份特點決定了他們的性色特徵在所有優伶當中都是表現最為突出的。這裡不妨參看明末范允臨的一首詠優詩：

　　　贈金公朗歌童王元

　　短髮氄氄號遠山，斜垂倭墮帶華簪。

〔註406〕《白居易詩集》卷第三十。

〔註407〕《白居易詩集》卷第三十。

〔註408〕據岑仲勉《唐史餘沉》卷三考證，贈妓者或係裴度，不會是李紳。

妙年蕭史難消受，不忍含嬌齧被函。〔註409〕

家樂王元「含嬌齧被」，意思是說，為了在床上取悅主人，他咬被忍痛也要嬌媚獻身。所謂主人「不忍」，委婉之辭耳，王元肯定免不了床侍的。而類似情形，唐代以及唐代以前就已經存在了。

整體來看，唐代有關家庭女樂的反映要明顯多於男優。但在白居易一人的詩歌文章當中，我們又能看到男優的比例似乎並不像其他文獻記載中的那樣低。兩相中和，唐代相關文獻的整體面貌不可不信，但現實不全如此，家庭男優在唐代不能說是罕見。

宋代歌舞男優考

宋代是聲色演藝業的繁盛時期，東京夢華，武林舊事，有關優伶娼妓的記載比比皆是。優娼之伎大致可分為五類：歌、舞、音樂、滑稽、雜技。後三類是男優的長項，而歌舞則為女優所擅長。宋代優娼一體化的傾向比較明顯，女優同時也賣色乃至賣身，娼妓是當時對她們的經常性稱呼。清人徐士鑾編有《宋豔》一書，宋娼的方方面面均已備載。相較之下，有關宋代歌舞男優的記載比較零散，他們的面貌、活動不甚清晰。在此筆者索顯鉤沉，考究如下：

一、詞義界定

歌舞男優在宋人文獻中本來就不多見，而從名詞稱謂的角度看，有些記載看似寫男實則寫女或可能寫女，這樣的記載需先被提出。

（一）侍兒

唐代大詩人白居易在《長恨歌》中寫道：「侍兒扶起嬌無力，始是新承恩澤時」〔註410〕，用以形容楊貴妃在宮女攙扶下的嬌態。「侍兒」雖含「兒」字卻是對婢女、侍女的稱呼。在宋代，家庭女妓在身份上介於姜婢之間，也可被稱為侍兒。《東坡詞·鷓鴣天》：「陳公密出侍兒素娘，歌紫玉簫曲勸老人酒。老人飲盡，因為賦此詞。」

（二）歌兒

「歌兒」當然可指男性優伶。不過「兒」含有一種憐愛之意，故也可指女。

〔註409〕《翰寥館集》卷一。
〔註410〕《白居易詩集》卷第十二。

《東坡詞・定風波》：「王定國歌兒曰柔奴，姓宇文氏，眉目娟麗，善應對。定國南遷，歸余。」另外，宋代文獻中有時會出現「歌兒舞女」之詞，這是一種互文的寫法，同時表達「歌女舞兒」之意，其中「歌兒」未必為男。《東京夢華錄・卷之七・清明節》：「都城之歌兒舞女，遍滿園亭。」

（三）歌童

「童」的男性意指要比「兒」強。不過在古漢語當中，童或僮除去指少年男子，也有僕婢、奴婢之意，廣義上也可指女。因此，歌童、歌僮也有指稱歌妓的可能。馮山《題馮公舉郎中清音亭》：「白傅歌童聊自適，莊生鷗鳥自相依。」〔註411〕此處「歌童」所指就是唐代白居易的家妓小蠻、樊素。

「歌兒舞女」也作「歌童舞女」，《夷堅志・支丁卷第二・燕太尉樓》：「吏士數十輩擁一男子徑登樓，歌童舞女繼至。男子正中坐，眾姬以次奏伎。」此處「歌童」當屬姬人之列。

（四）家童

家童、家僮若能歌舞，當然是屬家優，也存在著指稱家妓的可能性。《東坡詞・滿江紅》：「董義夫名鉞，自倅漕得罪歸鄱陽，遇東坡於齊安，怪其豐暇自得。曰：『吾再娶柳氏，三日而去。官吾固不戚戚，而憂柳氏不能忘懷於進退也。已而欣然同憂患，如處富貴，吾是以益安焉。』乃令家僮歌其所作《滿江紅》，東坡嗟歎之，次其韻。」從字面含義看，此處「家僮」當為男性。但是，董義夫罷官返鄉，其新婦願同憂患，體現出了深厚的異性戀感情。所以，此時董氏似乎不應兼好男色，「家僮」似應是家妓。

（五）歌者

「者」是一個中性詞，「歌者」的性別需根據上下文確定。當然，據上下文有時只能是做出一個大致的推測。張舜民《京兆安汾叟赴辟臨洮幕府……浮休居士為繼其後》：「殷勤一曲歌者闋，歌者背淚沾羅巾。」持巾拭淚，歌者當為女性。

（六）弟子

《萍洲可談》卷三：「倡婦，州郡隸獄官以伴女囚。近世擇姿容，習歌舞，迎送使客，侍宴好，謂之弟子，其魁謂之行首。」《癸辛雜識・後集・學舍燕

〔註411〕　本文當中，只標著者與詩名的引文資料是出自北京大學《全宋詩分析系統》。

集》：「學舍燕集必點妓，乃是各齋集正自出帖子，用齋印，明書：『仰弟子某人，到何處祗直本齋燕集。』」

（七）弟兄

《都城紀勝·茶坊》：「人情茶坊本非以茶湯為正，但將此為由多下茶錢也。又有一等專是娼妓弟兄打聚處。」該書《酒肆》條又有「妓弟」之詞，當係「娼妓弟兄」的簡稱：「天府諸酒庫，每遇寒食節前開沽煮酒，中秋節前後開沽新酒，各用妓弟。乘騎作三等裝束，一等特髻大衣者，二等冠子裙背者，三等冠子衫子襠袴者。」

（八）子弟

《夷堅志·支庚卷第七·雙港富民子》：「俄有推戶者，狀如倡女，服飾華麗，曰：『我乃路岐散樂子弟也，知市上李希聖宅親禮請客，要去打窠地。家眾既往，我獨避雨，趕趁不上，願容我寄宿。』」

（九）生

《侯鯖錄》卷第四：「韓康公子華私第會從官九人，出家妓十餘人。中燕後，子華新寵魯生舞罷，為遊蜂所螫，子華意不甚懌。」

另外，在明清時期，姓氏加郎如張郎、李郎經常是對優童、歌郎的稱呼，而在宋代，某某郎基本上是指良人子弟。《日涉園集·卷五·寄何生》：「何郎未免儒生酸，於此政復不作難。」

從名詞稱謂的角度排除看似男優實則未必的情況後，方可具體觀察宋代歌舞男優的面貌表現，他們大體可分為四類。

二、宮廷男優

北宋時期。《東京夢華錄·卷之五·京瓦伎藝》：「每遇內宴，前一月，教坊內勾集弟子小兒，習隊舞作樂。」

《東京夢華錄·卷之九·宰執親王宗室百官入內上壽》：「三臺舞旋，多是雷中慶。其餘樂人舞者諢裹寬衫，唯中慶有官，故展裹舞曲破攧前一遍。舞者入場，至歇拍，續一人入場，對舞數拍。前舞者退，獨後舞者終其曲，謂之舞末。」又：「勾小兒隊舞。小兒各選年十二三者二百餘人，列四行，各執花枝排定。樂部舉樂，小兒舞步進前，直叩殿陛。雜劇人皆打和畢，樂作，群舞合唱，且舞且唱。」

《三朝北盟會編・卷第七十八・靖康中帙五十三》記金人佔領汴京後，索要「打毬弟子七人，內臣五十人，街市弟子五十人，學士院待詔五人，築毬供奉五人，司天臺官吏五十人，弟子簾前小唱二十人，雜戲一百五十人，舞旋弟子五十人」。此處的簾前小唱和舞旋弟子應當是或者至少有一部分是為男子。

南宋時期。《武林舊事・卷一・聖節》：「初坐：舞頭，豪俊邁。舞尾，范宗茂。唱《延壽長》歌曲子，李文慶。」「再坐：舞綰《壽星》，姚潤。」「祇應人：歌板色，李文慶。舞旋色，范宗茂。」

《武林舊事・卷四・乾淳教坊樂部》：「雜劇色：李泉現，引兼舞三臺。」「歌板色：李行高，王信。」「大鼓色：李進、周均，小唱。」「舞旋：劉良佐、杜士康、于慶。」「內中上教博士：舞，劉良佐。」

《武林舊事・卷七・乾淳奉親》：「都管使臣劉景長，供進新制《泛蘭舟》曲破，吳興佑舞。」「後苑小廝三十人，打息氣，唱道情。太上（宋高宗）云：『此是張掄所撰鼓子詞。』」

宋代宮廷藝人的來源、身份是有變化的，北宋時期有些優伶直接隸屬於宮廷教坊，南宋時期則是來自臨安（杭州）府衙前樂或臨時從民間雇取。其中歌舞男優的存在具有兩方面的價值，一是表明歌舞演藝並非只是女妓的專業，二是表明民間社會上也有男優在從事歌舞表演。

三、官府男優

在宋代，最引人注目的、承應於官府的藝人是女性官妓。為了進行男女比較，這裡先看一下有關她們的具體記載。

官妓也即為官府、官吏服務的妓女。《墨莊漫錄》卷八曾載：「政和間汴都平康之盛，而李師師、崔念月二妓名著一時。晁沖之叔用每會飲，多召侑席。其後十許年再來京師，二人尚在。叔用追往昔，成二詩以示江子之。其一云：『少年使酒來京華，縱步曾遊小小家。看舞裳霓羽衣曲，聽歌玉樹後庭花。』」

《東京夢華錄・卷之五・京瓦伎藝》：「崇觀以來，在京瓦肆伎藝。小唱李師師、徐婆惜、封宜奴、孫三四等誠其角者。」

《三朝北盟會編・卷第三十・靖康中帙五》：「奉聖旨：趙元奴、李師師、王仲端，曾經祇應倡優之家，並蕭管、袁陶、武震、史彥、蔣翊五人，逐人家財籍沒。」

　　以上三條記載都談到了宋代最著名的妓女李師師的情況，她既在自家妓館招客，又去瓦肆勾欄表演，還有幸為皇帝服務。而介於皇帝與平民之間，她當然也會為官府服務的，即屬官妓。李師師的情況表明，所謂官妓並非只是承應於官府，她們在家款客時同於私妓，在瓦肆表演時則與純粹賣藝的優伶同列。對此，《醉翁談錄・丁集卷之一・花衢記錄・序平康巷陌諸曲》的反映也較全面：「平康里者，乃東京諸妓所居之地也。凡舉子及新進士、三司幕府但未通朝籍未直館殿者，咸可就遊。京中飲妓，籍屬教坊。夫善樂色技藝者，皆其世習，以故絲竹管絃、豔歌妙舞咸精其能。凡朝貴有宴聚，一見曹署行牒，皆攜樂器而往，所贈亦有差。暇日群聚金蓮棚（汴京城裏的著名勾欄）中各呈本事，求藿之者，皆五陵年少及豪貴子弟。就中有妓豔入眼者，俟散訪其家而宴集焉。其循牆二曲所居之妓繫名官籍者，凡官設法賣酒者，以次□番供應。如遇並番，一月止一二日也。」〔註412〕

　　官妓的上述表現與清末北京的相公具有可比性。男性相公們既在私寓裏娛客，又去戲園演出，還專為官員表演，而特別出色的相公則被召入宮廷，得到了慈禧太后的賞識。與相公不同的是，官妓承應官府是一種法定的義務，是服役的一種方式，與工匠的匠役相似。在宋代，四民各守其職，各盡其力。士人出智，農人出糧，工人出技，商人出幣，而作為賤民的娼優則是出獻聲色諧笑。

　　宋代官妓在身份上存在兩種傾向，一是獻身，二是賣藝。雖然前者亦非少見，不過後者方為顯性，官妓所隸屬的是「樂」籍。《海棠譜》卷上：「東坡謫居齊安時，以文章遊戲三昧。齊安樂籍中李宜者，色藝不下他妓。」《歲時廣記・卷第十六・約樂妓》：「妓歸見之，輒逃樂籍，往寨中從之，終身偕老焉。」官妓的籍屬係「樂」，當然是獻藝了。《宛陵集》卷四之《詠官妓從人》詩曰：

> 少為輕薄誤，失行落優倡。
> 去作小家婦，願同貧裏裝。
> 無心歌子夜，有意學流黃。
> 他日東郊上，誰人見採桑？

〔註412〕　按：這段記載與晚唐孫棨《北里志》所寫有相同之處，《北里志》序：「京中飲妓籍屬教坊，凡朝士宴聚，須假諸曹署行牒，然後能致於他處。諸妓皆居平康里，舉子、新及第進士、三司幕府，但未通朝籍未直館殿者，咸可就詣。」

　　請注意詩中官妓是被稱為優倡。

　　女姓在籍優倡被稱為官妓，而同樣承應官家的當時還有男性，他們亦是屬於樂籍。唐末，《北夢瑣言》卷六載：「有琵琶石瀿者，號石司馬，自言早為相國令狐公見賞。亂後入蜀，不隸樂籍，多遊諸大官家，皆以賓客待之。」

　　後唐，《續資治通鑑長編》卷三十載：「莊宗尤惑於音樂，縱酒自恣，樂籍之中獲典郡者數人。」

　　宋初，《宋史》卷一百二十六載：「晉開運末，禮樂之器淪陷。至是始令有司復二舞十二案之制，二舞郎及引舞一百五十人。按視教坊、開封樂籍，選樂工子弟以備其列。」

　　既然同屬樂籍，男性倡優和官妓的身份就是一樣的。無論在宮廷還是在官府，他們都是重要的演藝人群，宮廷男倡可被視為高級的在官男倡。《齊東野語・卷十三・優語》：「宣和中，童貫用兵燕薊，敗而竄。一日內宴，教坊進伎為三四婢（此處係男優扮女），首飾皆不同。一人滿頭為髻如小兒，曰童大王家人也。問其故，童氏者曰：『大王方用兵，此三十六髻也。』……王叔知吳門日，名其酒曰徹底清。錫宴日，伶人持一樽誇於眾曰：『此酒名徹底清。』既而開樽，則濁醪也。旁誚之云：『汝既為徹底清，卻如何如此？』答云：『本是徹底清，日久打得渾了。』此類甚多，而蜀優尤能。涉獵古今，援引經史，以佐口吻，資笑談。」

　　《清波雜志》別志卷一：「世說州郡交符燕集，次伶官至，口號有『災星去後福星來』之句。新政喜，問何人作？答曰：『乃本州自來體例，士大夫蒞職之初通親。』」

　　《東軒筆錄》卷十二：「劉丞相沆鎮陳州日，鄭獬經由丞相為啟宴於外庭，使妓樂迎引至通衢，有朱衣樂人誤旨。公性卞急，遽杖於馬前。既即席，酒數行而公得疾，舁還府衙而終。」

　　官妓的正式身份是女樂倡優，但為官員提供性的服務也非罕見。所謂聲色之娛，聽音的同時還需賞色，進而是肌膚相親。這方面的記載很多，不予列舉。相較之下，雖然身份同樣卑賤，且也能提供聲色之奉，但男性倡優受到寵愛的記載就太少了。李之儀《寄范七》詩曾經寫道：

　　　　相從惜日短，既別恨見遲。

　　　　雖無老成人，彷彿賴頗兒。

　　　　每見挽輿語，問我將何為？

　　　　　　　　我非濁子者，我友實似之。

　　詩序：「平涼有一優者，頗〔與范〕相似。每見即與從容聊遣，吾思之不
能已也。」〔註413〕據詩及詩序，平涼有一優伶與李之儀的朋友范七長得相
似，李因而對優頗具好感，但僅此而已，未欲「濁」之。就具體所指而言，「優
者」可能從事的是諧笑，而非歌舞。

　　《涑水記聞》卷七曾載：「是時凡舊相出鎮者，多不以吏事為意。寇萊公
（寇準）雖有重名，所至之處終日遊宴，所愛伶人或付與富室，輒有所得。然
人皆樂與之處，不以為非也。」「伶人」按字面含義多是指音樂男優，但在此
處，其性別、擅長難以明確。

　　官妓並非只是為官府、宮廷服務，在籍男倡也是如此。《鐵圍山叢談》卷
之三曾載：「歌者袁綯乃天寶之李龜年也，宣和間供奉九重。嘗為吾言東坡公
昔與客遊金山，適中秋夕，遂共登金山山頂之妙高臺，命綯歌其《水調歌頭》
曰：『明月幾時有？把酒問青天。』歌罷坡為起舞，而顧問曰：『此便是神仙
矣。』」可見，曾經「供奉九重」、獻藝於皇家的袁綯也曾為蘇軾私人伴遊。

　　《東京夢華錄・卷之二・東角樓街巷》：「街南桑家瓦子，近北則中瓦，次
裏瓦。其中大小勾欄五十餘座，內中瓦子蓮花棚、牡丹棚，裏瓦子夜叉棚、象
棚最大，可容數千人。自丁先現、王團子、張七聖輩，後來可有人於此作場。」
《避暑錄話》卷上：「崇寧初，大樂闕徵調。有獻議請補者，並以命教坊燕樂
同為之。大使丁仙現云：『音已久亡，非樂工所能為。不可以意妄增，徒為後
人笑。』」丁仙現或作丁先現，可見他既曾在宮內教坊做首領，又曾在瓦肆勾
欄中演出。

　　《東堂詞・菩薩蠻・贈舞侶》云：

　　　　　　　當時學舞鈞天部，驚鴻吹下江湖去。家住百花橋，何郎偏與
　　　嬌。　　杏梁塵拂面，牙板聞鶯燕。勸客玉梨花，月侵釵燕斜。

　　「何郎」是指魏・何晏，《世說新語・卷下之上・容止》謂其「美姿儀，
面至白，魏明帝疑其傅粉，正夏月，與熱湯餅。既啖，大汗出，以朱衣自拭，
色轉皎然。」所以，詞中「舞侶」應是一對男女，他們曾在鈞天部也即宮廷教
坊學舞，如今流落在江湖社會，繼續曼舞娛賓。

　　《樂章集・玉樓春》云：

────────────
〔註413〕　《姑溪居士後集》卷第五。

酥娘一搦腰肢衮，回雪縈塵皆盡妙。幾多狎客看無厭，一輩舞童功不到。　　星眸顧拍精神峭，羅袖迎風身段小。而今長大懶婆娑，只要千金酬一笑。

此詞中的「酥娘」係一舞妓，「舞童」與其相對應，係為男性。

關於既娛官亦娛民的歌舞男優的受寵情況，具體記載筆者未見，故仍需參考女妓。《東京夢華錄・卷之九・宰執親王宗室百官入內上壽》曾謂：「宴退，臣僚皆簪花歸私第。諸女童隊出右掖門，少年豪俊爭以寶貝供送，飲食酒果迎接，各乘駿騎而歸。或花冠，或作男子結束，自御街馳驟，競逞華麗，觀者如堵。省宴亦如此。」在此，諸女妓在為皇帝表演完舞蹈後，甫一出宮即被少年豪俊接走，當然是去繼續娛賓。而與她們同時獻藝的還有本文第二節已經提到的小兒隊，那麼諸小兒出宮後去向如何？他們不會冷冷清清返回居所的，豪俊中自有欣賞者存在。「省宴亦如此」這句話雖短但值得注意，「省宴」即中央臺省舉辦的官宴，則女童、小兒們入宮前後的活動也會在臺省重現。

四、民間男優

《東京夢華錄・卷之五・京瓦伎藝》：「崇觀以來，在京瓦肆伎藝。教坊減罷並溫習：張翠蓋、張成，弟子薛子大、薛子小。舞旋：楊望京。孔三傳：耍秀才諸宮調。」

《夢粱錄・卷二十・妓樂》：「今杭城老成能唱賺者，如寶四官人、離七官人、周行窗、東西兩陳九郎、包都事、香沉二郎、雕花楊一郎、招六郎、沈媽媽等。凡唱賺最難，兼慢曲、曲破、大曲、嘌唱、耍令、番曲、叫聲，接諸家腔譜也。若唱嘌耍令者，如路岐人王雙蓮、呂大夫，唱得音律端正耳。」

《武林舊事・卷六・諸色伎藝人》：「唱賺：濮三郎、扇李二郎、郭四郎、顧和、王六。」「小唱：陳尾犯、畫魚周、笙張、周頤齋、丁八。」「丁未年撥入勾欄弟子嘌唱賺色：嚴偏頭、向大鼻、耿四、朱伴伴。」「諸宮調：袁太道。」「舞綰百戲：張玉喜、歡喜頭、柴小升歌、花念一郎、花中寶。」

對男女倡優進行比較，女倡更善於歌舞，男倡更善於滑稽、音樂，像優伶、優人、伶人、樂工、伶工這樣的詞彙通常都是對男倡的稱呼。不過《東京夢華錄》等書中男性小唱、唱賺、嘌唱、舞旋弟子等的存在表明，從事歌舞表演的男倡男優其實比一般想像的要多。歌舞男優的主要活動場所是瓦舍勾欄（瓦肆勾闌），這與妓女不甚相同，後者還可以在專門的妓館中款客。《都

城紀勝・瓦舍眾伎》：「瓦者野合易散之意也，不知起於何時。但在京師時甚為士庶放蕩不羈之所，亦為子弟流連破壞之地。」《夢粱錄・卷十九・瓦舍》：「瓦舍者，謂其來時瓦合，出時瓦解之義，易聚易散也。頃者京師甚為士庶放蕩不羈之所，亦為子弟流連破壞之門。杭城紹興間駐蹕於此，因軍士多西北人，是以城內外創立瓦舍，招集伎樂，以為軍卒暇日娛戲之地。今貴家子弟郎君因此蕩遊破壞，尤甚於汴都也。」如果只是一般地聽歌觀舞，是談不上「流連破壞」的，其中必有狎昵之事發生。南戲《宦門子弟錯立身》中，官家公子延壽馬迷戀散樂王金榜，便以父親的名義遣人召王來家獻唱。這是屬於官家傳喚，來人催促道：「相公安排筵席，勾闌罷卻，勾闌罷卻。休得收拾，疾忙前去莫遲疑。」金榜之母遂道：「恁地孩兒先去，我去勾闌裏散了看的，卻來望你。孩兒此去莫從容，相公排宴畫堂中。」由於勾闌女妓經常與貴家子弟做風流買賣，逐漸地，勾闌的含義也發生了改變，成為了妓院的代名詞。明人小說《三寶太監西洋記通俗演義》第十一回：「在下是黌門中一個秀才，適才有幾位窗友拉我們到勾闌之中去耍子。是我怕宗師訪出來飲酒宿娼，有虧行止，因此上迴避他。」此處勾闌並非演藝場所，而是娼家妓女的款客所在，也即妓院。

　　勾闌女妓在賣藝的同時也賣色乃至賣身，那麼男優呢？既然他們當中亦有能歌善舞者，也就難免會有男色現象的存在。只是宋人文獻裏這方面的確切反映幾無可見，在此且以元人滕賓《瑞鷓鴣・贈歌童阿珍》詞為例：

　　　　分桃斷袖絕嫌猜，翠被紅裩興不乖。洛浦乍陽新燕爾，巫山行雲左風懷。　　　手攜襄野便娟合，背抱齊宮婉孌懷。玉樹庭前千載曲，隔江唱罷月籠階。〔註414〕

　　此詞當中，分桃斷袖、左風懷、背抱齊宮均為同性戀的典故名詞。南朝陳後主作有宮體詩《玉樹後庭花》，所以「玉樹庭前千載曲」也暗含有「後庭」之意，而「後庭」是男子臀部的雅稱。可見，《贈歌童阿珍》詞是一首典型的描寫優伶同性戀的詞作。宋元文化前後緊密相連，具有大體相同的演藝體制，像阿珍這樣的歌童宋代也是會有的。

　　中國戲劇是將歌舞、音樂、滑稽諸藝綜合在一起的表演藝術，元雜劇乃其成熟標誌，之前的宋金雜劇尚顯簡略，是以滑稽為特色，其中男扮女裝已經存在。《武林舊事》乾淳教坊樂部條記有南宋一位雜劇演員孫子貴，講明他所扮

〔註414〕《詞品・卷五・滕玉霄》。

演的角色是「裝旦」，可想此人的表演一定是很能把觀眾逗笑的。而在南宋中後期，與北方金元雜劇的發展同時，南戲在南方也有了一定程度的發展。通常認為，現存珍稀南戲劇本《張協狀元》是創作於宋末，此劇當中，歌舞的分量已經較重了，不只靠滑稽諧笑吸引觀眾。《錢塘遺事・卷六・戲文誨淫》曾載：宋度宗咸淳年間，「王煥戲文盛行於都下，始自太學，有黃可道者為之。一倉官諸妾見之，至於群奔。」戲文已能「誨淫」，可見戲優表演的魅惑力有多大。尤其王煥戲文魅惑的是婦女，這當然是男優生角的唱演所致。而在男權社會，優伶不論男女，賞狎他們的其實主要都是男性。由此，戲優男色的存在也是難免的了。

五、家庭男優

宋代官宦豪貴之家多蓄家妓，她們以歌舞娛主，身份上是介於姜婢之間，另有家姬、歌姬、侍兒、小鬟、後房等稱呼。相較之下，家庭範圍內歌舞男優固然也有，（圖 430）不過整體比例是比較低的，要比社會上的比例低。而且相關記載的不確定性比較大，記載對象不一定就是男性。

《玉壺野史》卷二：「馮瀛王道德度凝，厚事累朝。其子吉特浮俊無檢，善琵琶，妙出樂府。父酷戒之，略無少悛。一日家宴，因欲辱之，處賤伶之列。眾執器立於庭，奏數曲罷，例以纏頭繰鏹隨眾伶給之。」此處「賤伶」是在演奏樂曲，當係男性家優。

《珍席放談》卷下：「范文正殿餘杭時，有一近臣同路，宴公於堂，以其家聲樂相娛。繼出俳優，男女紛揉，褻語交至。怪而問其男女誰何？主人答云：『兒曹，爾公不懌。』避席即去。王荊公具書其事於策，真可謂直筆矣。」此處男女家優同時出現，男優或也歌舞。（圖 431）

《夢粱錄・卷十九・雇覓人力》：「如府宅官員豪富人家欲買寵姜、歌童、舞女，亦有官私牙嫂及引置等人。」《初僚詞・哨遍》：「孔德璋作北山移文，囑予以此文度曲，且朝夕使家童歌之，亦可以見泉石之勝。」此處歌童、家童或為男性。

吳芾《予與王瞻叔……悵然有感於懷，因成數語以自解》：

死者固可悲，生亦不足喜。

幸然已掛冠，萬事不到耳。

何妨日憑欄，樂此佳山水。

仍更日開尊，賞此新桃李。

時時命歌童，唱個陶真理。

倘或未溘然，亦足娛暮齒。

韓維《同景仁、況之諸君遊南園飲梅花下》：

兹園曠不涉，寒草忽已芽。

同遊三四人，及此風景嘉。

攀條酌醇酒，談笑時一嘩。

歌童雖非妍，清唱凌煙霞。

人生自有適，豈要外物加？

興盡復云返，修竹盤昏鴉。

韓維《明叔昆仲特惠梅花，聊賦小詩三篇為謝》其二：

玉罃久期繁豔至，筠籠先漏暗香來。

歌童知我憐芳意，不向尊前唱落梅。

從上下文來看，上面三首詩中的歌童係屬家優，但性別難以確定。

趙鼎臣《余去冬赴南陽過尉氏，以不獲見孫少魏為恨。近於同僚處見孫詩，次韻寄之》：

髮如黑漆未成翁，野鶴孤高不受籠。

跣足自疑天宇隘，舉鞭可但翼群空。

閒吟秀句邀詩客，自協新聲按舞童。

已卜異時干典謁，莫嫌俗士不教通。

此詩當中，孫少魏自制新曲，童伶按曲起舞，較有可能是男性家優。不過作者趙鼎臣並未與孫見面，寫得相對比較虛，孫氏未必真的自蓄舞童。

盧祖皋《鷓鴣天》詞：

纖指輕拈小研紅，自調宮羽按歌童。寒餘芍藥闌邊雨，香落酴醾架底風。　　閒意態，小房櫳。丁寧須滿玉西東。一春醉得鶯花老，不似年時怨玉容。

如果是清人作品，我們可以明確肯定此詞是寫一位按曲而歌的男性家優，雖然此「童」表現得有些女性化。但在宋代文學的女色瀰漫的創作氛圍裏，其可能性就要打折扣了。為此，筆者通讀了盧祖皋的全部詞作，在綜合考慮盧氏作品的內容特色後，只得認為此「童」更可能是一位家妓。盧祖皋還寫有一首《臨江仙》詞：

　　　　洞府堂深花氣滿，娉婷綠展紅圍。個中年少出瓊姬。雙籠金約

腕，獨把玉參差。　　　子晉臺前無鶴馭，人間空有清詩。何如嬌小

貯簾帷。仙風知有待，涼月漸當時。

　　詞序：「韓蘄王之曾孫市船招飲，女樂頗勝。夜深出一小姬，曰勝勝，十

二歲。獨立吹笙，聲調婉抑，四座歡賞。已而再拜乞詞，為賦此曲。」既言「瓊

姬」、「女樂」，所以此詞無疑寫的是一位樂妓，她與《鷓鴣天》中的「按歌童」

形象相近。盧氏詞善於表現幽閨夢斷、倚闌凝竚的景況，單獨描寫一位男性歌

童的可能性不大。

　　對本文進行總結，從歌舞男優的表現可以看出宋代是一個女色流行的社

會。理學雖說產生於當時，但對社會生活的影響還欠深入，男女之間的交際

途徑尚屬相對通暢。在官府的筵宴之上、私家的廳堂之間，歌舞之類與「色」

聯繫最緊密的演藝基本都是由女妓提供，相關反映可以說是鉅細靡遺，豐富

生動。不過在宮廷和勾欄裏面，從記載來看歌舞男優的數量和水平比一般想

像的要高。而無論女妓還是男優，只要歌舞就會生「色」，只是相對來看，宋

人在欣賞男優的歌舞時，對「藝」的關注要更多一些，所以有關歌舞男色的

反映現在不易得見。這與明清時期尤其清代形成了鮮明對比，風移俗易，可

謂顯矣。

宋代男風的尋覓之旅

　　我對古代同性戀的研究是通史性質的，不會只側重於特定朝代。但由資

料獲取的難易、多寡所決定，顯然明清時期是我的關注重點。其實我對宋代

男風的面貌一直很感興趣，當初最早開始做研究的時候，王叔奴先生《中國

娼妓史》是較早閱讀的一部書，其中收錄了《清異錄》、《萍洲可談》、《癸辛

雜識》這三部筆記中的三條重要史料，它們將宋代男風與「興盛」二字聯繫

了起來。為寫《曖昧的歷程》，我所查閱的宋人文獻計有三十餘種，以筆記為

主，未見與「宋三條」相似的記載。《歷程》出版後，在編輯《斷袖文編》的

過程中，曾在文淵閣《四庫全書》的全文電子版〔註415〕上用關鍵詞進行過一

次統查，諸詞包括比頑、分桃、餘桃、彌子、安陵、龍陽、泣魚、前魚、鄂

〔註415〕迪志文化出版公司開發製作，上海人民出版社，2001年版。

君、繡被、鄧通、韓嫣、李延年、秦宮、子都、斷袖、董賢、男色、男風、左風、翰林風、佞倖、弄臣、孌人、男寵、男娼、男妓、外寵、外嬖、好外、孌童、俊童、幸童、嬖童、寵童、契童、妖童、姣童、冶童、弄童、弄兒、契兄、契弟、小唱、對食等，由此查到的比較有價值的宋代文獻有《續呂氏家塾讀詩記》、《宛陵集》等數種，但重要性無法與「宋三種」相比。另外，我還在北京愛如生數字化技術研究中心的「中國基本古籍庫」、「中國叢書庫」、「中國類書庫」以及北京書同文數字化技術有限公司的「四部叢刊庫」等數據庫上做過關鍵詞檢索，依然所獲無幾。總之，在 2013 年出版的《斷袖文編——中國古代同性戀史料集成》中，宋人文獻只有二十餘種，數量和內容都顯單薄。

《文編》出版後，時間立刻變得充裕起來，於是便將宋代男風資料的集中搜集擺上了日程。北京大學編製的《全宋詩分析系統》收有詩歌二十五萬多首，洋洋可謂備矣。我是懷著很渴望的心情進行關鍵詞檢索的，可結果卻是失望。然後又在《全宋詞》的一個全文電子版上進行檢索，收穫依然無幾。宋人筆記雖然已在《四庫全書》的電子版上查過，不過有些內容用關鍵詞是查不到的，例如《清異錄》中「至於男子舉體自貨，進退恬然，遂成蜂窠巷陌」這句話，於是我便採取了逐種、逐頁翻看的硬辦法。整套文淵閣《四庫全書》就放在辦公桌的前面，取用方便，從中計查 160 餘種。另外，以逐頁查閱詩名、詞名、文章名的方式，查檢了 120 餘種詩文集、詞集。雖然也查到了一些內容，價值卻是無法與「宋三條」相比的。

回顧上述過程，應當講宋人記載中可能涉及同性戀的文獻我大多已經都領略過了，所用時間不算少了。我的目的只有一個：哪怕再增加一條可與「宋三條」並列的資料也算是成功。但很可惜，這一目的最終也沒有達到。既然如此，那就總結一下價值相對不大的文獻資料吧，儘量分析得細緻一些，從側面對宋人男風做些觀察。除去專題撰寫的《宋代歌舞男優考》、《宋代詩詞中的男風影蹤》、《宋人文獻中的前代男風》、《蘇軾所言西漢風俗考》這 4 篇文章，所剩資料已屬寥寥。

樓鑰《攻愧集·卷九十六·寶謨閣待制致仕特贈龍圖閣學士忠肅彭公神道碑》曾謂：

〔紹熙四年〕五月兼嘉王府直講，論說經理，精切明白。其大者，讀曾肇奏議，因言用人須先識邪正，王親題其說於奏議上。贊

讀沈公有開講「三風十愆」，謂十不可有一。王曰：「要是病根全在
比頑童，一比頑童，何事不有。」公稱讚不已，亦請王題講義上。

忠肅彭公即彭龜年，嘉王即後來的宋寧宗趙擴。「三風十愆」之說見《尚
書・伊訓》，「比頑童」通常是被理解為昵近男寵。嘉王以近於儲君的身份做此
表態，還是頗堪玩味的。他評論的是歷史，但至少表明自己不會如此。「比頑
童」是一個敏感的話題，可嘉王卻要加以強調，這一方面可為宋人反對同性戀
的態度提供一個例證，另一方面，現實當中若無此類現象，似乎也沒有強調的
必要。

范公偁《過庭錄》曾載：

穎川陳恬叔易以才名稱鄉里，自號澗上丈人。里人之子從叔易
學文，而好刷飾頭面，舉止妖嬈，目為「澗上丈母」。

陳恬是北宋後期人，字叔易。其弟子被戲稱為「丈母」，雖為謔笑之談，
不過師弟之間未必就真的不存在曖昧情事。

下面再對「宋三條」做些具體的分析。陶穀《清異錄・卷上・蜂窠巷陌》：

四方指南海為煙月作坊，以言風俗尚淫。今京師鬻色戶將及萬
計，至於男子舉體自貨，進退恬然，遂成蜂窠巷陌，又不止煙月作
坊也。

陶穀所反映的是北宋初年 10 世紀中期的情況，而在晚唐的 9 世紀中期和
10 世紀初，兩位阿拉伯作者蘇萊曼（Sulaymān）和法基赫（Ibn Al-Fakīh）就
已分別寫道：「中國人犯雞姦罪，從事這一職業的男子代替〔印度〕偶像寺廟
裏妓女的角色。」「中國人有犯雞姦罪者，年青男子從事這種職業，起著印度
妓女的作用。」〔註416〕唐代中國與阿拉伯世界已經有不少聯繫，雖然如此，
如果單獨看蘇萊曼與法基赫的記述，我們難免會懷疑其真實性的。而若與陶穀
所言相對照，則兩者確實可以互為證明。如此，記載中可查的男妓在唐代後期
就已經出現了，北宋亦有也就並不突兀。那麼，這些男妓的身份面貌為何？有
兩種可能，一為男性倡優，二為普通男性。《清異錄》中的鬻色戶多數都是以
聲色娛人的歌舞女妓，宋人記載中純然賣身的妓女並不多見。那麼，緊接鬻色
戶的自貨男子至少有一部分應當是亦優亦娼的人物。

朱彧《萍洲可談》卷三：

〔註416〕《阿拉伯波斯突厥人東方文獻輯注》，第 77 頁。

史傳載彌子瑕、籍孺、閎孺以色媚世。至今京師與郡邑,無賴
男子用以圖衣食,舊未嘗正名禁止。政和間始立法告捕,男子為娼,
杖一百,告者賞錢五十貫。

「政和」是宋徽宗的年號,其時君酣臣嬉,繁華如夢,正是官私妓女大盛
之日。此時禁男娼,對照太明顯,頗令人難以相信。從以後的情況來看,此禁
為時不長,並非宋代對待男娼男妓的基本政策。

周密《癸辛雜識·後集·禁男娼》:

書傳所載龍陽君、彌子瑕之事甚醜,至漢則有籍孺、閎孺、鄧
通、韓嫣、董賢之徒。至於傅脂粉以為媚,史臣贊之曰:「柔曼之傾
國,非獨女德,蓋亦有男色焉。」聞東都盛時,無賴男子亦用此以
圖衣食。政和中始立法告捕,男子為娼者,杖一百,〔告者〕賞錢五
十貫。吳俗此風尤盛,新門外乃其巢穴,皆傅脂粉,盛裝飾,善針
指,呼謂亦如婦人,以之求食。其為首者號師巫、行頭,凡官府有
不男之訟,則呼使驗之,敗壞風俗,莫甚於此。然未見有舉舊條以
禁止之者,豈以其言之醜故耶?

周密生活於宋末元初,他的這段記載對男妓面貌做了比較明確的描述,簡
言之,他們只是普通人而非歌舞優伶,與明代小說《龍陽逸史》中的小官要兒
相似。關於「行頭」,《夢粱錄·卷十六·茶肆》曾載:「又有茶肆,專是五奴
打聚處,亦有諸行借工,賣妓人會聚,行老謂之市頭。」行頭也即某一行當的
首領,可見男娼所為在當時已經成為了一種生業。他們賣身之外還為官府服
務,所謂「不男之訟」是指由於男子難行人道而引發的婚姻訴訟,讓男娼去驗
查涉訟者的身體,所提示的是男娼們的男性特徵也不明顯。按:《史記·佞倖
列傳》曾謂漢初佞倖「傅脂粉」,《漢書·佞倖傳贊》曾謂:「柔曼之傾意,非
獨女德,蓋亦有男色焉。」《癸辛雜識》則謂諸娼「傅脂粉,盛裝飾,呼謂亦
如婦人」。可見把孌童龍陽與女性化相關聯是中國的一個傳統,其後明清時期
也是如此。

宋代男娼的活躍表現是當時男風興盛的一種反映,可他們的活動也曾經
被禁止過,曾被給予「敗壞風俗」的醜評。互相衝突的兩種現象提示我們,宋
代的女色異性戀是得到了充分發展的時期,男色同性戀也就相對不大必要。不
過,男色男風的存在也是基於人性人情的,在比較寬鬆的性道德環境下,自有
其活動的一定空間。

宋人文獻中的前代男風

　　宋代有關男風同性戀的各類文獻均不多見，不過其前中國歷史已經有了長久發展，對於其中的同性戀現象宋人也不可能一無所知，總會進行一些探究評論，在此總結如下。

　　南宋戴溪曾經分析《詩經》中《山有扶蘇》和《狡童》這兩首詩的內容主旨：

> 　　《山有扶蘇》，國人作也。山川草木不改其故，而人物蕭然，此有識者所為歎息也。山有扶蘇喬松，隰有荷華遊龍，此高下所宜，有其貴若多矣。觀於朝廷而無可美之人，獨見狂狡，使人傷焉。狂狡指忽[註417]共事之人也。

> 　　《狡童》，群臣作也。《山有扶蘇》指狡童為在朝之人，今此詩不當以狡童為昭公。世子忽年既長矣，能帥師以救齊，兩卻齊侯之昏，豈曰童子？況謂其君為狡童，亦非人情也。三詩[註418]皆言狂狡之童，當有用事之臣如董賢者乎？彼狡童爾子與之狎，乃不與我言，何也？子雖不我與，吾維子之故至於不能食，子獨不察乎？夫忠臣良士，愛其君而風諫則有之矣，斥其君為狂狡則幾於罵矣。忽非有大罪者，國人特閔其微弱，無忠臣良士以助之爾。

　　戴溪是在以史證詩，認為狡童是指鄭昭公的外寵，與董賢同流，顯然這已經觸及到了同性戀的主題。但很可惜他為了史正而不惜詩歪，《狡童》有曰：「維子之故，使我不能餐兮。」意思明明是說：由於狡童你不理睬我，所以我都吃不下飯。可戴氏卻硬要加入情節，解為昭公孌愛狡童，所以便不理睬作為忠臣良士的我，使我吃不下飯。戴氏還對《褰裳》做解道：「《褰裳》，賢者去其君，思而未忘也。惠然思我，則褰裳涉溱而至；子不我思，則去而之他爾。雖然，狂童之狂如此，子必不我思，可奈何哉！」[註419]

　　宋人對前代的某些同性戀人物做有一些評價。馬永卿評論彌子瑕：「天下之事有一可笑者，今輒記之。子路在弟子中號為好勇，天下之至剛強人也。而衛彌子瑕者，至以色悅人，天下之至柔弱人也。然同為友婿。故《孟子》曰：「彌子之妻與子路之妻，兄弟也。」彌子謂子路曰：「夫子主我，衛卿可得也。」

〔註417〕鄭昭公。
〔註418〕《山有扶蘇》之後當次《蘀兮》，今缺。
〔註419〕《續呂氏家塾讀詩記·卷一·讀〈鄭風〉》。

夷考其時，正衛靈公之時，何二人賦性之殊也。」〔註420〕把同性戀者與陰柔弱質相聯繫，中國古代一向如此。

謝采伯評論龍陽君：「楚鄭襃絀新人以掩鼻，而楚王割其鼻。魏王與龍陽君共船而釣，龍陽君得十餘魚而涕下，王問之，曰：『美人多矣，亦猶臣前所得魚也，臣亦將棄矣。』王佈令曰：『四境之內，有敢言美人者，族！』婦人智術高出男子之右，雖自古而然，亦成周時八百餘年之後侯國子弟昏懦愚暗，容易為婦人所紿。」〔註421〕在此，謝氏顯然是把龍陽君認成了女姓。

對於漢文帝的幸臣鄧通，袁文曾經簡短言曰：「夢固有足徵者，若漢文帝之夢鄧通，豈其然乎？通乃幸臣，文帝欲貴之而恐群臣力爭，故託諸夢以為辭，聊以掩一時之口耳。」〔註422〕朱翌曾言：「文帝愛幸鄧通，度丞相已困通，即赦之。文帝之治無可議。」又：「漢文恭儉，不能禁庶人之文繡被屋壁，倡優僭后飾。人主不能化天下，何也？化天下當以誠，文帝使鄧通得自鑄錢，是豈欲天下之人趨儉哉？」〔註423〕

漢文帝曾將蜀地嚴道銅山賜與鄧通，任其自鑄錢。對此，李石《鄧通城》詩寫道：

> 相公舊築與雲平，千載氊裘尚震驚。
>
> 多少金錢滿天下，不知更有鄧通城。

李氏自注：「《史記》賜鄧通嚴道銅山，得專自鑄錢。城在黎、雅之間，銅山在黎。」〔註424〕按：黎、雅即今四川漢源、雅安，嚴道即今四川榮經縣。

呂希哲則記有鄧通廟的情形：「天漢臺橋西舊有鄧相公廟，世傳鄧通廟。近歲廟官自榜其前曰：『此乃後漢鄧禹廟，非鄧通也。』」〔註425〕按：鄧禹是輔佐光武帝劉秀的開國名將，而鑄錢典故中的鄧通在歷史上也很有名。鄧通廟的傳言表明，鄧氏曾被拜為錢神。當然，因為鄧氏的同性戀身份，他的神位終究未能長保。

西漢馮子都曾得權臣霍光嬖愛，梅堯臣作詩詠曰：

> 黃金畫車屋，韋絮緣車輪。

〔註420〕《嬾真子》卷二。

〔註421〕《密齋筆記》卷二。

〔註422〕《甕牖閒評》卷二。

〔註423〕《猗覺僚雜記》卷下。

〔註424〕《方舟集》卷五。

〔註425〕《呂氏雜記》卷下。

　　　　鞏以五采絲，藉以刺繡茵。

　　　　出入長信宮，晝夜將誰親？

　　　　所親美且少，玉頰丹砂唇。

　　　　殷羅縫輕襦，明珠攢縕巾。

　　　　半醉臥車中，侍婢躡行塵。

　　　　憶昔廣明亭，將軍愛憐頻。

　　　　便房不使殉，易寵在茲辰。

　　　　嗣侯喜驅逐，平樂多從賓。

　　　　青絲穿五銖，累室貯百珍。

　　　　歡與子都異，矯與子都均。

　　　　用財糞土擲，吐氣日月踆。

　　　　天地可齊久，禍患豈有因。

　　　　秋風茂陵下，蒼蘚上騏驎。〔註426〕

　　此詩可與唐代李賀的《秦宮詩》相對照，見本書第101～102頁。

　　謝采伯在評論龍陽君的同時還曾評論西燕主慕容沖道：「苻堅滅燕，慕容沖姊為清河公主，年十四，有殊色，堅納之，寵冠後庭。沖年十二，亦有龍陽之姿，又幸之。姊弟專寵，宮人莫進。壽春之敗，沖叛，自立為皇帝。據長安，堅死秦亡。苻堅滅燕，有席捲天下之勢，而卒因所滅之國一小女子，其國亦亡，異哉！」〔註427〕明明是慕容沖等人攻滅前秦，謝氏卻把原因歸結到了慕容姐姐的身上，得出女寵可以亡國的結論。

　　中唐詩人盧全曾經作有一首《月食詩》，指斥憲宗朝的宦官專權現象。其中寫道：

　　　　歲星主福德，官爵奉董秦。

　　　　天失眼不弔，歲星胡其仁？〔註428〕

　　對於此詩，洪邁解曰：「盧全《月蝕詩》，唐史以謂譏切元和逆黨。考韓文公傚全所作云：元和庚寅歲十一月。是年為元和五年，去憲宗遇害時尚十載。竊意元和之世，吐突承璀用事。全以為嬖幸擅位，故用董賢、秦宮輩喻之。記前人似亦有此說，而不能省憶其詳。」〔註429〕按：吐突承璀是福建

────────────────

〔註426〕　《宛陵集・卷十五・馮子都詩》。

〔註427〕　《密齋筆記》卷二。

〔註428〕　《玉川子詩集》卷一。

〔註429〕　《容齋隨筆・續筆卷十四・玉川〈月食詩〉》。

人，唐憲宗作太子時就已給事東宮，憲宗繼位後權傾朝野，曾經統兵征討河北藩鎮。其經歷符合男寵佞倖的特徵，盧仝以董賢、秦宮喻之，可能是實有所指。

洪諮夔《唐何循吏廟》云：

> 阿姊雲鬢融翠翹，主翁縞髮明金貂。
> 軍功告身博一粲，嬖奴銅綬華臀腰。
> 有民有社桔柘渚，腥風怪電騰炎熛。
> 望青採木起生廟，奴主分席城狐驕。
> 延年國劍怗女寵，無此土木丹青妖。
> 居人側目路人指，把炬睥睨桓宮焦。
> 維唐益昌有循吏，身代挽絆寬科徭。
> 婆娑棠苃滿江滸，不與霜後菰蒲凋。
> 邦人扣縣合詞請，撤彼祔此安群囂。
> ……〔註430〕

這首詩是說，一位軍將寵愛出身低賤的美妾，妾弟同時受寵，得獲軍功，主奴二人同享祭祀。邑人對此感覺不妥，於是改換崇祀對象，將祠廟改為唐何循吏廟。

五代十國時期，楚主馬希萼與謝廷擇（彥顒）的同性戀在《舊五代史》和《資治通鑒》中均有記述。對此，宋初周羽翀《三楚新錄》卷一亦曾載曰：「希萼淫於酒色，多為不道。小門使謝延澤有美貌，希萼嬖幸之。每引延澤入內閣，與妻妾間坐而飲，大為眾心所惡。其弟希崇乘其釁而作亂，擒希萼而囚於衡陽。」

黃休復《茅亭客話・卷第四・王太廟》：「偽蜀成都南米市橋有柳條家酒肆，其時皆以當壚者名其酒肆。柳條明悟，人多狎之。」柳條可能是男子但也未必，「狎」可能是指同性戀但也可能是指一般的親昵。當時市井當中確切的男風事例現在很難找到，姑且以此聊作參考。

總體來看，宋人對前代同性戀的反映是比較簡略的，缺乏深入的研究和評論，甚至還對史實進行曲解，例如把龍陽君視為女姓。實際上，宋人對本朝同性戀的反映同樣簡略，這是宋代男風面貌的一個突出特徵。

〔註430〕《平齋文集》卷第四。

蘇軾所言西漢風俗考

　　蘇軾是宋代文學大家，政治上也有積極的表現，其《東坡志林》卷三曾謂：

　　　　西漢風俗諂媚，不為流俗所移，唯汲長孺耳。司馬遷至伉簡，
　　然作《衛青傳》不名，但謂之大將軍〔註431〕；賈誼何等人也，而謂
　　之愛幸於河南太守吳公〔註432〕。此等語甚可鄙，而遷不知，習俗使
　　然也。本朝太宗時士大夫亦有此風，至今未甚衰。吾嘗發策學士院，
　　問兩漢所以亡者，難易相反，其意在此也。而答者不能盡，吾亦嘗
　　於上前論之。

　　蘇軾在文中所舉的幾個例子均與同性戀相關。在他看來，衛青戰功顯赫，
稱其為大將軍之所以為「諂」，因為青實係佞倖，進身之始談不上光明。而年青
的賈誼得到吳公「愛幸」，「愛幸」之詞顯然意涉曖昧。至於汲長孺即汲黯之不
諂，蘇軾未言具體表現，細查《史記‧卷一百二十‧汲鄭列傳》，汲黯的骨鯁
伉直固然處處可見，不過能與蘇軾所舉它例相對應的只有一件，該傳曾載：「大
將軍青既益尊，姊為皇后，然黯與亢禮。人或說黯曰：『自天子欲群臣下大將
軍，大將軍尊重益貴，君不可以不拜。』黯曰：『夫以大將軍有揖客，反不重
邪？』大將軍聞，愈賢黯。」傳中尚言：「大將軍青侍中，上踞廁而視之。至如
黯見，上不冠不見也。」漢武帝「踞廁而視」衛青，狎昵之舉很是明顯了。

　　由上述諸例，蘇軾得出了「西漢風俗諂媚」的結論，這是否係「西漢男風
大盛」的一種委婉說法？若果如此，則「本朝太宗時士大夫亦有此風」的「風」
就是男風了。按：蘇軾向學士院所發策問見《經進東坡文集事略》卷第二十
二，名為《兩漢之政俗》，文曰：

　　　　問：古之君子見禮而知俗，聞樂而知政。於以論興亡之先後，
　　考古以詔今。蓋學士大夫之職，而人主與群臣之所欲聞也。請借漢
　　而論之。西漢十二世而有道之君六，雖成、哀失德，禍不及民，宜
　　其立國之勢強固不拔。而王莽以斗筲穿窬之才，談笑而取之。東漢
　　自安、順以降，日趨於衰亂，而威靈之虐甚於三季，其勢宜易動。
　　而董呂、二袁，皆以絕人之姿，欲取而不敢。曹操功蓋天下，其才
　　百倍王莽，盡其智力終身莫能得。夫治亂相絕，而安危之效相反如
　　此。願考其政，察其俗，悉陳其所以然者。

〔註431〕見《史記‧卷一百一十一‧衛將軍驃騎列傳》。
〔註432〕見《史記‧卷八十四‧屈原賈生列傳》。

在蘇軾看來，西漢風俗諂媚，而東漢則士風樸厚，這是前者輕易就滅於王莽之手，而後者則遷延不亡的主要原因。以風俗而論興衰，這一視角本身比較獨特，暫且不談立論可否成立，我們首先要做的應是辨明「風俗」的具體內容。

蘇軾所言風俗是官僚士大夫們的氣質風尚，他認為整體氣質的差異導致了兩漢政治走向的差異。我們知道，西漢是為王莽新朝所取代，而莽之代漢所採取的是比較和平的方式。宋人郎曄為蘇軾「王莽以斗筲穿窬之才，談笑而取之」這句話做解：「莽矯情飾偽，虛譽隆治，不用寸兵大鐵遂移漢祚。一時大臣皆承順之不暇，雖漢家宗室猶且爭獻符命，其取之之易如此。」由此可見，蘇軾所舉的諂媚事例雖然關涉男風，不過應當講他對事例是進行了抽象的，是在廣義上使用這一概念。值得注意的是，漢哀帝崩後取代董賢而任大司馬是王莽得勢的一個關鍵之點，而寵任董賢是哀帝理國期間的重大事件，這被認為是他的主要弊政之一，與西漢滅亡關繫匪細。可蘇軾卻講：「雖成哀失德，禍不及民。」郎曄注：「成帝、哀帝失於荒怠，故外戚擅權，嬖幸用事，然暴虐之禍未嘗及民。」這也能夠說明，蘇軾未把西漢之亡與男風興盛相聯繫。

總之，蘇軾認為西漢的官僚士大夫們缺乏伉直不阿之氣，眼見王莽一步步篡漢卻聽之任之，乃至諂諛助之，最終王莽輕易地就以新代漢。不過蘇軾所舉諸例畢竟都關涉男風男色，這在相關文獻相當缺乏的宋代已屬難得。他對漢時男風持鄙夷態度，這種態度若普遍存在，則是宋代相關文獻缺乏的原因之一，即時人對此話題比較避諱。但有一點，蘇軾在立論時是以男風為例，他既言西漢此風興盛又言漢俗宋朝也有，是否是說就具體表現而言宋朝士大夫中男風現象也較常見？這一推論不易得出，但也不妨略做考慮。

明清時期同性婚姻的初級形態

同性婚姻是指兩男或兩女在法律意義上共同組成一個家庭，這是當代西方社會的產物，明清時期的中國當然不會有此情形。但由於不存在恐同宗教的控制，明清社會相對而言能以自然主義的態度來對待男風同性戀，從而當時確實存在著同性婚姻的一些初級形態，比較典型的是男妾和契兄弟。

一、男妾

明清社會實行一夫多妻制，不過丈夫的正妻只能有一位，其他則為妾侍。

妻家的社會地位與夫家通常是對等的，妾家則通常比較貧寒，有許多妾侍是婢女甚至妓女出身。妾的優勢在於比妻年輕貌美，她們為丈夫生育子女後在家庭中的地位會有所提高。而所謂男妾，是指為男主人長期提供情性滿足的美貌男子，他們的出身與女妾相似，但在家庭中極難真正具有妾的名分。

德國漢學家勞費（Berthold Laufer）1909 年在 *Anthropophyteia*（《人類學》）第 6 期上發表了一篇文章 *Ein Homosexuelles Bild aus China*（《中國的一幅同性戀繪畫》），內附一幅春宮圖畫。圖中一男子在與一位美女歡愛，可「美女」卻有男性性器，書桌上擺放著一部《男妾全書》，原來此「女」是一男妾。此圖繪於廣東，從其中歐式燈具來看，應是 19 世紀後半期的作品。（圖 432）

如果按照字面含義來做理解，男妾可以是改著女裝。清末小說《檮杌萃編》第八、九回提供了這方面的一個文學事例：在江西省城南昌，豔香是戲班裏的男旦，受到官員葉勉湖的喜愛，經常出入葉宅。一日豔香身著女服上街，招搖過市，結果被警局裏的副委捉去杖責了一頓。他身受大辱，便去找葉勉湖要求收留。葉道：「這麼罷，我們家鄉風氣，常有娶小旦的。你就從此改了女妝，做我的八姨太太罷。」〔註 433〕豔香表示願意，於是葉勉湖大擺宴席，廣邀賀客，熱熱鬧鬧地將他娶到了家中。（圖 433）這是一個小說故事，有其誇張不實之處。不過其中葉勉湖講他的「家鄉（四川）風氣，常有娶小旦的」，這倒是比較平實的一條敘述。2007 年 7 月 5 日四川電視臺播出紀錄片「設防的家園」，其中就講述了一個娶男旦為男妾的事例。地在廣安武勝縣，時間已經是民國。

通常情況下，男妾不會在法律和民俗意義上被公開明確為妾侍，也不會身著女裝。但他們既受家主的寵愛，因此會被家主視同為妾，尤其是在私下相互稱呼的時候。在明代豔情小說《浪史》當中，浪子娶文妃為妻，同時還寵愛著他的侍僕陸姝，竟然想要三人同眠。他便對陸姝講：「他是吾妻，你是吾妾，瞧也不妨。你這個好模樣，就要幹他，吾也捨得與你。」〔註 434〕陸姝感激不盡，得與文妃歡好。事後浪子又對文妃講道：「陸姝便是我妾，你便是吾正夫人。三人俱是骨肉，有甚做人不起？」「你便恁地容我放這個小老婆，我怎不容你尋一個小老公？」〔註 435〕自後陸姝便稱浪子為哥哥，文妃為嫂子，三人

〔註 433〕《檮杌萃編》第九回。
〔註 434〕《浪史》第二十八回。
〔註 435〕《浪史》第二十九回。

同食同宿，不拘主僕名分。

浪子的家庭模式現代多數人會覺得不可思議，而明清社會則確有其存在的某些空間。首先，明清同性戀者基本上都需是雙性戀者，都需要娶妻成家，這是由中國傳統文化對於家庭價值的特別重視所決定的。而在同時，明清同性戀者的雙性戀實現起來又比較容易，所要付出的代價比較小。明清社會有兩個突出的制度存在，一是等級身份制，高低貴賤，判然有別。二是男權夫權制，男女異勢，夫為妻綱。其結果，一方面在上的等級可以比較容易地從在下等級中收取男寵，另一方面丈夫的妻妾對此無力加以強烈反對。這樣一來，雙性戀的實踐在明清時期也就有了適宜的存在環境，是處於一種比較興盛的狀態。在家庭當中，家主的同性戀對象通常社會地位比較低，對家主的依賴性比較強，從而表現出了男妾的一些特徵。他們主要是由兩類人組成。

（一）奴僕

奴僕的低賤地位是由《大明律》、《大清律》所確定的，他們與家主存在著明顯的身份差距。這種情況下，如果奴僕不情願，主人有時可以強制性地讓他們來提供身體服務。紀昀《閱微草堂筆記》卷六中的一則記載：某少年因父親去世而深陷困窘，王蘭洲將他買來做侍僕。當晚就寢，少年竟主動來陪宿。王蘭洲覺得有些不解，少年道：「吾父在時，所畜小奴數人，無不薦枕席。有初來愧拒者，輒加鞭笞曰：『思買汝何為？憒憒乃爾！』知奴事主人，分當如是，不如是則當捶楚。故不敢不自獻也。」〔註436〕

當然，通常情況下與主人發生身體關係會使奴僕的待遇獲得提高。因此，當主人有此要求時，他們樂於接受的情形是較為普遍的，無需強制。明清時期出現了一個專指名詞：俊僕，此詞的字面含義是美貌的奴僕，而在實際上，它經常是指作為主人男寵的男僕。好像僕人只要言行乖巧，相貌俊秀，就會與家主具有特殊關係似的。在當時，主僕同性戀已經形成為一種關係模式，例如在戲劇的玩笑科諢當中這方面的內容不時就會出現。《南西廂記》第三十齣：「官人欺心，今夜沒了小姐，著俺替。」《玉簪記》第二十九齣：「若得爹爹討了陳道姑，免得終朝插我。」《懷香記》第二齣：「書童生得清標清標，琴童且又蹺蹺蹊蹊。晝堂終日把臀搖，薰風盛忒妝喬，家主見也難饒。」所以戲曲理論家李漁曾針對性地總結道：「插科打諢處，陋習更多。主人偷香竊玉，館童吃醋

〔註436〕《閱微草堂筆記》卷六。

拈酸。謂尋新不如守舊，說畢必以臀相向，如《玉簪》之進安、《西廂》之琴童是也。」〔註437〕

相對於妻妾女婢，男僕有他們獨特的優勢：對男主人的貼身服侍通常是由他們來做的，尤其主人外出的時候，身邊陪隨的通常只能是男僕。朝夕相處之下，雙方可能會發展出特殊的關係。在《金瓶梅詞話》第七十一回，一次西門慶帶著他的僕從王經進京營幹，夜宿無聊，「晚夕令王經拿鋪蓋來，書房地平上睡，半夜叫上床。兩個口吐丁香，舌融甜唾。正是：不能得與鶯鶯會，且把紅娘去解饞」。這還是屬於臨時的慾念疏解，而如果主僕之間不時地就會如此呢？《品花寶鑒》第二十三回，幕客姬亮軒曾把他的小跟班視同為小妾，原因是：「我們作客的人，日裏各處散散，也挨過去了。晚間一人獨宿，實在冷落得很，有了他，也可談談講講，作了伴兒。到急的時候，還可以救救急，不可以算得小妾麼？」姬亮軒還曾將男女二色進行對比：「原是各有好處，但人人常說男便於女。」理由：「這件事只可意會，難以言傳。況我們作客的，又不能到處帶著家眷，有了他還好似家眷。」

有些奴僕既受寵愛，他們在家庭之內的地位也就發生了改變，可以在實際上充當妾的一些角色。男性的「妾」與女性的妻妾同處，家庭關係遂變得複雜起來。其情形包括，（1）女方厭惡男方。此種情況是比較普遍的，女方會認為男方是在與自己爭寵。《金瓶梅》裏，擅唱詞曲的書童受到西門慶的喜愛，這引起了西門寵妾潘金蓮的不滿，她指使手下丫鬟去書房，差點將二人當場「捉姦」。等西門慶到自己房裏來，潘金蓮就理直氣壯地埋怨道：「賊沒廉恥的貨。你想有個廉恥，大白日和那奴才平白兩個關著門在屋裏做什麼來？到晚夕還進屋裏，還和俺每沽身睡，好乾淨兒！」〔註438〕平日在家裏趾高氣昂的西門慶這時只能是尷尬地進行搪塞。（2）女方瞞著丈夫與男方私通。此種情況不算多見，不過它破壞了通常的男女關係和主僕關係，有損於家庭制度的穩定，因此社會的關注度比較高。這時丈夫分別寵愛男女兩方，妻妾從丈夫那裏得不到充分的性愛滿足，便把目光投向了比較容易接觸到的奴僕。《姑妄言》卷之八，郟氏、愛奴分別是阮最的妻子和寵僕，郟氏曾想：「他既寵幸得小子，我也可以寵幸得。此處無人敢來，除此小子之外，也再無可幸之人，我便幸幸也無妨。」愛奴曾想：「婦人此竅津津有味，覺比我們臀後的竅味似甚美好。若

〔註437〕《閒情偶記》卷二。
〔註438〕《金瓶梅詞話》第三十五回。

美人的，自然更佳了。怎得嘗一嘗奶奶的妙味，也不枉一場相遇。」兩相有意，私通也就成為了現實。明代有一句俗語：「堂中無俊僕，必是好人家。」〔註439〕這句話所針對的就是俊僕與家主妻妾的私情。（3）丈夫全無獨佔之心，允許妻妾與寵僕相交，乃至自己也參與其中，如前面《浪史》中浪子的例子。此種情況屬於少見，一般人不易想到。不過此種生活狀態確實是某些男性內心所嚮往的，其中不但妻妾們不相忌妒，而且女色、男色可以同時兼得，從而男主人可以獲得最大限度的情性滿足。屠隆是明代著名劇作家，據記載他「特戀諸變童，所挈群奴有陸瑤、湯科五六輩。而陸瑤特嬖，侍身畔不少離。自言一夕可度十男女，其可笑如此」〔註440〕。「度」是與人歡愛的意思，由此再看豔情小說中的一些情色描寫，則情節雖屬誇張，不過現實背景也是存在的。清代小說《怡情陣》第十回有三男四女同睡一床的情節，《歡喜緣》第十回則是三男六女，花樣不斷變換，男主人就像是一部性交的永動機。當然，三人以上在一起交媾終究是過於放浪了，丈夫與一男一女在一起就已經很是駭人耳目。可看一個情形相反的刑事案例：滿洲人奎明與其僕從伊覽同性相戀，情好日密，便勸導自己的妻子與伊覽同宿。其妻不從，奎明竟加以逼迫，妻子因羞憤而自殺。結果奎明被判處死刑，伊覽被流放邊疆。〔註441〕可以推想，奎明既然相逼，他就是認為妻子有同意的可能。如果其妻像《浪史》中的文妃那樣性格便通，奎明就能成為實際生活中的浪子了。

（二）男優

男僕的本職是照顧主人的生活起居，男優則是為主人提供聲色之娛，總體上他們比男僕更有吸引力，更具充當男妾的資質。

明清社會實行等級身份制，優伶和娼妓一樣都是屬於賤民。娼妓以賣色、賣身為職業，而許多優伶同樣也不只是賣藝。在當時，儒學加強了道德純淨化的力度，官員不能再像先前朝代那樣可以合法公開地讓官妓來提供聲色服務。於是在北京等城市，為了填補女妓所留下的空缺，有些男優在賣藝的同時也兼賣色乃至賣身。在明代，這樣的優伶被稱為小唱。就像女妓是妾侍的一個來源一樣，有的小唱會被官員、富豪買回家中，只對後者提供個人服務，從而表現得像是男妾。如在萬曆三十二、三十三年間（1604～1605），「小唱吳秀

〔註439〕《情史·情外類·馮子都》。
〔註440〕《快雪堂集》日記卷之五十七。
〔註441〕《刑部比照加減成案續編》卷十八。

者最負名，首揆沈四明冑君名泰鴻者，以重賂納之邸第，嬖愛專房，非親狎不得接席」〔註442〕。文中「四明」是指萬曆間內閣首輔沈一貫，其長子名泰鴻。所以，主人和小唱不僅僅是金錢買賣的關係，如能長期相處，他們之間也會產生出深厚的感情。崇禎年間，少年孔四郎因家逢大難而失身為小唱，高級武官常守經對他的不幸深表同情，給予諸多關照。四郎心甚感激，脫離賤業後便住進了常家，與常形影不離。後來常守經被李自成軍中將領害死，孔四郎乘仇人熟睡將其砍傷，隨即自殺。時人稱歎道：「巾幗懷貞猶稱士行，況四郎實男子耶？名之義士，誰曰不誼？況傅粉鑷鬢，泣魚醢被，今日舉世人盡婦女矣，即謂四郎為從一而終之淑媛可也。」〔註443〕孔四郎是一位真實的歷史小人物，與他的經歷相近，在明末男色小說《弁而釵·情奇紀》中，亦曾失身的李摘凡為報答才士匡人儱的救助之恩，更完全是以妾侍的身份進入匡家。他身著女服，與匡人儱的妻子能和睦相處。幾年後匡氏夫妻因遭誣陷而被發配到山西，李遂自任保孤育兒之責，直至此子得中狀元，為父洗冤。小說當中，李摘凡明確地自稱「男妾」。

　　小唱的本職是演唱詞曲，而明清時期最重要的表演形式是戲劇。在當時，為了符合儒家理學的道德標準，商業戲班中的優伶全部都是由男性組成，女性角色需由男優即男旦扮演。很顯然，嬌美的男旦極具男色方面的吸引力。在清代的北京以及其他一些城市當中，以男旦為代表有些優伶相對獨立於戲班之外，他們在專門的寓所裏招待客人，陪酒獻唱乃至獻身，這樣的優伶被稱為相公。而客人如果特別喜愛某一相公，便會花錢讓他長住家中，視若男妾。其中最著名的是乾隆年間的李桂官，他盡心招待文士畢沅，幫他準備會試考試。結果畢氏蟾宮折桂，得中狀元，李桂官便被稱為了「狀元夫人」。後來畢沅去甘肅、陝西等地為官，李也相隨出京。〔註444〕清代被稱為狀元夫人的相公還有幾位，包括方俊官〔註445〕、陳長春〔註446〕、朱蓮芬〔註447〕等。所有通過了會試殿試的文士均稱進士，清代的進士夫人就更多了。成為「夫人」後，有的

〔註442〕《萬曆野獲編·卷二十四·小唱》。
〔註443〕《啟禎野乘》卷十三。
〔註444〕見《隨園詩話》卷四、《甌北詩鈔》七言古二。
〔註445〕見《簷曝雜記·卷二·梨園色藝》。按：方俊官、李桂官是享名於乾隆前中期，而典型的私寓相公是出現於乾嘉之際，故方、李二人可謂相公前輩。
〔註446〕見《辛壬癸甲錄》。
〔註447〕見《道咸以來梨園繫年小錄》。

伶人在面臨大難時會不懼與「夫」一同被殺，〔註448〕有的能夠與「夫」終生相守，「夫」死之後繼續撫養他的兒子。〔註449〕

除去商業戲班，有些高官巨賈會在家內蓄養伶人，以供自己和家庭成員享受。這種家庭戲班在明代後期和清代前期尤其興盛，著名人物如申時行、王錫爵、阮大鋮、張岱、冒襄、李漁、畢沅、王文治等的家優均極出色。像申時行是嘉靖四十一年（1562）狀元，曾任內閣首輔。（圖434）其子用懋，萬曆十一年（1583）進士，官至刑部尚書。申氏家班在當時「為江南稱首」〔註450〕，（圖435）名優有鐵墩、管舍、張三等。張三善於醉中演戲，平時是一「偉然」丈夫，一旦上場則「一音一步，居然婉弱女子」，能令人「魂為之銷」〔註451〕。並且，明代後期家庭戲班在普通的官宦殷富之家也曾經比較多見。像無錫和金匱是江蘇省的兩個縣，經濟、文化都很發達。據《錫金識小錄》卷十的記載，這兩縣之內就有不少家班，其中鄒東湖的家優多達二十餘人。一些家優的名字很是優雅，如柳逢春、江秋水，有的則會用女名，如六姐、大姑姑等，由此也可以看出主人的欣賞趣味。

不同於商業戲班，家班當中是有女班的。女優在身份上是主人的妾侍歌婢，為主人在提供演藝娛樂的同時也提供性的服務那是分內之事。至於男班男優，他們提供後一種服務的普遍性雖然比不上女伶，但由於他們總體上總是以柔雅婉媚的形象出現，同時對服務對象（家主）的依賴性又比較強。因此，在所有男性裏面家班中的男性是最易受人寵愛的。張岱《陶庵夢憶》所記阿寶就是典型的一位，他是書畫家祁豸佳的家優。依照文中敘述，二人之間的同性戀情是超過了夫妻之情的。時當明清易代之際，戰亂不斷，祁豸佳帶著阿寶四處逃難。祁氏「去妻子如脫屣耳，獨以孌童崑子為性命，其癖如此」。由此，張岱認為祁豸佳是一位感情豐富，性情真率之人：「人無癖不可與交，以其無深情也。」〔註452〕

阿寶之流被主人視若珍寶，自有其特出的魅力所在。一般來講，男優對戲曲的感悟力和表現力要高於女優。並且他們的活動範圍比較廣，可以隨著主人四處出遊，因此主人可以比較方便地享受他們的聲色服務。據明末李日華的日

〔註448〕見《小豆棚》卷十三。
〔註449〕見《夢厂雜著》卷一。
〔註450〕《堅瓠集·癸集卷之一·周鐵墩傳》。
〔註451〕《潘之恒曲話·中編·醉張三》。
〔註452〕《陶庵夢憶·卷四·張氏聲伎》。

記記載，吳珍所是萬曆年間的一位舉人，曾官河南蘭陽縣令。罷職返鄉之後，他「不營俗務，制一樓舫極華潔，蓄歌兒倩美者數人，日拍浮其中。每歲於桃花時移住西湖六橋，迨嘗新茶始去，別遊姑蘇、陽羨諸勝」。「遇賓客雅集，令家童度新聲，或演劇以佐歡笑。」李日華曾以賓客的身份來與雅集，吳出歌兒玉潤、珠明侑觴唱曲。眼見這位古稀老人的自在風流，李氏不禁稱歎他是「蜉蝣天地之間，不嬰世之網羅者也」，「殆天以閒福奉之也」〔註453〕。

陳維崧是清代著名文學家，在整個明清時期，最著名的同性戀情就發生在他和名優徐紫雲之間。陳氏17歲時早已娶其表妹為妻，二人生有一子三女。只是後來他長年不居家中，與妻子聚少離多。而徐紫雲自15歲起就一直依隨在他的身邊，陪伴著亦主亦「夫」的陳維崧南北驅馳，直到32歲時在「夫主」的家鄉病逝。在斷袖之誼的激發之下，陳維崧以多首作品來敘寫兩人之間的交往與感情，其中一闋《賀新郎·雲郎合巹為賦此詞》〔註454〕是古代同性戀文學史上最具文采的一首詞，細膩描寫了紫雲結婚時自己醋賀相參的一種複雜心緒。當然，雲郎婚後與陳維崧也未相離。在他過早去世之後，陳氏哀慟至極，如失比翼，其《摸魚兒·清明感舊》詞嚮著紫雲傾訴道：

> 正輕陰做來寒食，落花飛絮時候。踏青隊隊嬉遊侶，只我傷心偏有。休回首，新添得一堆黃土垂楊後。風吹雨溜，記月榭鳴箏，露橋吹笛，說著也眉皺。　　十年事，此意買絲難繡，愁容酒罷微逗。從今縱到岐王宅，一任舞衣輕鬥。君知否，兩三日，春衫為汝重重透，啼多人瘦。定來歲今朝，紙錢掛處，顆顆長紅豆。〔註455〕

二、契兄弟與小官

契兄弟是契兄與契弟的合稱，在明清時期的福建省，可以特指年齡比較接近、身份比較平等的男風伴侶。明末沈德符曾記：

> 閩人酷重男色，無論貴賤妍媸，各以其類相結。長者為契兄，少者為契弟。其兄入弟家，弟之父母撫愛之如婿。弟後日生計及娶妻諸費，俱取辦於契兄。其相愛者，年過而立，尚寢處如伉儷。〔註456〕

關於契兄與契弟之間的這種同性契誼，《夢厂雜著》卷四曾經載一事例，

〔註453〕《味水軒日記》萬曆四十年二月二十二日、四十二年正月十四日。
〔註454〕見《迦陵詞全集》卷二十六。
〔註455〕《迦陵詞全集》卷二十九。
〔註456〕《萬曆野獲編·補遺卷三·契兄弟》。

可謂古代普通男性之間最真摯的愛戀：閩人張吉少年時有一總角友，形影相隨，恩愛非常。後友夭殂，若「葬諸原野，荒煙蔓草，虞孤魂之無依也」。張吉遂依棺而居，每食必旁設杯箸，十餘年不離如一日。屋主訟其占屋不遷，官判遷居。吉不得已，只得將契友的屍骨下葬。號泣終夜，竟自縊於墓門。《雜著》作者俞蛟就此感歎道：「夫朝夕相依，一旦色衰，即前情盡棄。若溘然而逝，形銷骨化，宜更易於忘情。乃張吉至十年之久，猶寢食不置，至殉之以身。古來愚忠愚孝，每出於至微極陋之人，良有以也。」

清初作家李漁在其小說《連城璧》中比照異性婚姻的模式描寫了一對契兄弟的「夫妻」情緣：福建興化府莆田縣秀才許季芳一日偶遇美男尤瑞郎，深深為其所吸引。「定要娶他回來，長久相依才好」。瑞郎家貧，季芳付出一大筆「聘金」後終於將他「娶」到家中，兩人「真是如魚得水，似漆投膠，說不盡綢繆之意」。可隨著瑞郎年紀漸長，許季芳擔心他的容顏會不再嬌嫩。瑞郎知道閹人不易變老，於是便瞞著「丈夫」將自己閹割。季芳見事已如此，索性就讓「妻子」打扮成了女子的模樣。眾鄰居控告許季芳私自蓄養太監，季芳公堂受刑，回家後一病不起。臨終前他對嬌妻囑以兩件後事，道：

> 我死之後，你須要遠避他方，藏身斂跡，替我守節終身，這是第一椿事。我讀了半世的書，不能發達，止生一子，又不曾教得成人。煩你替我用心訓誨，若得成名，我在九泉也瞑目，這是第二椿事。〔註457〕

尤瑞郎乃謹遵夫囑，勵志「守節」，以母親的身份養育繼子成人。繼子考秀才，中舉人，得官受職，為母親討得誥命夫人的封誥。及至母死，又將「她」與父親合葬，題曰「尤氏夫人之墓」云。

顯然，福建男風的總體流行程度要高於全國平均水平。多種文獻包括《明季北略》〔註458〕、《野叟曝言》〔註459〕、《閩雜記》〔註460〕等都對此情形有所反映，而創作於清代中期的地方文學《閩都別記》更是將福建同性戀的幾乎各個方面都詳盡而具體地展現了出來。該書長達一百五十多萬字，關於契兄弟，其第五十二回中的兩位書生非常典型：田杲和歸玉在十五六歲的時候就

〔註457〕 《連城璧》外編卷之五。
〔註458〕 見《明季北略‧卷十一‧鄭芝龍小傳》。
〔註459〕 見《野叟曝言》第六十六回。
〔註460〕 見《閩雜記‧卷七‧胡天保胡天妹》。

已結契，年過而立仍然寢處不相離。歸玉養有幾隻畫眉鳥，田呆覺得尾巴上的羽毛有礙跳躍，便將尾羽全部拔掉。歸玉看到後卻不生氣，反而笑言道：「才說不知畫眉撮去尾務此便式，今日與兄撮了方知。可小心看管，莫被人偷去也。」一日歸玉在二樓小解，不小心將尿壺打翻，田呆在一樓將從樓縫漏下的「水」接在碗裏。歸玉告知情形，田呆竟道：「原來是弟尿流下來，造化都承接在碗。愚兄近時得肺燥之病，人說吃回龍水始愈。幸喜今日天賜弟之回龍，不吃還吃誰的？」這兩人「一個畫眉撮尾便式，一個尿調得飯吃，可見異樣交厚」。在《別記》第一百十八、一百十九回，張音與梁韻的關係亦不尋常。他倆「同年同月同日同時出世，品貌皆美，總角時寢食不離。其父母早為其同日婚娶，張音娶梁氏，梁韻娶張氏。歸房只三夜，出仍同榻，其父母亦無奈之何。而父母前後皆以壽終，二姓竟同合爨」〔註461〕。不過他倆先後又曾買一優伶、一家僮來做床伴，晚上三人同寢。後來僮僕有大功於家主，張、梁便將其認作契弟，從而形成了三位一體的一種契兄弟關係。

如果長期生活在一起，契弟在某種意義上可以說是契兄的男妻。關於這種「男妻」的實例，《莆田文史資料》第三輯登載有陳祖槊《解放前的東陽村——封建社會的標本》一文，其中寫道：

> 現在七十歲左右的東陽人，該還記得小時候看過的一齣活劇：兩個都是紈袴子弟，一個扮做新郎，一個假裝新娘，定期舉行合卺大禮。喜帖滿天飛，一連唱了幾天戲，辦了幾夜酒席。鄉村結婚是歡迎瞧新娘的，男女老少，來者不拒。三天婚期，這一對「假鳳虛凰」一擲又何止千金。真是異想天開，荒唐透頂。

莆田位於閩東沿海，東陽村是福建有名的文化科舉村。陳氏此文寫於上世紀80年代初，帶有明顯的時代烙印。所記之事是發生在民國初年，儼似一場熱鬧的民俗婚禮。而民國如此，則明清可以據推。

在福建以外的中國其他地區，已經形成為風俗的契兄弟現象並不存在。不過同性戀必然會促成一些緊密的人際關係，因此作為一件件個案，類似於契兄弟的同性情侶是可以見於其他地區的。萬生和鄭生是明代湖廣黃州府的兩位文士，深相依戀。鄭生貧困，萬生於是幫他娶妻，又將自家房舍的一部分騰出來讓他的一家人居住。「萬行則鄭從，若愛弟；行遠則鄭為經理家事，若干僕；病則侍湯藥，若孝子。齋中設別榻，十日而互宿，兩家之人皆以為固然，不之

〔註461〕《閩都別記》第一百十八回。

訝。叩其門,登其堂,亦復忘其為兩家者也。」〔註462〕萬生甚至預立遺囑,希望二人死後能夠合葬在一起。明代有一則精巧的笑話,用來反映這種夫妻般的同性戀關係:「有與小官人厚者,及長為之娶妻,講過通家不避。一日撞入房中,適親家母在。問女曰:『何親?』女答曰:『夫夫。』」〔註463〕

契兄與契弟之間雖然存在著年齡上的差距,生活條件也可能有異,一方有時需要得到另一方的幫助。但雙方身份平等,因此他們相互關係中感情的因素是顯得比較突出的,物質幫扶那是感情深厚的自然結果。而以明代後期為典型時代,當時社會上還存在著另外一種形式的同性戀關係:雙方的法律身份也基本平等,但其中一方富裕一方貧窮,貧窮方憑著年青貌美在某種意義上是以賣身為生。也就是說,在結交之初雙方就已確定他們彼此之間是一種金錢買賣的關係。這樣的美男在當時被稱為小官,即如《宜春香質》中的這位伊人愛:

> 淮安府山陽縣有一小官,姓伊名自取,字人愛。生得骨清眼媚,體秀容嬌。幼年在館中,七八歲時便與人做親親,結朋友。到了十二三歲時,就要在此道中做些事業。此地人酷盛此風,到夜夜不得脫空。他卻滿口說相思,心中要錢鈔。有錢的,就是下人奴隸,他也多方奉承;你若沒錢鈔,就是子建潘安,也不在他心上。拿了銀子,又去包土妓,鬮子妹。起初父母也去管他,後來見他不改,且趁得錢拿些家去用,到也喜歡他做這件生意。〔註464〕

據明末男色小說《龍陽逸史》等的反映,小官除去提供臨時的身體服務,有些會被他們的大老官長期包養,乃至介入到大老官的家庭生活。這時的他們固然是以色事人,不過社會身份要高於家僕、家優。因此,他們在同性戀關係中是介於男妻與男妾之間,可看一些具體的人物表現:

(一)《龍陽逸史》第一回。小官楊若芝被秀士韓濤包養,後來韓濤又喜歡上了另一位小官裴幼娘。若芝感覺自己受到了冷落,便主動解除了包養關係。韓濤「見他好辭了去,心下也有些不過意起來,倒送他六七十兩銀子,成就了冠婚兩事。這回才與裴幼娘得個相處久長,時刻不離左右」。

(二)《龍陽逸史》第二回。經過牽頭羅海鰍的撮合,富豪邵囊與小官李

〔註462〕 《情史·情外類·萬生》。
〔註463〕 《笑府》卷三。
〔註464〕 《宜春香質》雪集第一回。

小翠簽寫了一份包養議單。議定：「每歲邵奉李家用三十金，身衣春夏套，外有零星用度，不入原議之中。此係兩家情願，各無異說。如有翻覆等情，原議人自持公論。」

（三）《龍陽逸史》第六回。富豪錢員外被小官秋一色的美貌所吸引，親自跑到很遠的外地去尋找他，找到之後二人一起回到了家中。秋一色「只當行了這步運，不上年把，身邊倒積趲得頭二百兩小夥」。後來錢員外「見他長大了，在家裏出入不便，替他上了頭，打發去管了南莊」。

（四）《龍陽逸史》第九回。商人儲玉章的妻子范氏艱於生育，儲去外地經商，范氏叮囑他要娶妾回來，生兒育女。玉章愛上了小官柳細兒，回家時讓柳扮成女子，假充妾侍。不久之後范氏窺破了真相，將柳趕出家門。儲玉章因相思而得重病，范氏只好將柳細兒請回，儲很快病癒。二人便一同外出去做買賣，獲利頗豐。幾年之內儲納了妾，柳娶了妻。

小官人群主要是活動於明代後期，當時的性道德在整個明清時代是最為放縱的，儒家說教雖然表面上仍受尊崇，但在內裏經常不被遵守。在這樣的社會背景下，出現《龍陽逸史》這樣的公開宣揚同性戀生活方式的文學作品並不為奇。而《逸史》雖為小說，不過具有一定的紀實性，作者本人「於此興復不淺」〔註465〕，曾與小官變童有過許多交往。

三、總結

完整、典型的婚姻是由三個要素組成的，即法律與民俗的確認、共同的財產、共同的後代。明清時期的同性伴侶關係滿足不了這些條件，當代意義上的同性婚姻是並不存在的。不過，如果對三要素進行更抽象的概括，在長時間共同生活、生活於家庭之內、彼此相互愛戀的意義上，當時的同性伴侶關係確實也具有了婚姻的一些特徵，可以稱之為同性婚姻的初型。

（一）奴僕。與奴僕相對應的是婢女，後者是妾侍的一個重要來源，那麼當男主人與男僕發生了同性戀關係之後，他在內心就會像看待寵婢一樣看待其俊僕。並且主人不僅是在家庭之內接受寵僕的服伺，當他外出時經常不便攜妻妾同行，這時他只能是由俊僕陪伴。主僕相依在外，彼此之間可以形成一種初級的家庭樣態。

（二）男優。在商業戲班中，女優所佔的比例不大，與男優相對應的其實

〔註465〕《龍陽逸史》題辭。

是女妓。兩者都屬賤民，經常會被一同提及。女妓也是妾侍的一個重要來源，她們的優勢是不僅貌美而且還懂情調、會表演，而豪客將男優買進家裏的原因也是滿意他們的類似表現。同時在家庭戲班中，男、女優伶的起始身份分別是會表演的奴僕和婢女。與一般的婢女相比，家庭女優更易上升為妾；而與一般的奴僕相比，家庭男優也更易受到主人的寵愛。

（三）契兄弟。在各自娶妻之前，契兄與契弟通過結拜儀式已經確定了他們之間的情侶關係，娶妻之後這種關係有時還會繼續。物質上契兄弟則是互通有無，不分彼此。因此，這是一種隱性的婚姻關係，而從感情依戀的角度看，契兄弟之間的愛戀可能比他們對各自妻子的愛戀還要真摯。

（四）小官。從身份平等的角度看，可以把小官視為契弟。但他們對大老官的物質依賴過於明顯，從而後者會產生一種購買的心理，難以對他們平等相待。

所以，如果與異性戀的家庭角色相對應，那麼寵僕、寵優近似於妾，契弟近似於妻，小官則是處於妻妾之間。夫妻關係最本質的特徵是彼此之間存在著愛情體驗，在此意義上，無論中國還是西方，也無論現代還是古代，有許多同性戀者都會在內心深處將他們的同性伴侶視同為丈夫或妻子。不過現實的夫妻關係要有一些外在的表現，要通過舉辦婚禮、組建家庭來獲得社會的認可。在明清時期所處的 15 至 19 世紀，基督教統治下的西方社會總體上是將雞姦同性戀視為一項重罪，同時嚴格實行一夫一妻制。這樣一來，同性伴侶在家庭的範圍內幾無容身之地，在社會上也不敢有所表露。相對來看，中國同性伴侶的所處境遇就顯得比較寬鬆了，在特定意義上，有些丈夫可將與妻子出身相近的男性收為男妻，與妾侍出身相近的男性收為男妾。在傳統的前現代社會，同性戀所能獲得的最寬容對待大致也就是如此。無怪當時西方人士一入中國，立刻就會敏感地認為自己是踏上了索多瑪人的土地。早在明朝嘉靖年間，葡萄牙傳教士克路士（Gaspar da Cruz）在其所著《中國志》中就曾記道：「這支民族有一樁骯髒的醜行，那就是他們是那樣喜歡搞該死的雞姦，這在他們當中絲毫不受到譴責。」〔註466〕萬曆年間，著名的意大利傳教士利瑪竇（Matteo Ricci）則謂：「在這裡，人人都深深地沉溺於這種可怕的罪行，他們似乎並不覺得羞恥，也不覺得需有什麼顧忌。」〔註467〕

〔註466〕《十六世紀中國南部行紀》，第 157 頁。
〔註467〕 *Fonti Ricciane*, p. 98.

　　當然，克路士和利瑪竇的觀察雖具參考價值，肯定也有片面誇張之處。如果完全屬實，則當時初級同性婚姻的存在廣度與深度就會過於醒目了。實際上，明清社會對待男風同性戀的態度是由兩種認識論所決定的，即陰陽主義和自然主義的認識論，克、利二氏的觀察是屬於自然主義的一面。先就陰陽主義而言，明清儒家認為宇宙萬物包括人類都是陰陽相互吸引的產物，陰陽規律支配著自然的最根本運行和人的最根本活動，君與臣、父與子、夫與妻都是陰陽關係的體現。而同性戀則不然，男性與男性、女性與女性的性戀是陽與陽、陰與陰的關係，與陰陽規律正相違背。這就決定了男風同性戀不會得到主流社會文化的支持。不過，主流文化對於男風同時還具有一種自然主義的態度：明清同性戀者基本都是雙性戀者，這就體現出了同性戀對於陰陽規律的依順；當時陰陽、男女關係實在過於嚴肅，則需通過陽陽關係來進行一些疏解。於是，在實際生活中陰陽主義便將其部分空間遺留給了自然主義。後者是以存在為合理，同性戀作為一種綿延不斷的客觀存在而獲得了主流文化的一些默許。陰陽、自然這兩種認識論結合在一起，所以明清社會對於同性戀是持一種曖昧的傾向於中立的反對態度，不可能支持，但也未曾深惡痛絕。

　　本文前面有關男妾和男妻的敘述其所反映出的是當時社會對待同性戀的傾向於中立的自然主義態度。不過這只是現象的一個方面，在另一方面，由於社會還以陰陽主義的反對態度對待同性戀，因此男妾和男妻的存在都會受到限制，不可能隨意發展。總體來看，當時對於同性戀的中立態度是隱晦低調的，而反對態度固然不如西方強烈，但終究這才是主流的意識觀念，是公開而且直接在講的。尤其是清代，在能夠大致反映公眾道德取向的勸善書當中，男風男色經常會受到指責。其中寵僕、寵優都是責斥的重點對象，人們認為一方面他們會與家主妻妾爭寵，另一方面他們有些人又會與家主妻妾私通，所有這些都是家庭制度的不穩定因素。如謂：

　　　　凡年少優伶，概不准交接。只因戀彼後庭，遂至虛儂前席。凡外間使令，皆用蒼頭，不得私蓄俊僕。分明愛彼卯宮，遂欲藏諸甲帳。〔註468〕

　　　　不納舞女歌童，不赴優觴妓席。不畜豔婢，不畜俊童。懺悔邪淫奴僕婢媵之罪，懺悔邪淫歌童妓女之罪。〔註469〕

〔註468〕《閨律・刑律》。
〔註469〕《慾海回狂・卷二・居家門》。

身份比較平等的男風伴侶同樣也會受到指責，如謂：

> 若夫青年俊士，一時失足，即遺臭終身。不齒於士林，見譏於
> 鄉黨，玷辱於父母，慚愧於子孫，人又何忍而造此孽哉！〔註470〕

在有的指責當中，寵僕、契友被比為了妻妾：

> 嬖狡童如處女，狎俊僕若妖姬。優伶賤類，引作知己，群小狎
> 邪，親於妻妾。無論後庭之戲誠為污穢不堪，亦思內外有別，奚容
> 引賊入室？有犯此者，急宜痛改前非，庶保閨門整肅。〔註471〕

> 外託朋友之名，陰圖夫婦之實。姦人者固不具論，為之姦者稟
> 乾剛之德而安地道之卑。嗟哉！蠢子枉作男兒！〔註472〕

勸善書所反映的是理學保守派的道德觀念，社會對於同性戀的實際態度相對要緩和一些，不過基調仍然還是反對。在這樣的文化背景之下，所謂的「同性婚姻」不可能名至實歸，如果兩男在民俗意義上真的結為夫妻，官府發現之後就要予以懲治了。案例一：清康熙年間，「有通州漁戶張二娶男子王四魁為婦，伉儷二十五年矣。王抱義子養之，長為娶婦。婦歸，語其父母，告官事乃發覺。解送刑部，問擬流徒。田綸霞司寇云：『其人已年四十餘，面施粉澤，言詞行步宛然女子，真人妖也。』」〔註473〕田綸霞司寇即著名詩人田雯，康熙三十三至三十八年（1694～1699）間曾官刑部侍郎。

案例二：清嘉慶年間，燕人邢大女裝嫁與劉六為妻。「是夜就寢，邢大多方掩飾，並未窺破。日久嫻熟，始行知覺。邢大再三央求包含，情願服侍終身。並稱伊能看香治病，得資添補。劉六被甜言哄騙，亦即隱忍。邢大即假稱狐仙附體，在家中為人看香治病。嗣經番役盤獲解究，審悉前情。邢大應照師巫假降邪神煽惑為首例，擬絞。」〔註474〕此案的判決明顯比案例一嚴厲，是因為邢大沒有安分守己地做家庭「主婦」，他犯了左道惑人的重罪。

嚴格地講，由於王四魁和邢大的社會性別都是女性，因此上述兩個事例也非真正的同性婚姻。不過王、邢二人與張二、劉六在鄉里人前畢竟是夫妻關係，所以官府不會放任不管。而本文開始曾經提到，清末四川省存在著娶男且為男妾的現象。對此需要說明的是，妾的法律地位低於妻，娶妾經常被說

〔註470〕《全人矩矱‧卷二‧先儒論說‧戒狎頑童說》。
〔註471〕《遏淫敦孝編‧遏淫篇》。
〔註472〕《勸善書》，書名代擬。
〔註473〕《居易錄》卷二十八。
〔註474〕《大清律例會通新纂》卷十五。

成買妾，丈夫可以比較容易地解除與妾的婚姻關係。因此，娶或買男妾的行為也可以講只是不得體的一種個人享受而已，其對家庭結構的衝擊相對尚屬緩和，官府不加干涉也是可以的。在明清時期，「同性婚姻的最高級形式大致即是如此。

明清時期在華天主教在同性戀問題上與中國的文化差異

天主教在中國民眾的社會生活中逐漸佔有一隅之地是與十六世紀西方殖民者的日益東進相伴隨的，明末清初有了某種程度的發展。但自康熙後期開始，羅馬教廷在禮儀問題上態度強硬，禁止教徒祭祖祀孔，結果導致清廷禁教。道光以還，西方列強用武力打開了中國大門，通過《望廈條約》、《天津條約》等做到了自由傳教，教會勢力開始咄咄逼人地四處擴張，同時與中國傳統文化的衝突更形劇烈，引發了一系列的教案也即教會眼中的教難。在上述歷程當中，不時出現的男風同性戀問題在文化碰撞、文化衝突中也是一個應當考慮的因素。

一

西方社會的反同性戀傳統源自《聖經》，而天主教會則是《聖經》教義最堅定的擁護者。明清之際來華的天主教士基本都屬於耶穌會、多明我會等組織嚴密、外展性強的修會，他們萬里來華，為了光耀上主不少人是終生不再返回歐洲，虔誠、堅貞與堅定可想而知。在對待同性戀的問題上，他們毫無疑義地持堅決反對的態度。有人普遍而言，艾儒略（Giulios Aleni）謂：「天主生人，男女有別。婦止一夫，夫止一婦。妾不可妄取，而況奸人妻女，宿娼男色，縱慾亂倫，極重大罪乎？總之，夫妻之禮原屬正道，自此以外，不問何樣，耳目口鼻與夫四體，及心中之一念而樂存想者，皆為邪淫之罪也。」〔註475〕

有人專談男色，利瑪竇（Matteo Ricci）謂：「此輩之穢污，西鄉君子弗言，恐浼其口。人弗赧焉，則其犯罪若何？」〔註476〕龐迪我（Diego de Pantoja）謂：「淫罪多端，男淫最大。我西國凡罪皆名以其罪，獨此罪者，名為不可言

〔註475〕　《滌罪正規》卷之一。
〔註476〕　《天主實義》下卷。

之罪，示此罪行者污心，言者亦污口矣。」〔註477〕

至於反對的理由，最主要的一點就是上帝親自懲戒過男色之淫。《聖經‧創世紀》中索多瑪城被上帝毀滅的故事是盡人皆知的，而索多瑪人的罪惡便是耽溺男色。（圖436）自克路士（Gaspar da Cruz）開始，利瑪竇、龐迪我、陽瑪諾（Emmanuel Diaz）、潘國光（Francesco Brancati）等人都曾就索多瑪的被毀諄諄為誡，即如龐迪我在述完此事之後之所言：「我西方從此傳知男淫之罪，上帝深惡重罰焉。爾犯之而上帝未遂降殃，詎寬爾罪，正俟爾悟改之耳。」〔註478〕

而如果從理論思辨的角度進行考慮，則傳教士們反對同性戀的理由是這種行為違背自然規律。利瑪竇：「雖禽獸之匯，亦惟知陰陽交感，無有反悖天性如此者。」〔註479〕龐迪我：「乾男坤女，是為生理。一夫一婦，是為人道。淫女者滅人道，罪矣。淫男者反生理，罪中之罪矣。女淫以人學豕，男淫豕所不為！」〔註480〕陽瑪諾引聖基所之言：「爾醜大逾禽獸。禽獸無靈，惟知牝牡之合。爾含靈而拂厥性，曾飛走之不若！」〔註481〕

中國的傳統文化對同性戀也是持反對的態度，不過反對的方式、程度與西方並不相同。

（一）從經典結論的差異來看

以《聖經》為經典的天主教文化對待同性戀的態度是極端嚴屬的。《舊約》中的《肋未紀》曾明確指出：「若男人同男人同寢，如男之與女，做此醜事的兩人應一律處死，應自負血債。」《新約》中的《格林多前書》則謂：「作變童的，好男色的，都不能承繼天主的國。」這樣的訓誡是出自上帝之口或得自上帝的默引，從而對於同性戀的罪惡認定也就具有了超越理性的權威，教士教民出於對上帝的虔信可以僅憑宗教情緒便予以接受。而中國則不然，在中國古代，占統治地位的儒家學說是立足於人世的，孔孟的權威不具有神性。在儒家經典裏，與同性戀問題有某些聯繫的只有《論語‧陽貨》中的「巧言令色，鮮矣仁」，《論語‧季氏》中「損者三友。友便辟、友善柔、友便佞，損矣」，《孟

〔註477〕《七克》卷之六。
〔註478〕《七克》卷之六。
〔註479〕《天主實義》下卷。
〔註480〕《七克》卷之六。
〔註481〕《天主聖教十誡‧毋行邪淫》。

子‧盡心下》中「惡佞，恐其亂義也」等泛指性教導，孔孟未曾對普通同性戀表明過徹底否定的觀點。

但有一點，孔子在周遊列國時與同性戀人物的實際接觸曾經影響過後世對待同性戀的態度。衛靈公與孔子同時，他與幸臣彌子瑕之間產生了同性戀史上著名的分桃典故。〔註482〕據《孟子‧萬章上》，孔子弟子子路和彌子瑕具有親戚關係，彌子謂子路曰：「孔子主我，衛卿可得也。」子路以告，孔子回絕道：「有命。」這就是說：我能否得到衛卿之位自有天命，不論如何也不會走你的門路的。後來諍臣史魚用屍諫的方式勸告衛靈公任用賢人蘧伯玉，摒退不肖彌子瑕，孔子大加讚賞道：「直哉，史魚！邦有道如矢，邦無道如矢。君子哉，蘧伯玉！邦有道則仕，邦無道則可卷而懷之。」〔註483〕孔子鄙視彌子瑕的為人，很重要的一個方面是彌子靠著與君王的同性戀關係而得寵，屬於善柔便佞者流。在後世，孔孟之言成為了經典結論，尤其宋元以還，科舉考試要從《論語》、《孟子》中選擇題目，面對諸如「孔子主我」、「彌子之妻」這一類的考題，士子們是迴避不了衛靈公──彌子瑕之間的分桃關係的。彌子必然會受到指斥，如謂：「嬖臣挾權以要聖，不知諒也。彌子者，以色嬖於衛靈公。」「惟彌子無不干也，雖以便辟之取憐，莫必其色衰而得罪。」〔註484〕「彌子餘桃恃寵，蛾眉極買笑之歡。醜同煬竈，疾藜有據石之嫌。」「若彌子者，矯駕以為孝親，餘桃以為愛君。丈夫而為妾婦之羞，小人而乘君子之器，誰復知其雌雄。」〔註485〕等。在上述言論當中，士子們批斥了彌子瑕，相關聯地同性戀本身也受到了批斥。這就體現出了儒家經典的反對傾向對後世同性戀的影響，但其反對的力度比起《聖經》來是要差許多的。

（二）從陰陽觀念的差異來看

天主教在理論上反對同性戀的原因是這種行為嚴重悖逆自然規律、自然秩序。在西方價值體系當中，自然規律是一個理性結合了神性的概念，對它的違背反映的是個人在人性上的缺陷。作為比較，中國古代也是講自然規律的，即所謂陰陽之道。明人曾謂：「自有天地，便有陰陽配合。夫婦五倫之始，此乃正經道理，自不必說。就是納妾置婢，也還古禮所有，亦是常事。獨好咬有

〔註482〕見《韓非子‧說難》。
〔註483〕《論語‧衛靈公》。
〔註484〕《嶺雲編‧下孟》。
〔註485〕《縮本增選多寶船‧萬章》。

一等人，偏好後庭花的滋味，將男作女，一般樣交歡淫樂，意亂心迷，豈非是件異事？」〔註486〕清人曾謂：「男女居室，為夫婦之大倫；燥濕互通，乃陰陽之正竅。迎風待月，尚有蕩檢之譏；斷袖分桃，難免掩鼻之醜。」〔註487〕「狗彘相交，尚循牝牡，人求苟合，不辨雌雄，怪乎不怪？」〔註488〕「配合原為正理，豈容顛倒陰陽。請君回首看兒郎，果報昭昭不爽。」〔註489〕

　　類似上面的言論有些也是很嚴厲的。不過總的來看，在明清時人的眼中，同性戀者對陰陽規律的違背尚未可謂為極端。表現在幾個方面，（1）同性戀者通常也能以比較自然的態度進行符合陰陽之道的異性戀，也即娶妻納妾，組織家庭，乃至嫖娼宿妓，狹邪青樓。〔註490〕（2）明清時期豪貴與優伶、主人與奴僕的同性戀在當時同性戀關係的整體中佔有相當比例，因而角色差異的特徵比較顯著，同性戀雙方的主動──被動關係比較明顯。人們在對這類同性戀進行描述時，作為被動一方的優伶孌童的形象舉止多是嬌如好女，嫵媚溫柔。尤其優伶男旦，他們會把舞臺上的氣質帶入現實生活，即如下面的數位：「榮官。玉指圓瑩，而甲長寸許。」「雙保。環垂左耳，徐妃半面之妝。」「王奇元。年才弱冠，媚如好女。」「張芷荃。意態嫺幽，儼然閨秀。」〔註491〕柔媚如此，這樣的人物在某種意義上是被當作女性看待的，雖陽而亦陰。則他們的豪貴恩客名為狎陽，也可謂為狎陰。（3）孌童男寵在與恩客家主相對時顯示的是陰性，而在與主家婦人相對時顯示的則為陽性。他們在主家穿房入室，因深得嬖愛而有較多機會去和家主的妻妾女婢姦通，有的主人對此甚至還會加以縱容。情形如此顯見，以致已經引起了社會的警視和指責。如謂：「若輩挑撻，有何行檢。竊玉偷香，室人是染。」〔註492〕「室有子都（孌童男寵），誰能蔽目？我既魂消，金閨腸斷。偷香竊玉，理所宜然。」〔註493〕「狎優童，昵俊僕，心因慾亂，內外不分。我既引水入牆，彼必乘風縱火，其間蓋有不可知者。」〔註494〕「嬖狡童如處女，狎俊僕若妖姬。優伶賤類，引作知己。無論後庭之戲誠為

〔註486〕《石點頭》第十四卷。
〔註487〕《聊齋誌異‧卷三‧黃九郎》。
〔註488〕《全人矩矱‧卷二‧先儒論說‧戒狎頑童說》。
〔註489〕《邪淫法戒圖說‧戒淫冰言》。
〔註490〕參見本書第23～25頁。
〔註491〕《清代燕都梨園史料》，第82～83、181、241、466頁。
〔註492〕《壽世慈航‧龍陽六不可》。
〔註493〕《勸善書》，書名代擬。
〔註494〕《太上感應篇集傳》卷弟三。

污穢不堪，亦思內外有別，奚容引賊入室？有犯此者，急宜痛改前非，庶保閨門整肅。」〔註495〕等。既然能有私通的行為，則這些變童男寵當然也會娶妻成家的。

　　由以上 3 個方面的事實，可見明清社會的同性戀者絕大多數又都是異性戀者，並且他們異性戀的成份相對還要表現得更加外在一些。在時人看來，同性戀只是他們夫妻關係之外非常軌性行為的一個組成部分。其本身固然有悖於陰陽天道，但由於行為者對異性戀也能以一種比較自然的心態予以接受，因此，他們的陰陽悖亂還談不上走入極端，只可謂為怪異，是屬於人格的某種缺陷。比較而言，同一時期天主教文化之內的同性戀者雖然也需要娶妻成家，但他們的接受比較被動，同性戀與異性戀的結合比較生硬，進行後者更多地是為了隱蔽前者。這顯然是受到了更強大社會壓力的結果。在天主教文化當中，同性戀者是具有人性上的缺陷，他們是違背自然規律的典型代表。即便有異性戀的表現，主流文化也不會予以諒解，單憑同性戀就已將他們罰入地獄，結果同性戀者也就愈發不能比較自然地接受異性戀了。

二

　　明清時期的中國文化對同性戀是持曖昧的傾向於中立的反對態度，天主教文化是持明確的堅決反對的態度。兩者之間存在著的本非衝突而是文化差異，而即此差異便給雙方帶來了諸多誤解。在天主教方面，面對新異的文化環境，初履華境的教徒教士能夠很敏感地識認出眼前的同性戀存在。葡萄牙多明我會修士加斯帕‧克路士於嘉靖三十五年（1556）來到中國廣州，同年早些時候中國北方正發生了一場傷亡空前的嚴重地震，克路士在其所著《中國志》中記述了此次災難的一些情況，並把中國人的男風男色與之相關聯，謂：

> 這支民族有一樁骯髒的醜行，那就是他們是那樣喜歡搞該死的雞姦，這在他們當中絲毫不受到譴責。雖然我有時公開或私下反對這種惡行，他們卻樂於聽我講述，說我講得滿有道理，而他們從未有人告訴說那是一種罪惡，也不是壞事。看來因這種罪惡在他們那裏是普遍的，上帝就在某地區給他們嚴懲，在全中國這是眾所皆知的。〔註496〕

〔註495〕《過淫敦孝編‧過淫篇》。
〔註496〕《十六世紀中國南部行紀》，第 157 頁。

萬曆十一至三十八年（1583～1610）在華的意大利利瑪竇神父是明清時期最著名的西來傳教士。作為一名刻苦堅貞的耶穌會會員，他對所見中國社會中的同性戀現象給予了嚴重關注，並進行了嚴厲遣責。（圖 437）萬曆十一年，剛從澳門進入廣東不久，利氏就在致耶穌會遠東觀察使范禮安（Alessandro Valignano）的一封信中寫道：「在這裡，人人都深深地沉溺於這種可怕的罪行，他們似乎並不覺得羞恥，也不覺得需有什麼顧忌。」萬曆三十七或三十八年，生命將終的利瑪竇以厭惡的口吻對北京及外地的優伶男色進行評述：

> 最能證明這種人（華人）有多麼可憎的是他們不只沉溺於自然之淫，而且還沉溺於違背自然的邪淫。而這既不被法律禁止，也不被認為是當戒之事，甚至引不起一些羞愧。大家公開談講，四處實行，並沒有人去加以阻遏。在一些城市當中——包括京師——這種令人憎惡的事情是非常普遍的，那裏的某些街道上公然充斥著精心打扮的看似娼妓的變童。有人專門買回一些少年，教習他們歌舞音聲。然後豔服裹身，朱粉傅面，修飾得恍如美女一般。就這樣，這些可憐的少年開始了他們可怕的淫惡生涯。〔註497〕

按：利瑪竇在京所居教堂位於宣武門內，與當時中國男色的中心簾子胡同相距只有數百米，對於那裏優伶小唱的情況，他顯然知之甚詳。而於利氏歿年來華、傳教近 50 年的葡萄牙耶穌會修士陽瑪諾神父則曾簡明直切地指出，中國社會對於「男色大罪」是「人行無忌，弗以為羞」〔註498〕。

如果做一個明清之間的對比，明末社會在理論上也是反對男風的，不過對於其現實表現並未多加干預。而進入清代以後，新朝統治者認為世風淫靡是導致勝朝滅亡的一個重要原因。為了防止重蹈覆轍，他們於是加大了道德純淨化的力度，相應地，男風所受到的反對也比明朝加重了。但與同時期的西方歐洲相比，態度仍屬寬容。簡言之，在雞姦同性戀的問題上，來自西方的傳教士們自認為佔據著道德優勢，他們堅定而明確地在表達著自己的觀點。可在明清時期，他們中的一些人卻被中國人認為是雞姦犯，從而為中西文化差異乃至衝突提供了一個獨特的側面。下面是具體表現。

（一）依據經驗進行推測

僧人男風是明清男風的重要組成部分，在當時屬於比較引人注目。像《陌

〔註497〕 *Fonti Ricciane*, p. 98.
〔註498〕 《天主聖教十誡・毋行邪淫》。

花軒雜劇》第六折，某僧邊上場邊自白：「小僧身住永寧禪寺。自幼家師愛我，也不教諳經典，也不教理禪宗。日間同茶同飯，夜裏同睡同眠。」而旁人也容易做這方面的聯想，《野叟曝言》第五十一回，某人「尋著一個十五六歲的伶俐沙彌，見他相貌標緻，身著齊整，描眉畫眼」，便「知是得意變童」。傳教士亦絕婚姻，他們會被認為是與僧人相似，並且是相似於不守清規的僧人。這樣的不實認定，甚至連利瑪竇都曾面臨過：

> 這些獨身的耶穌會神父、他們年輕的僕從和新入會的見習修士不可避免地引發出了各種流言蜚語。利瑪竇寫道，曾有一次他被指控扣留了一名中國男孩並餵其迷藥，兩人在他的房間裏呆了三天。這是暗指在準備將男孩賣給澳門葡人之前，利瑪竇與其行了苟且之事。

> 在一位天主教神父偷偷將一佛門長老的年剛二十的徒弟帶到澳門並為其施洗後，這樣的指控就一直指向著西方傳教士。最後，葡萄牙人十分不情願地屈服了，他們派出一位高級教士，陪護這位青年返回廣州。接著，中國人對這位「行為不檢點」的青年進行了殘酷毒打，並強行讓那位教士目睹了全過程。〔註499〕

大約180年後，乾隆三十四年（1769）在中國內陸的四川省榮昌縣發生了一起教案，當時天主教已遭禁止，地方官員將教徒視同為陰謀造反的邪教成員。來自法國的艾若望（M. Glayot）神父是巴黎外方傳教會修士，他的年青侍從安德烈·楊（André Yang）和他一同被捕。艾若望後來記述安德烈的受審情形，道：

> 老爺無法使他承認我們有什麼巫術書籍，可又竭力想把我們當邪教信徒治罪，於是強迫這個孩子承認犯有曾使天使降臨索多姆（索多瑪）城的那種可恥行為，安德烈·楊堅決拒絕。為懲罰他這一堅定態度，老爺幾次命人打他五十耳光。孩子的喊叫聲使我心碎，他不久就衰弱不堪了。老爺見狀只得停止用刑，將其押回牢房。〔註500〕

顯然，在官員老爺的眼中，安德烈·楊就像是《野叟曝言》中的伶俐沙彌。

（二）傳教物品引發猜測

天主教當然是體制嚴整的一種正教，不過它的具體表現與中國民間普遍

〔註499〕 *The Memory Palace of Matteo Ricci*, p. 228.
〔註500〕 《耶穌會士中國書簡集》第六卷，第153～154頁。

存在的各種秘密宗教也即邪教確有一些相似之處。它宣稱經過祝聖的無酵餅和葡萄酒分別代表著耶穌的身體和血液，信徒在聖餐禮中吃餅飲酒就可以獲得耶穌的恩寵。在主張「不語怪力亂神」〔註501〕的中國儒學儒家看來這是非常荒誕不經的，於是傳教士手中的餅和酒便被視為了淫邪之物。乾隆十一年（1746），中國東南沿海的福建省發生了著名的福安教案，來自西班牙的多明我會修士白多祿（Pedro Sanz）、華敬（Joaquim Royo）等5人被逮捕，提審官員就曾訊問道：「你給他們（教徒）吃的小餅自然是什麼迷藥，怎麼說是麵餅呢？」〔註502〕

而除去餅、酒，施洗禮中所用的聖水，堅振、終傅禮中所用的聖油乃至純粹作為飲料來飲用的咖啡都曾被認為具有迷幻作用。迷藥除去能使人盲信天主，還能使人變得淫亂。早在明代，蘇及寓《邪毒實據》即曾言道：「教中默置淫藥，以互相換淫為了姻緣。」〔註503〕這條記述並未明言雞姦，而清末一篇攻擊教會的文書則謂：「百姓被洋人哄入伊教，吃了迷藥，送去傳針，與伊同歇，採補元陽元陰。」〔註504〕「元陽」是指男性的精液，「元陰」是指女性的陰液，所以此文認為教士不但姦污女教徒，而且還會雞姦男教徒。清末的一封佚名家信也曾言道：「近日海口有天主教堂、福音會堂、廣音會堂，有以藥物迷人，使下部作癢，欲求雞姦者。」〔註505〕

教士們的傳教活動之一是趕魔鬼，表面看起來它與中國邪教中的巫術是很相似的。在福安教案中，白多祿曾經述稱：

> 凡遇齋日，我坐上面，那從教男婦各用白布蓋頭，在下參拜，分立兩旁。我把水洗他頭額，叫做領洗。又在男人面上用口吹趕，用銅、竹、木管吹女人的口上、腹上，叫做吹趕魔鬼。我不過一呼一吸的氣，趕他心魔。〔註506〕

在此，空管的驅魔用途是清楚明確的。而在官方和民眾的視角下，其作用則並非如此。乾隆十二年（1747），江蘇等省又發生了江南教案，當時，分別來自葡萄牙和意大利的多明我會修士王安多尼（Antonio-Jose Henriques）、談

〔註501〕 《論語・述而》。
〔註502〕 《歐洲所藏雍正乾隆朝天主教文獻彙編》，第85頁。
〔註503〕 《明朝破邪集》卷三。
〔註504〕 《反洋教書文揭帖選》，第47頁。
〔註505〕 《辟邪紀實》卷下。
〔註506〕 《歐洲所藏雍正乾隆朝天主教文獻彙編》，第131～132頁。

方濟各（Tristano Francesco d'Attimis）被官方逮捕，承審官訊問他們道：

> 訪聞爾們進中國來肆為邪說，把從教的人用香油抹額，銅管吹臍，唵以酒餅，使其迷惑，各受番名，編造入冊，可是有的嗎？[註507]

在此，銅管的作用由驅魔變為了惑人。再到《荔室叢談》的記載當中，空管之用則完全失真，已非吹拂之具。書中寫道：

> 黎伯春自西安歸，言彼地士民多被西洋歷士陽瑪諾等以迷藥誘入天主教。其教男女混亂，大致以宣淫採戰為主。凡生子至三月後，每臥時以小竹管貫入穀道，晨起拔出。約十歲許則止，不識何故。[註508]

將竹管插入肛門穀道實在是一種奇怪的習俗，好在記述者畢竟是表示不知何故。而《風土廣聞》則將訛傳的內容明確化，空管成為了提高肛交能力的工具：

> 洋夷通習天主教，皆棄絕人紀，下同禽獸。人初生三月，無論男女，均以小空管塞糞門，夜則取出，謂之留元，使糞門廣大以為長大便於雞姦。父子兄弟互相姦淫，謂之連氣。且謂不如是者，則父子兄弟情疏矣。不知我中國人亦有從其教者，不誠禽獸之不如哉！[註509]

（三）傳教方式引發猜測

明清時期的普通民眾對於天主教的洗禮、彌撒、堅振、告解等宗教活動感覺很神秘，他們會猜測認為，在那些隔離封閉的晦暗空間裏，男女混雜在一起，其中難免會有穢亂之事發生。《辟邪紀實》這樣描述教堂裏的景象：

> 從其教者與神父雞姦不忌，曰益慧。〔彌撒之日〕，老幼男女齊集天主堂，群黨喃喃誦經畢，互姦以盡歡，曰仁會。兄弟及戚友久不相見，見則互相姦狎，曰合初。凡初入時，或牧師先為沐浴，曰淨體，藉此行姦。以後惟其所悅，而從者迷而不知，反以為快。凡夷中男婦與從教者交，均諳採戰術，曰乞仙。以口吸成童精與處女經水，曰開天孔，又曰人劑。[註510]

〔註507〕《歐洲所藏雍正乾隆朝天主教文獻彙編》，第 207 頁。
〔註508〕《辟邪紀實》卷下。
〔註509〕《辟邪紀實》卷中。
〔註510〕《辟邪紀實》卷上。

更有甚者，記載當中有的教士不僅姦污信徒而且還會對他們進行身體傷害，光緒年間山東省的一篇士民揭帖寫道：

> 其傳教者謂之牧士，愚民被其利誘入教時，引入暗室，不論男女，脫其衣裳，親為洗濯。繼令服藥一丸，即昏迷不知人事，任其淫污。男則取其腎子，女則割其子腸，恃有藥力，不至當時殞命。〔註511〕

由上可見，中國民眾和西方傳教士都反對雞姦男風，卻又都認為對方沉溺於此，這種現象可謂文化驚詫的具體表現。所謂「文化驚詫」是指異質文化相互接觸時彼此對對方特性的驚異反應。其表現之一是「求異反應」：每種文化都是由多項文化要素組合而成的，異質文化對於對方文化中與自身相同的部分往往是視為人之共性，相對會予以忽略。它們所特別關注的是對方文化中與自身相異的部分，通過求異，則自身的特點就能夠顯示出來，就能夠做到己與彼的區分。當天主教教士教徒初來中國時，他們在精神層面上立刻就會發現中國人偶像多神崇拜的習俗，這是與他們最根本的文化區別，已可以造成文化衝突。而在社會生活的層面上，他們相當強烈的一個感受就是中國同性戀存在環境的寬鬆，這就如同中國人對天主教國度的嚴酷感受一樣。從十六世紀後期開始呂宋（菲律賓）是處在西班牙殖民統治之下，明萬曆間張燮曾記：「呂宋最嚴狡童之禁，華人犯者以為逆天，輒論死，積薪焚之。」〔註512〕普通同性戀者被發現後竟受火刑，在中國人看來這是不可思議的。

文化驚詫的又一種表現是「誇張反應」，也就是對所觀察到的現象進行擴大，讓異事變得更加乖異。這其中表層的原因是觀察者對觀察對象瞭解無多，僅憑初步印象就做出結論。而在更深的層面上，誇張反應的目的則是為了凸顯自身文化的優越性，其實是有意為之。明清時期的西方國家以地理大發現為一標誌正是處在了上升興盛期，天主教傳教士的東來是以殖民者的堅船利炮為後盾的，對自身文化當然充滿了自信。早在明萬曆時期的 1585 年，西班牙奧古斯丁會修士門多薩（Juan Gonzalez de Mendoza）在其十四行詩《將中國變成天主教的國家》中就曾寫道：

> 請您看看遙遠的，
>
> 插上了耶穌旗幟的中國，

〔註511〕《反洋教書文揭帖選》，第 158 頁。
〔註512〕《東西洋考》卷十二。

如何在洗禮儀式前低下了他高貴的頭顱。〔註513〕

為了開化「蒙昧」，傳播福音，傳教士們必需要找到異教社會中各種「罪」的表現。其罪愈大，則自己的任務就愈艱巨神聖，而自己的文明則愈顯高級超越。在此心理之下，對於模糊兩可的事實就會傾向於相信其「負性」的一面。而即使對事實本來瞭解得比較充分，甚至都難免會有所誇張，即如明末清初陽瑪諾神父對其時男風狀況的描述：「人行無忌，弗以為羞。」中國人固然對男風的忌諱比西方人少，但絕非是「無」；固然羞惡感較輕，但絕非是「弗」。

文化驚詫的再一種表現是「扭曲反應」。其原因和誇張反應相同，只是表現得更加情緒化，記述與事實幾近相反。在明清的大部分時間內，中國文化也是一種強勢文化，在華夷之辨的觀念之下，夷人的天主教是很受鄙視的。天主六日創世、耶穌無父而生，這在儒家看來簡直就如同白蓮諸邪教的無生老母、真空家鄉諸邪說。心懷邪念者必行邪術，於是在一些記載當中，傳教士的空管吹魔變成了雞姦醜行的預備。

堅決反對同性戀的天主教徒在中國人的觀念中竟然成為了雞姦同性戀的狂熱實施者，落得一個「禽獸不如」的罵名，這從一個側面折射出了中國文化與天主教文化的隔閡之深。明清時期這兩種文化總體上是一種對立相競的關係，結果同性戀便也成為了一種對立因素。本來雙方對待男風男色的態度是有某些相通之處的，但由於在根本性的問題上存在著衝突，即雙方對於天主、偶像的認識大相徑庭，結果相通之處便受到了掩蔽，以訛傳代替事實，且愈傳愈訛，以致於完全背離了事實。這種文化交流上的溝通歧誤在明清這樣的特定時期是一種特徵性的表現。在當時，中西文化初次較直切地互相面對，雙方都具有強勢心態，在認真瞭解對方之前就已經先入為主地否定了對方。晚清李杕從天主教的立場出發曾經辯「誣」道：

> 我教廣行天下，其所以致人怨、被人毀者，較他事為尤甚。何則？教律遏情慾，而逞情慾者為之不快，不快則謗矣。教理斥異端，而好異端者為之含憤，含憤則謗矣。教之旨獨尊主宰，不祀古人，而他教為之側目，側目則亦謗矣。〔註514〕

李氏動稱對方為異端，對崇祀祖先予以否定，且稱對方為逞縱情慾者。語

〔註513〕《中華大帝國史》，第 21～22 頁。
〔註514〕《理窟・卷三・天主教被誣辯》。

氣強硬，性近反誣，其教所受之「誣」是難以辯駁掉的。按：總體來看，傳教士的私人生活確實可謂貞肅嚴謹，但所有人都嚴守戒條顯然並不可能，因而攻擊者的言論也非全無事實依據。像前面提到的江南教案中，王安多尼就確曾與兩位信教婦女有私。〔註515〕而在乾隆二年（1737）前後，來自意大利的方濟各會神父貝維拉瓜（Bernardino Maria Bevilacqua）在直隸（河北）農村傳教時，不但姦污了多名女子，而且還可能雞姦過男子。當時主持當地教務的布徹（Giovanni Antonio Buocher）神父對此深感震驚，他嚴密封鎖了消息，生怕醜聞被傳播出去。〔註516〕

需要強調的是，在晚清時期，文化衝突曾因政治衝突而明顯加劇。鴉片戰爭以後，中國人一次一次地在列強面前喪失尊嚴，雙方的政治矛盾愈積愈深，結果列強的文化載體之一天主教也就因而受到了愈加強烈的攻擊，教案事件開始頻繁不斷地發生。在民教衝突當中，民身處本土，人數眾多，在特定的地域、時間內是處於優勢。他們情緒激忿，排洋斥教，揭帖言論難免會有誇張、失真之處。比較典型的如把教會開設育嬰堂的目的說成為抉目煉藥。而同性戀的問題也受到了更多的重視，像《荔室叢談》、《風土廣聞》的記載都在同治年間被收入了著名反洋教書籍《辟邪紀實》當中。所以，男風同性戀在交融相長的政治、文化衝突中是可以充當角色的，只是它幾乎已經成為了任人隨意整飾的木偶。而只要能夠有用，整飾者是無心去做認真考究的，聽信者也樂於接受這類的描述，於是訛傳便如火遇風般四處擴展了開來。對此，教會方面的反應針鋒相對：「教律遏情慾，而逞情慾者為之不快，不快則謗矣。」〔註517〕「彼輩所志，惟淫佚貨利，亦何怪其言淫佚言貨利也。幾希已失，義理不知。既與禽獸無殊，亦何容與之多辨。」〔註518〕顯然，在洋教看來一般中國人對於同性戀的寬容放認是他們縱逞情慾、惟志淫佚的重要表現，於是男淫重罪很自然地又被反加到了他們的頭上。

在不同類型文化相互接觸的過程中，文化比較是持續要做的一件事，其基礎應是雙方都具有一種平實理性的心態。從明清時期中國文化和天主教文化雙方對對方同性戀面貌的評述來看，有不少主客觀因素可以導致認識的片面失真，這一現象對於當代的各種文化比較也是具有借鑒意義的。

〔註515〕 《歐洲所藏雍正乾隆朝天主教文獻彙編》，第206頁。
〔註516〕 《靈與肉——山東的天主教，1650～1785》，第150～156頁。
〔註517〕 《理窟·卷三·天主教被誣辯》。
〔註518〕 《闢誣編》。

明清時期西人視域裏的華俗男風

　　中西之間的較多交往是以 16 世紀的地理大發現為基礎的，葡萄牙、西班牙、荷蘭、英國、法國等國人員相繼而至。他們欲與中國通商，但中國實行閉關政策，因此 1840 年鴉片戰爭之前，中國境內西方人士的組成比較單一，主要是天主教傳教士在活動。鴉片戰爭打開了中國的對外大門，政治、軍事、經濟、文化等各方面的西人洋人大量進入中國，中西之間開始進行實質性的交往。清政府未能把握住機遇，看不清世界發展變革的潮流，結果被革命黨所推翻，1912 年中華民國建立。在上述歷史過程中，同性戀問題作為中西文化差異的一個組成部分而或隱或現，西方人士的相關記載和評論為我們提供了認識中國同性戀的一個獨特視角。當然在明清時期，「同性戀」作為一個名詞是不存在的，當時是用男風或男色來進行表示，而貶義的概念則是雞姦。

一、傳教士的視角

　　見本書前面第 1355～1366 頁。

二、世俗西人的視角

　　明清時期，來華西人除去傳教士外主要是外交人員、軍人和商人。他們固係天主教或基督新教教徒，但通常並不像傳教士那樣深入到了中國社會的最基層，在日常生活上幾乎完全融入其中，力圖要改變中國普通民眾的生活方式和精神面貌。因此，對於包括同性戀在內的中國社會的世俗民風，他們更多地是在充當觀察者、評論者的角色。

　　明代的幾位觀察者都強調了他們所在地的男風之盛。葡萄牙商人兼海盜蓋略特·伯來拉（Galeote Pereira）於嘉靖二十八年（1549）在福建沿海被明軍俘獲，以俘虜的身份他在福建省會福州羈留一年有餘，然後被流放到廣西省，最後自廣西逃出中國。在所著《中國報導》中，伯來拉回憶了自己在華期間的所見所聞，其中寫道：「我們發現他們當中最大的罪孽是雞姦，那〔在下層社會〕是極常見的醜行，〔高貴人物中也〕一點都不稀奇。」〔註519〕而崇禎年間曾經侵襲福建沿海的荷蘭人漢斯·普特曼斯（Hans Putmans）也發現雞姦行為「在中國人當中既不受懲罰也不受歧視」，普特曼斯因此鄙視地稱中國人為

〔註519〕　《十六世紀中國南部行紀》，第 10 頁。括號裏的內容是由法國龍樂恒（Laurent Long）先生補譯。

「卑劣的雞姦者」〔註 520〕。

伯來拉和普特曼斯所反映的主要是福建地區的同性戀狀況，在明清時期，該地男風的興盛程度要高於全國平均水平。伯、普二氏都與福建海盜有過交往，應當親眼見過他們當中的男風表現。而由於反映明代福建男風的資料其實也談不上很完備，因此伯來拉和普特曼斯的記述就成為了《萬曆野獲編・契兄弟》等相關中文記載的重要佐證。

到了清代，以鴉片戰爭為界中西交往明顯分為兩個時期。在前一時期，清政府嚴格限制交往範圍，僅將廣州一地設為通商口岸。這種閉關政策滿足不了以英國為代表的歐洲各國的貿易需求，著名的馬戛爾尼使團就是為了解決這一問題而來華的。該使團於 1792 年 9 月離開英國，第二年 8 月抵達北京，10 月離京，1794 年 1 月自廣州回國。包括正使馬戛爾尼（George Macartney）、副使斯當東（George Staunton）、總管巴羅（John Barrow），以及希特納（Johannes Hüttner）、安德森（Aeneas Anderson）、霍姆斯（Samuel Holmes）等在內，有多位使團成員從各自視角對這次出使進行了記錄或回憶。當時清政府中名位最顯赫的官員是和珅，他的出身比較一般，起初只是乾隆眾多侍衛裏的一員，可在得到皇帝賞識後剛剛 27 歲就已進入了國家的權力核心，出任軍機大臣。當時及後世的人們紛紛猜測原因，有人難免會想到男色上面。馬戛爾尼進京之後，法籍遣使會神父羅廣祥（Nicolas-Joseph Raux）前來拜訪，向他談及了和珅受寵的一些情形：

> 人們可以估計到這位善良的神父向馬戛爾尼談了更多有關和珅在乾隆皇帝的生活中佔有充滿浪漫色彩的位置的情況。不過，一個大使的報告必須有一定的分寸，關於那個問題，他只在報告中作了暗示。

> 對於和珅的地位，一位前耶穌會士曾用一句話來概括：「皇帝年事已高，再說所有國家都有一些蓬巴勒和蓬帕杜爾。」蓬巴勒是葡萄牙國王約塞的寵兒和首相，蓬帕杜爾則是路易十五的情婦和顧問。

> 對和珅的最好形容就是他既是寵臣，又當寵妃。〔註 521〕

實際上，有些清人固然會懷疑乾隆與和珅的關係曖昧，但清朝文獻中幾乎見不到相關記載，因此傳教士們的反映倒是成為了珍貴的第一手資料。他

〔註 520〕《洪業──清朝開國史》，第 56 頁。
〔註 521〕《停滯的帝國》，第 142～143 頁。

們靠著科學、藝術等方面的才能而供職於宮廷，有較多機會可以瞭解皇室內幕。在乾隆帝以前，他的祖父康熙曾因皇太子允礽犯有雞姦等罪錯而將其廢黜，對此，意大利虔勞會修士馬國賢（Matteo Ripa）也曾做有一些記載，見本書第 266 頁下注。

馬戛爾尼使團是在皇帝的避暑秋獮之地熱河覲見乾隆，那裏成為了他們觀察清人風習的一處重要場所。當時正是恭祝乾隆皇帝 83 歲萬壽的時候，整個熱河全都籠照在喜慶的氛圍當中。而使團成員卻驚奇地看到，這裡幾乎就是一個男性的世界：「慶祝一共進行了幾天，不過就西方人的習慣來說，它缺乏男女兩性俱都參加的那種場合的燦爛光彩歡樂情緒。中國的觀眾裏只有男而沒有女，按西方的眼光看，這好像是辦公事而不是娛樂。」〔註 522〕同時，清朝高官的出行排場也給使團成員留下了深刻印象：「這些高貴人物每個人都有自己的大批隨從人員，都自覺尊貴得了不得。」〔註 523〕

婦女在公共場所的少見說明清朝是一個男權夫權制的社會，僕從眾多說明清朝是一個等級身份制的社會。這兩點都對同性戀的發生具有促進作用，即丈夫可以比較容易地從在下等級中收取男寵，而他們的妻子對此無力去強烈反對。主僕同性戀是清代同性戀的主要表現之一，英國使團的總管約翰‧巴羅曾經鄙夷地回憶道：

> 中國人幹這種令人憎惡而不人道的事不以為恥，反以為雅，所以清廷的高官顯宦會毫不猶豫地公開承認。每個高官都有一個拿煙具的侍童形影不離，這種侍童一般都是 14 到 18 歲的俊俏少年，總是衣著光鮮。他們在指給我們看各自的侍童時，那種眼神動作的含義是顯而易見的。〔註 524〕

巴羅還正確地指出，兩性關係的過於嚴肅促進了清代男色現象的活躍：

> 禁止跟正派的女子經常性交在這兒不是為了製造一種迫切效

〔註 522〕 《英使謁見乾隆紀實》，第 359～360 頁。對於這種在公共場合難以見到女性的現象，1844 年法國人伊凡（Melchior Yvan）在廣州、1898 年美國人康格（Sarah Pike Conger）在北京也都注意過。見《廣州城內》，第 39～40 頁；《北京信札》，第 1 頁。

〔註 523〕 《英使謁見乾隆紀實》，第 344 頁。伊凡也曾記道：「最低微的官員要沒有大群僕役——抬轎者、舉旗者、打鼓者以及其他僕役——護駕的話，他不可能穿過街道。」見《廣州城內》，第 145 頁。

〔註 524〕 《我看乾隆盛世》，第 111 頁。

果，也不是為了增進情慾。在中國，提倡這種兩性關係似乎有一種
相反的效果。作為一種對自然法則的最嚴重的違反（指雞姦），它應
當被認為是最基本的道德犯罪之一，一種使男人墮落得比畜生更低
下好幾等的性關係。〔註525〕

　　但是，清人男風的活躍其實也是有限度的，巴羅懷著對雞姦活動的極端憎
惡來進行觀察，他顯得有些過於敏感了。有些官員可能只是一般地在表示對他
們侍僕的滿意，可巴羅卻將此理解成了男色邪淫。他還引用了使團成員之一希
特納的日記，該日記在描寫熱河行宮時寫道：

　　宮裏雕像眾多，其中有兩座是大理石男孩，製作精美。他們的雙
手雙腳都不突出，其姿勢讓人毫不懷疑邪惡的希臘人確有理由害怕中
國人。那個老太監在指給我們看他們時，臉帶無恥的淫笑。〔註526〕

　　但使團副使斯當東從男爵也曾詳細描述過馬戛爾尼等英方人員在和珅陪
同下遊覽皇家花園的全過程，他們欣賞到了多種美術品：「歐洲作品中，我們
在一個房間見到一個畫得不出色的女人像，在另一個地方看見一個匍匐著的
裸體童子的大理石雕像。」〔註527〕此處的裸體童子應當就是希特納所述及的
大理石男孩。這類西洋風格的雕刻作品一般都是在傳教士指導下完成的，又是
放置在公開的場所，因此它們本身不可能具有男色徵象。至於希特納以及巴羅
做出了這方面的理解，這只能說明他們心懷刻板的成見，極力想從觀察對象那
裏找到雞姦的表現。同時，清廷高官也不可能向身為夷人的巴羅明確坦承他們
的男色嗜好，如果真有這種情況，這應當是屬於少數官員的私下所為。清人男
風是處於一種興盛卻也隱晦的狀態，就像巴羅所指出的，異性交往渠道的狹窄
促進了同性戀的發生；但在同時，作為限制異性關係的理論基礎，道德的純淨
化同樣也會對同性戀具有抑制作用。因此，從總體上看，清人的男風同性戀活
動還是比較收斂的，是一種不便公開張揚的個人隱私。

　　相關法律規定最能體現清代社會對於雞姦同性戀的反對態度。這方面的
規定在清初已經初步制定出來，在乾隆五年（1740）頒布的《大清律例》中已
經基本定型。其主要內容是：

　　惡徒夥眾將良人子弟搶去強行雞姦者，為首者擬斬立決。如強

〔註525〕《我看乾隆盛世》，第110～111頁。
〔註526〕《我看乾隆盛世》，第111頁。
〔註527〕《英使謁見乾隆紀實》，第353頁。

姦十二歲以下十歲以上幼童者，擬斬監候。若止一人強行雞姦，並未傷人，擬絞監候。如傷人未死，擬斬監候。如和同雞姦者，照軍民相姦例，枷號一個月，杖一百。〔註528〕

上述律條不僅嚴懲強行雞姦，而且懲治和同雞姦，也即普通人私下進行的兩相合意的同性性行為。清代出版有多種案例彙編，其中收有不少雞姦案例，從中我們既可以看到審判官員對雞姦行為的嚴厲指責，也可以看到受害人的痛苦表現以及他們對所受侵害的強烈反抗。受害人可能會因受辱而自殺，有的則會將侵害者殺死，而有些「和同雞姦」的同性戀者在隱情暴露後則會因羞愧而自殺。因此，如果只看法律規定及相關案例，人們會感到清代社會與同時期的西方社會具有相似之處。可1835年由美國傳教士主辦的《中國叢報》在敘述一件士兵雞姦幼童的案例時卻首先寫道：

索多瑪罪孽。今年二月二十六日（陽曆3月24日），《邸報》用整整9頁篇幅詳細記述了這種醜行的一個事例。其存在範圍很廣，幾乎遍及中華帝國的每一個角落，尤其是在那些作為天朝上國道德捍衛者的所謂「牧養百姓」的官吏中間。

即便此說確有一些事實依據，也不能用接下來所述的這一案例來作說明：

時年34歲的雞姦犯名叫伍保（Woopaou），他原是一名韃靼（滿洲）八旗士兵，道光十二年八月二十七日在魏（Wei）夫人家強暴了她的孫子。男孩哭著去告訴祖母，魏夫人勃然大怒，不聽伍保任何的悔罪表示，伍保見勢不妙就逃之夭夭。在失蹤了兩年之後，他又回來了，因而被捕，被押送到公堂去接受審判。小男孩只有十一歲。〔註529〕

伍保在公堂所面臨的將是死刑懲治，這能表明的是清代官吏對於雞姦幼童行為的嚴懲態度。幾年之後，《中國叢報》上的另一篇文章曾經談論清朝官員指控在華外國人犯有雞姦罪的事情，又對華官進行指責道：

違背自然之罪在帝國這一帶（廣州一帶）的普遍程度令人不可思議，官吏犯此罪的尤其多。由於斷定外國人是和自己一樣壞，於是中國官員謬用雞姦罪來指控他們。並將大字告示貼在代理商家的

〔註528〕《大清律例》卷三十三。
〔註529〕"Journal of Occurrences", *The Chinese Repository*, Vol. IV, June 1835, No. 2, p. 104.

牆壁上，數月之內讓所有人都看得見。〔註530〕

不管華官的具體指控是否為誣陷，這種關於原因背景的推測都是不符合實際的。

鴉片戰爭終結了中國的閉關政策，西方列強通過軍事手段達到了外交手段所達不到的目的。在此之後，各種身份的西方人士紛紛來華，中西之間的交往規模明顯擴大，而這時清朝也進入了它的晚期階段。由於交往增多，當時西方人所寫有關中國問題的著作也同時增加了許多。僅就筆者所見，近年以來翻譯成中文的西人遊記、觀察類著作即有四五十種。這類作品在題材上相似於清人所寫的筆記，都是雜記所見所聞。清人筆記有一個明顯特點，就是其中不時便會出現同性戀方面的記述，作者們並未對此特意進行強調，這類記述很自然地與其他內容混列在了一起。遺憾的是，筆者在所見漢譯西人遊記、觀察中卻未找到同性戀方面的內容，這與清人筆記形成了鮮明的對比。分析其原因，一方面有些西方作者的觀察確實比較淺略，並未深入到社會生活的內部；另一方面，以英美為代表，維多利亞式的宗教道德對同性戀所採取的是一種回避的態度，就像先前時候巴羅所言：「要不是有人懷疑中國存在這種令人作嘔的罪惡，又有人把它的存在歸罪於錯誤的原因，我是不會在此加以討論的。」〔註531〕巴羅是為了特定的目的而進行記述，即便如此，他連貶義明顯的「雞姦」這個詞也始終都不願意使用，儼然此詞能夠髒污他的鵝毛筆似的。

在清代社會，人們最容易看到的男風現象是存在於男優當中。清代戲業興盛，但由於公共道德嚴格限制異性間交往，因此戲劇中的女性角色全是由男性扮演，這樣的男優被稱為男旦。以男旦為代表，有些優美男伶不但在舞臺上娛悅觀眾，而且在舞臺之下也會陪笑、陪酒乃至出賣色身。此種男色現象在北京已經體制化，這樣的男優被稱為相公，他們的恩客和住處分別被稱為老斗和堂子。由於最易被看到，因此有些西人文獻對相公情況進行了反映。1849年10月，俄國科瓦列夫斯基（Maksim M. Kovalevsky）以外交官的身份來到北京，第二年5月回國。在此期間，他曾多次去戲園看戲，自然也看到了相公們在公共場合的表現。當時，有的相公在演出之前會走下戲臺到老斗身邊去問候。科氏描述道：「戲園裏設有包廂，裏邊全是頭號戲迷。在那裏，你能看到圍繞在

〔註530〕 "Bullock's Chinese Vindicated", *The Chinese Repository*, Vol. IX, September 1840, No. 5, p. 321.
〔註531〕 《我看乾隆盛世》，第112頁。

他們身邊的那些男旦角兒是怎樣對他們的這些崇拜者肆意地耍小性兒，這情形跟其他國家的女演員們差不多。」〔註532〕在此，科氏總體上是將男旦視為藝人演員。而在實際上，每當演出結束之後，這些相公男旦就會去到飯店或者返回堂子，彼中所為就不僅僅是向老斗耍耍小性了。

相較於科瓦列夫斯基，1894 至 1901 年間在法國駐華使館做醫生的馬丁榮（Jean-Jacques Matignon）對男風男色懷有社會學上的研究目的，他曾親自探訪過堂寓下處，觀察也就深入了許多。1899 年在法國 *Archives de l'anthropologie criminelle*（《犯罪人類學資料》年刊）第 14 期馬氏發表了 *Deux mots sur la pédérastie*（《簡言中國男色》）一文。〔註533〕除去一些當時難免的反同言辭，如「性慾迷誤」、「病態嗜好」，文章內容大體上言之有據。關於中國的男色狀態，馬氏寫到：

> 我的一位長期接觸華人的老朋友，對他們非常熟悉。有一天晚飯後，他像說格言一樣肯定地講：「所有『講面子』的華人都會玩狎男色，不是已經玩過就是將來會玩。」（圖 438）初聽起來這段俏皮話很奇怪，但是應當承認基本上有道理，而「講面子」的中國人數目非常可觀。實際上，男色在中國非常普遍，不論尊卑貴賤、年老年幼都貪玩此道。

> 大眾對於這種消遣完全無所謂，並不因為道德立場而驚恐。既然操作者喜歡，接受者情願，又何嘗不可？此外，中國法律很少干預比較隱私的事情。

馬丁榮對於華俗男風的概括總結有其真實深入的一面，不過並不全面。他若廣泛讀到了當時道德和法律領域的相關文獻，則會看到中國人對待男風同性戀的另一種態度。其實，中國法律對於雞姦的懲處不可謂不嚴，相關判詞和道德說教對於雞姦男風的責斥也不可謂不厲。當然，馬氏具體的所見所聞是能支持其總結的。他將紅相公、黑相公、剃頭仔乃至乞丐的男風活動都予寫到，筆下的一些相公堂子可以說就是「男窯子」。在談及對相公的訓練時，文中赫然出現了用假陽具將「花」弄開、拔光後庭肛毛等情節，恰可補充相關中文文獻的記載缺漏。

〔註532〕《窺視紫禁城》，第 179～180 頁。
〔註533〕說明：本雜誌及 *Inverses* 中的資料是由法國漢學家龍樂恒（Laurent Long）先生提供，特此致謝。

　　相公體制在北京發展得最為完備，相公在身份上是隸屬於堂子。而在中國其他地區，戲優普遍地還是直接隸屬於戲班，他們的男色表現相對缺乏系統性。不過作為緊臨北京的重要港口城市，天津戲業雖然遜色一等卻也與京城相似，這裡同樣也有堂子和相公。只是相公們看來不大注重表演，他們把更多的心思放在了如何以身取財上面。晚清張燾曾對京、津兩地的相公進行比較，謂：「京都狎優，不過徵歌侑酒，逢場作戲，無傷風雅，彼此尚知自愛，不必實事求是。而天津私坊品格較低，供人狎昵，任所欲為，後庭一曲，真個魂消。其命薄無奈如此。」〔註534〕天津的相公更像是男妓，「在1860年，一位身在天津的西方觀察者估計該城有35家男妓院，大約有800名受過調教的少男在從事賣淫活動。」〔註535〕對此，馬丁榮的記述更加具體，尤其值得注意的是，他發現西洋人在天津的堂子裏也有出沒，這反映出了津門作為通商口岸對外交流的頻繁。馬氏寫道：

　　　　我只因純粹社會科學方面的好奇才兩次步入提供男孩兒的妓院。第一次是白天去，第二次是在晚上，覺得夜間不會那麼令人反感。然而每次出來，我對所目睹的可恥、反常景象都非常厭惡。真是很難相信，有人告訴我在天津有一種男堂子竟毫無顧忌地歡迎歐洲人來逛。很多那種傷風敗俗之地比我們法國海港上的最下流窯子還要醜陋一百倍。

　　　　北京那種「堂名兒」也很多，但是歐洲人不容易進去。要辨識男妓院主要得看玻璃門燈，上面寫著含有寓意也比較易懂的文字，而女妓院門口掛的燈是紙燈。堂名兒裏的男孩子──至少就我所見過的而言──既骯髒又醜陋。客人一到，他們便用刺耳的假嗓子來唱流行小曲，遞上一管煙或鴉片，坐在嫖客的大腿上講些穢褻故事，等著嫖客施行所欲。

　　從整體來看，西方人士可謂是堅決反對同性戀的，通過與中國對比，他們更加堅信了自己文化的優越性。可有些西人卻在中國嫖宿男妓，在某種意義上這能說明西方文化才是壓抑人性的，西方的被稱為雞姦犯的同性戀者在東方的中國找到了可以釋放積欲的園地。在這方面，英國巴克斯〔註536〕爵士是最

〔註534〕《津門雜記》卷中。

〔註535〕*Passions of the Cut Sleeve*, p. 152. 原載：*Erotic Aspects of Chinese Culture*, Lawrence E. Gichner, Washington, D. C., 1957, p. 76.

〔註536〕Edmund Backhouse，或譯為白克好司，巴氏自譯之名為巴恪思。

典型的一位代表。他於 1898 年來到中國，直到 1944 年去世，大部分時間是在北京度過的。1943 年他完成了兩部自傳手稿，即《往日已逝》（*The Dead Past*）和《滿洲的衰落》（*Décadence Mandchoue*），分別回憶自己在歐洲和中國的生活經歷，尤其是同性戀方面的經歷，其中充滿了異聞和謊言。在歐洲，巴克斯是上流社會和文學界的寵兒，做過首相羅斯伯里（Archibald P. Rosebery）、詩人維爾蘭（Paul Verlaine，即魏爾倫）等人的同性情人；在中國，他能夠方便地進出宮苑貴邸，與恭親王溥偉等皇親國戚適意交歡，甚至還成為了慈禧太后的情人。而所有這些其實都是屬於臆造。當然，巴氏的「同性戀對象」也有不少是普通人包括男妓，在歐洲，「巴克斯在溫徹斯特發現他後來將恣意放縱的那種愛好。他告訴我們，他在那裏的六年過著『縱情淫慾的狂歡生活』，是『很多人追求的對象』」；「在倫敦，他去傑明大街搞同性戀的妓院〔註 537〕，而且還去巴黎的類似場所。」〔註 538〕來到中國之後，經由慶親王介紹巴氏成為了高級堂寓淑春堂裏的常客，沉溺於中，享受到了當紅相公的富有刺激性的服侍。巴克斯與這些普通男性的同性性關係有些可能是真實的，那麼，他既然在歐洲可以得到，為什麼又要來到遙遠的中國？巴克斯自己給出了答案，原來他與著名唯美主義文學家王爾德（Oscar Wilde）的友情也非一般，他們曾在一起「享受另一種親密關係的樂趣〔註 539〕」〔註 540〕。這當然不是事實，但它發出了一個極富象徵意義的暗示：1895 年王爾德因與年青的道格拉斯（Alfred Douglas）勳爵有私而以猥褻罪被判處兩年監禁，是此案讓英國的那些「雞姦犯」感到恐懼，於是一些人選擇了逃離。巴克斯來到中國，說明他將中國視為了與英國相對照的同性戀者的樂園。他的個人樂園是淑春堂，那裏具體的優伶男色雖然失真但終究具有實際背景，巴克斯準確抓住了中國男風男色的最突出的表現。

　　但是，巴克斯爵士還是來得有些晚了，他在中國的幾十年間，正是西方文化改變中國同性戀傳統面貌的關鍵時期。自 1840 年鴉片戰爭以來，經過第二次鴉片戰爭、中法戰爭、中日戰爭，列強一次次地將中國置於屈辱的境地，而 1900 年八國聯軍佔領北京、1901 年《辛丑條約》的簽定則將屈辱推向了頂峰。其結果之一就是：清政府終於認識到了自身的嚴重缺陷，開始進行仿照西方

〔註 537〕龍樂恒注：原文為「土耳其浴室」。
〔註 538〕《北京的隱士》，第 270、272 頁。
〔註 539〕龍樂恒注：原文為「慢慢地、長時間地享受交合的樂趣」。
〔註 540〕《北京的隱士》，第 272 頁。

的各種政治、經濟和社會改革。在此背景下，中國同性戀的面貌也開始發生改變。有多種中文文獻曾經指出，1900 年是一個重要的時間節點，此後北京的相公業開始趨向衰落。最直接的一個原因是：八國聯軍代表著西方文化，是為了保護在華教會才侵入中國，因此對於相公堂子會採取一些限制乃至取締的措施。〔註 541〕而根本性的原因則是：在革新的風氣之下，舊有的一些道德觀念開始發生改變，其中與男風男色直接相關的是娼妓業的解禁。清代嚴明男女之大防，以致法律不但禁止官員宿娼，而且還禁止妓院的開設。這些規定在北京執行得最為嚴格，使得京城妓業規模小、檔次低，從而促成了相公業的興盛。而 1900 年以後，不少高檔次的南方妓女陸續來到了京城營業，1905 年官府則開始破天荒地收取妓捐，一向非法的妓業終於成為了合法。〔註 542〕在娼妓的衝擊之下，相公業的規模不斷縮小，許多堂子在租售之後直接就變成了妓院。最終的結果是，在清朝剛剛滅亡之後的 1912 年 4 月，北京的警務部門就將開設堂子宣佈為非法。〔註 543〕由於以相公為代表的優伶同性戀是清代同性戀最重要的組成部分之一，因此可以把相業的廢除看成是清代同性戀的結束標誌，並且這也是整個中國古代傳統同性戀的結束標誌。進入民國以後，在對同性戀進行定性時，「性變態」這一西方概念成為了中國人經常用到的一個詞彙。著名文化學者鄭振鐸在 1934 年為《清代燕都梨園史料》作序，他在序末曾經寫道：「《史料》裏不乏此類變態性慾的描寫與歌頌，此實近代演劇史上一件可痛心的污點。」〔註 544〕相公業的興盛成為了清代社會腐朽沒落的一種表現。而針對社會上的普通同性戀，民國時期著名性學家張競生的觀點是予以

〔註 541〕聯軍中的法國軍士 Henri Jeoffrai 曾經口述回憶道：「我們到了北京，少男妓院能夠找到很多。歐洲當局把妓院都給關閉了，院中最可愛的變童轉而成為了軍官食堂裏的侍僕。」見 Laurent Long、Jean-Claude Féray: *Observations inédites d'Henri Jeoffrai sur la pédérastie en Chine*（《Henri Jeoffrai 所提供的關於中國男色的未曾發表的觀察》）。載於 *Inverses*（《顛倒年鑒》），No. 9, 2009, p. 148.

〔註 542〕《大清律例》卷三十三規定：「京城內外拿獲窩娼月日經久之犯，除本犯照例治罪外，其雇給房屋之房主，初犯杖八十，徒二年，再犯杖一百，徒三年。」（《大清律例》附嘉慶十九年纂修條例）宣統元年（1909）八月，沈家本等編定完成了《大清現行刑律》草案，沈氏按語云：「此條係嘉慶十六年定例，現在京師娼寮均經上捐，此項租給房屋之家業經奏准免其治罪。此例應即刪除。」（《大清現行刑律案語》）

〔註 543〕見張次溪《燕歸來簃隨筆》所載北京外城巡警總廳所發告示，《清代燕都梨園史料》，第 1243 頁。

〔註 544〕《清代燕都梨園史料》，序第 7 頁。

劁除：「把陰戶講究得好，不但男女得到交合的和諧，並且可以劁除這個變態的、臭味的、非人道的、甚至鳥獸所不為的後庭巴戲。」〔註545〕

　　在明清時期，最積極地努力改變中國男風面貌的是天主教傳教士。一但受洗入教，在神父跟前時行告解，信徒都會滌洗舊俗，虔心奉主。不過由於傳教範圍有限，天主教信眾在中國人口中所佔的比例很低。相較之下，基督新教的傳教姿態比較和緩。不過以英美為代表，新教國家在政治上對中國整體面貌的改變影響最大。再由政治及於文化和社會，由清末再到民國，中國的社會面貌發生了重大改變，男權夫權制和等級身份制在相當程度上都得到了削弱，男女交際的自由度得到了比較明顯的提高。而明清時期尤其清代男風之所以相對興盛，最直接的原因就是兩性交往在當時受到了嚴格限制，於是人們只得去擴展同性交往的內容和範圍。最典型的表現：由於男女不能合演，於是以男旦相公為主體的優伶男色發展了起來。進入民國以後，兩性關係變得比較自然，相形之下，同性戀的「變態」特徵便凸顯了出來，於是近代西方的性學觀念和概念很容易地便得到了接受。

　　無需像天主教那樣具體直接，以基督新教為底色的西方文化在宏觀上對中國同性戀面貌的改變發揮了關鍵性的影響力。中西雙方在二十世紀初都進入了性學的近代階段，都把同性戀視為一種疾病。對西方而言，態度較前變得寬容，中國則變得相對嚴厲。所以，中西在近代都在發生改變，同性戀有別於異性戀，它的客觀表現在不同時代、文化和社會中所受到的評價會存在巨大差異。及至當代，用「變態」來對其定性已經不是社會的公開共識。由此再回顧明清時期西方人士對中國男風的觀察與評論，觀察固然可以提供部分的事實，至於評論，其所反映的主要是歷史上主流文化、社會與人群的認知局限性。

明清時期的男色疾病

　　同性戀在明清時期被稱為男色、男風，它不僅是一種社會現象，而且也是一種生理現象，旱路肛交對當事人而言是無師自通的一件事。有性就有病，有些男科疾病不僅生發於男女之慾，而且也能生發於男男，或被認為能夠生發於男男。與男女不同的是，男色之疾被賦予了更多的社會道德因素，從而有時顯得更加嚴重。

〔註545〕《張競生文集》下卷，第 405 頁。

一

　　就嚴格意義上的男色男科病而言，明清醫家談到的有濁病、疳病等。清代
俞震談白濁之症：

> 醫書向有精濁、溺濁之分。以予驗之，濁必由精，溺則有淋無
> 濁也。凡患濁者，竅端時有穢物粘滲不絕，甚則結蓋，溺時必先滴
> 出數點，而後小便隨之。小便卻清，惟火盛則色黃，亦不混濁。白
> 濁之因，有慾心萌而不遂者，有漁獵勉強之男色者，有醉酒及用春
> 方以行房忍精不泄者，皆使相火鬱遏，敗精瘀腐而成。故白濁多有
> 延成下疳重候，豈溺病乎？

　　俞震把漁獵男色視為白濁的病因之一，他的治療方案是：

> 治法不外養陰清熱，佐以堅腎利水，蓋癸竅宜閉，壬竅宜通也。
> 初起者，當兼疏泄敗精之品，如滑石、冬葵子、牛膝、萆薢之類；
> 日久者，當兼補元實下之品，如人參、熟地、湘蓮、芡實之類，亦
> 無甚艱難。〔註546〕

　　古人常講酒色害人，明代孫一奎記一具體醫案，酒色兼攻而致白濁：

> 吳之清客周夐玉者，豪放不拘，人言有晉人風，酒後益恣而好
> 男色，因患白濁。診其脈，右寸關皆數。予曰：「皆由酒後不檢所致
> 也。中宮多濕多痰，積而為熱，流於下部，故濁物淫淫而下，久不
> 愈矣。」與以加味端本丸服之而瘳。白螺螄殼四兩，牡蠣、苦參、
> 葛根、黃柏各二兩，陳皮、半夏、茯苓各一兩，甘草五錢，麵糊為
> 丸，令早晚白湯下三錢。〔註547〕

　　近代李公彥在其《花柳易知》中談到了一種「直腸白濁」：

> 此病以女子為多，男子較少。因女子陰部患生白濁，易沿海底
> 而流於後，遂被傳染於直腸內也。男子惟難姦者有之。其證候為直
> 腸內腫脹，時泄極多惡臭之脂水；且常帶血，每逢大便，痛不可當；
> 兼覺裏急後重，肛門往往脫皮，起皸裂；甚者，肛門周圍，亦發紅
> 腫，終則或自愈或成慢性。直腸既成潰瘍，終必變為狹窄。治當安
> 靜身體，常用熱水薰洗下身。肛門內納入依比知阿兒坐藥，或用鴉
> 片。專進液體食物，俟數日後，大便之通利既止。乃飲以蓖麻子油

〔註546〕《古今醫案按》卷第六。
〔註547〕《醫案》卷一三吳治驗。

或瀉葉浸劑，令排柔軟之便。倘有糜爛或起皸裂，則可滴以右加乙涅水，將患處麻醉，然後以硝酸銀蝕死之。〔註548〕

按：李氏所言由肛交所致白濁應是屬於性傳播疾病中的淋菌性直腸炎，與由積鬱生熱所致白濁不是一個概念。

由傳染而得的還有疳瘡，清代顧世澄曾謂：「龜頭腫痛，有因嫖妓孌童，沾染穢毒，其腫紫黯，上有黃衣，溺管必痛，小便淋瀝。否則莖皮收緊，包住龜頭，即成袖口疳瘡。亦有龜頭之下，紅胞如瘤堅硬，亦有所患之胞如水光亮，即為雞嗉疳瘡。治之大法，以大黃下之撤毒為主。」〔註549〕按：此類疳瘡應是屬於軟下疳或一期梅毒的硬下疳。

二

按照現代醫學的認識，梅毒等性病是由病菌傳染引起的。而在明清中醫看來，廣交即可生毒，此毒不依賴病菌就可以傳染。清末于景和轉述前人之說談到了著名的「龍陽毒」的概念：

> 富貴之人，廣置姬妾，尚恐縱慾傷生；嬖優宿娼，乃正人之所唾棄。往往有富貴之軀，媾合下賤之質，或中毒而虧體辱親，或絕嗣而耗財傷命。茫茫長夜，終古不旦，余實不解。吾師〔註550〕曰：孟河有某巨富，年逾六旬，喜漁男色。有一優伶，善於逢迎，嬖而狎之。不知此優廣交多人，蘊毒已深，京諺所謂吹塘灰者，其毒氣竄入溺孔中，中毒尤甚。後數日忽然寒熱腹痛，少腹起青筋一條，直沖胸膈，約闊半寸，手不能按，體不能俯曲，日夜疼痛不休。孟河諸先輩治之無效，再延常州法懷風先生治之，亦不效。諸醫束手無策，即以千金聘丹徒王九峰〔註551〕先生。斯時九峰僑寓廣陵，渡江到孟。諸醫群集，九峰診之，謂某富翁曰：「君年近古稀，猶舉動如此。何將高年有用之軀，自暴自棄，傷之於非命也？」眾咸不解，請問何症？九峰笑曰：「數言之中，病原在內矣，使其自言可也。」此老羞澀不言。九峰曰：「此症是中龍陽妒精毒也。夫龍陽之毒，與妓女不同。女之前陰，時時小便，況淋帶信水，出多入少，雖有毒

〔註548〕《花柳易知・第一編西法・男女白濁併發症之治法》。
〔註549〕《瘍醫大全》卷二十四。
〔註550〕名醫費蘭泉。
〔註551〕王之政，號九峰，乾嘉間名醫。

不能久蘊於中。且女氣屬陰，陰氣善伏而下流。即中妓女之毒，不過淋濁、橫痃、下疳等症而已，少服清利之藥，當時可去。即當時不發，伏於腎臟，至一二年化火，隨督脈上升巔頂，腦髓熱，天庭潰，鼻梁陷塌，治之合法，亦不至傷命。若中龍陽之毒，甚於妓女。男子體質屬陽，二陽相併，雖不中毒，往往損目。後庭一日一便，啟閉有時，火毒內蘊，毫無泄路，久鬱如爐。以剛濟剛，以火濟火，陽者喜竄喜升，毒從肛中射出，直入莖中，如中毒矢，從沖任脈中，直衝於上。絡中流利之氣血，阻塞不通，氣不通則痛，血不通則黑。」諸醫問曰：「何以治之？」九峰曰：「高者抑之，塞者通之，著者去之，實者損之。無須多藥，只以生大黃四兩，用水煎兩沸，絞汁服之，即愈。」某翁因膏粱之體，服大黃恐有虛脫之慮，諸醫議論不一。法懷風先生曰：「以一二兩加酒煎服，大勢不妨。」以一兩用酒煎服，毫無動靜。明日，九峰欲回，某翁曰：「病未治瘥，先生何以即回？」九峰曰：「不服吾藥，請吾何為？既請吾治，當服吾藥。」仍用大黃四兩，九峰親視，依法煎好，強服之。服盡，即下黑血甚多。下一次，則黑筋下數寸；下數次，黑筋方消，而痛亦止。下紫黑血半便桶，翁已神疲力倦，飲以米粥止之。……九峰者，即昔日之王聾子，名震中夏。有此道術，不愧名醫，豈欺世盜名者，所可同日語哉！〔註552〕

「龍陽毒」還是屬於一種積熱、邪熱，當然，中醫把梅毒也是視為一種邪熱，梅毒之熱可以傳染，那是由於它有梅毒螺旋體這一生物介質。而「龍陽毒」呢？從病象來看其主要表現是「腹起青筋一條，直沖胸膈，約闊半寸」。顯然這並不屬於性病，不能由傳染得來的。王九峰先生名震中夏，但當時中醫的微觀觀察是看不到病菌的，他雖治有效驗，不過對病原的認識並不準確。

但是，王九峰的這種認識在明清時期並不突兀。明末豔情小說《玉閨紅》第四回，幾個潑皮無賴在一起浪談風月。活無常胡二講他尚未嘗過男風滋味，無二鬼吳來子笑道：「四哥也未免見識太少了，咱倒是個久行慣家。只是弄這玩意兒，非小心不可。不然一不小心，弄出屁來，變成炮打旗杆頭，可就有性命之危。」飛天豹劉虎應道：「這也是經驗之談。」何為「炮打旗杆頭」？民國年間英國人巴恪思（Edmund Backhouse）在其回憶錄中曾經寫道：「有一個

〔註552〕《診餘集》。

普遍的說法，從後面性交，若被動一方放屁在交媾當中尤其是射精之時，那麼會引發敗血症。」〔註553〕敗血症是有性命之危的，清末民初與明末相差三百年，而相似的說法卻一直流傳著。所謂「炮打旗杆頭」，它與于景和之師所談到的京諺「吹塘灰」相似。而屁氣哪能有如此大的威力，它應是以邪毒、毒氣為原型，也即「毒從肛中射出，直入莖中，如中毒矢」也。

龍陽毒的說法比較虛，不過王九峰簡單談到的肛交損目則比較實。這也並不是說肛交就會損目，而是說目力受損是中醫裏的實在病象。中醫認為，氣血瘀阻、痰熱上壅、肝火亢盛等可以導致此症，患者視力下降甚至可能會失明。用明目中藥如密蒙花、千里光、夜明砂、望月砂、草決明等，或用中成藥如明目地黃丸、石斛夜光丸等，中醫確實可以治療目損之症。將肛交與目損相聯繫的說法也流行較廣。清代嘉道年間，張際亮認為：男色之事「最足傷人，狎之甚者必得目疾，老則盲，或陽痿不能生子。是故與其男淫，毋如遊狹邪也」〔註554〕。白良弼認為：「醫經肛門居至陰之地，絲繫於心，為大腸出糞之所。若戀此不禁，無論天神必有報應。而且穢濁之氣暗薰腎莖，兩目終必枯眊，陽具亦漸痿矣。」〔註555〕吳熾昌寫一具體事例：洪大家境小康，與美男邢大情若夫婦。「洪嬖愛益甚，所欲無不順從。服飾之珍，飲饌之腴，甲於貴胄。夫好男色者，必病股與目，況旦旦而伐之，有不速斃者乎！三年，洪業漸敗，目既眊而半身不遂矣。」〔註556〕光緒間丁柔克也曾寫一具體實事：「某太守世家子，酷好龍陽。家畜長隨數名，起居與共，儼如夫婦。其夫人怒而去，不恤也。尤悖謬者，中年因男風得目疾，呼號中一切敷藥調飲，非某僕不歡。癒後竟成眇目先生，從此悒鬱寡歡，無復少年態矣。」〔註557〕而就實事真人而言，最出名的當屬咸豐年間太平天國東王楊秀清了。楊氏權傾一時，天王洪秀全幾被架空，於是在生活上大肆窮奢極欲。楊好男色，為醫目疾而不擇手段：

> 諸王好男色，故多病目。東楊晚歲則竟眇，然漁獵之慾不少減也。及精力不繼，乃求媚藥以為扶助。故天京所謂供奉之醫官，皆操房中術以自謀者也。其中最著者，有何潮元及李俊良二人。後東

〔註553〕《太后與我》，第216頁。
〔註554〕《南浦秋波錄·第三·瑣事記》。「遊狹邪」是指狎女妓。
〔註555〕《遠色編·嚴戒漁色·男色》。
〔註556〕《客窗閒話·續集第五卷·妖人邢大》。
〔註557〕《柳弧·卷六·某太守》。

楊目疾劇，使何、李二人合商方藥，服之無效。李曰：「吾有秘方，未識東王能否許一試用？」楊問何如，李曰：「選童男女之未及冠笄者，每晨未飲食時預以甘露漱口，然後向目上之，三十六次而易。大約每日易十人，一月必奏效。」東楊許之。於是廣徵童男女充是役，有色者或狎之，不如意輒殺，因是致死者頗眾。後卒無效，東楊怒。及東楊敗，二醫俱死於亂兵中。〔註558〕

　　無子艱嗣更是實實在在的病象，在中醫看來，這與男色、男風也有關聯。明末醫學大家張介賓即曾指出：「疾病之關於胎孕者，男子則在精，女人則在血，無非不足而然。凡男子之不足，則有精滑、精清、精冷者。或好色以致陰虛，陰虛則腰腎痛憊。或好男風以致陽極，陽極則亢而忘陰。若此者，是皆男子之病，不得盡諉之婦人也。」〔註559〕清初喻昌引用胡卣臣之言，並對其論深表認可：「胡卣臣曰：『艱嗣之故有五。一曰性偏刻，好發人陰私。一曰好潔，遇物多不適意處。一曰慳吝，持金錢不使漏一線。一曰喜孌童，非其所用，肝筋急傷。一曰多服熱劑，鑠真陰而盡之。』嘉言此論！曲暢經旨以闢方士之謬而破輕信之惑，真救世之藥言也。」〔註560〕清代佚名人引用明末道學家陳成卿之語亦謂：「陳成卿曰：『養生家言男淫損人，尤倍於女。』蓋男為陽，兩陽相亢，必竭其精。精竭則寒，寒則不能生育，故求嗣者當首戒男淫。且穀道為幽冷穢濁之地，屢屢犯之，氣偏為戾。縱陽未衰而有子，非生而不育，即長亦為敗家之子。知以後嗣為重者，可不畏乎？況溺於此者，或痿廢，或失明，未老先衰，不一而足。是以有子者，亦當深戒也。人能痛自改悔，誓不再踏前非。外資藥力，內養生機，久久堅持，陽和漸復。不特寧馨有慶，且康壽可期矣。」〔註561〕怎樣「外資藥力」？清代竹林寺僧人針對「陽極」之症給出如下藥方：

　　　　男子相火熾盛，爍傷真陰，以致陽極。陽極則亢，或過於強固。強固則勝敗不洽，是以無子，宜延年益嗣丹。

　　　　人參三兩，天冬酒浸去心三兩，麥冬酒浸去心三兩，熟地黃酒蒸搗、生地黃各二兩，茯苓酒浸曬乾五兩，地骨皮酒浸五兩。

　　　　右加何首烏半斤，米相浸透，竹刀刮去皮，切片置砂鍋內，入

〔註558〕《太平天國軼聞‧卷一‧何李之獻房中術》。
〔註559〕《景岳全書‧卷三十九‧宜麟策‧男病》。
〔註560〕《寓意草》卷四。
〔註561〕《宜麟策‧續篇‧色戒男淫》。

黑羊肉一斤，黑豆三合。量著水上用甑箅，箅上鋪放何首烏，密蓋
勿令泄蒸汽。一二時以肉爛為度，取出曬乾。為末蜜丸，梧子大，
空心溫酒下七八十丸。〔註562〕

三

在比較普遍的意義上表明男風傷身的事例也是有的，好男色者身體機能
普遍下降，從而導致了各種病症的出現。

胡文亮年三十五歲，好男色。患傷寒發熱，四肢無力，兩膀酸
疼。小柴胡加四物湯加人參、白朮，服之愈。〔註563〕

門人問曰：崇明蔣中尊病傷寒，臨危求肉汁淘飯半碗，食畢大
叫一聲而逝，此曷故也？答曰：蔣中尊者，向曾見其滿面油光，已
知其精神外用，非永壽之人也。近聞其宦情與聲色交濃，宵征海面，
冒蜃煙蛟霧之氣，尚犯比頑〔註564〕之戒。則其病純是內傷而外感，
不過受霧露之氣耳。且內傷之人一飽一饑蚤已生患，又誤以為傷寒
而絕其食，已虛益虛，致腹中餒憊，求救於食。食入大叫一聲者，
腸斷而死也。〔註565〕

著名人物也有因好男風而體衰多病的。明代公安派文學家袁中道曾經愧
悔道：「吾因少年縱酒色，致有血疾。每一發動，咽喉壅塞，脾胃脹滿，胃中
如有積石，夜不得眠，見痰中血，五內驚悸，自歎必死。追悔前事，恨不抽腸
滌浣。及至疾瘳，漸漸遺忘，縱情肆意，輒復如故。然每至春來，防病有如防
賊。設或不謹，前病復生。初起吐血，漸至潮熱咳嗽，則百藥不救，奄奄待盡。
一生學道，而以淫死，豈不痛心！」而袁氏之「淫」是包括了男淫的：「若夫
分桃斷袖，極難排豁。皆由遠遊，偶染此習。吳越、江南，以為配偶，恬不知
恥。以今思之，真非復人理，尤當刻肉鏤肌者也。」〔註566〕

至於說最著名的人物，當非皇帝莫屬，他就是明萬曆帝。萬曆皇帝的怠政
能力在歷代諸帝中可拔頭籌，常年不上朝理政。萬曆十七年（1589），大理寺
左評事雒于仁曾上疏諫曰：「臣入京閱歲餘，僅朝見皇上者三。此外惟見經年

〔註562〕《竹林女科證治》卷四。
〔註563〕《名醫類案·卷一·傷寒》。
〔註564〕比頑童，好男色。
〔註565〕《寓意草》卷一。
〔註566〕《珂雪齋集·卷之二十二·心律》。

動火，常日體軟。聖政久廢而不親，聖學久輟而不講。……何幸十俊以開騙門，溺愛鄭妃惟言是從，儲位應建而久不建，此其病在戀色者也。……戒色箴曰：豔彼妖冶，食息在側。啟寵納侮，爭妍誤國。進藥陛下，內嬖勿厚。」〔註567〕「十俊」是當時社會上對宮內十數個小內監的稱呼，雒于仁在其所上疏中把他們與內嬖放在一起，則當為外寵無疑。

正因為如此，在醫家們戒色養生的諄諄告誡中，戒男色的內容也時有可見。明萬曆間高濂曾謂：「陰陽好合，接御有度可以延年。毋溺少艾，毋困青童可以延年。」〔註568〕「青童」也即變童男寵。清初喻昌曾謂：「故在得志以後，既知此身為上天託界之身，自應葆精嗇神以答天眷。若乃女愛畢席，男歡畢輸。竭身中之自有，而借資於藥餌，責效於眉睫。致宵小無知之輩，得陰操其禍人之術以冀捷獲，雖前代有房中秘術而今則斷不可矣。」〔註569〕「男歡」也即男愛男風。清咸豐間王士雄引沈芊綠之語云：「男女居室，雖生人之大倫，為聖王所不能禁，然必行之有節，則陰陽和而孕育易。若淫慾無度，則精傷氣餒，神散血枯，由是而潮熱、而骨蒸、而枯槁、而羸瘦、而尪怯，變生種種，年壽日促矣。……更有捐茲閨閣，戀彼龍陽，有美變童，心如膠漆。要皆實有其事，確有其人，興之所到，情之所鍾，所謂一旦相依，誰能遣此者。」

綜上所述，明清醫家對於男色之疾的病因認識可以分為兩個層面。第一層面，無節的男色可以致疾。這和無節的女色可以致疾同理，所謂「淫慾無度，則精傷氣餒，神散血枯」。對此，筆者認為，「節」的判定是很有彈性的一件事。既然是「淫慾無度」，這主要是和性交的頻率相關。一夫一妻就一定有節嗎？三妻四妾就一定無節嗎？康熙皇帝麗色滿前，生有35個兒子，20個女兒，但似乎沒人說他不知節欲；小家女子年輕守寡，而她們的丈夫大多也未縱慾。可諸多醫家並不這樣看，或者會進行選擇性回避，他們將道德觀念帶入了其中。他們不會去勸誡一夫一妻，多妻、狎妓等則被認為是縱慾的表現。而最能說明問題的是他們對於自慰的態度，沈芊綠曾謂：「獨可異者，既無彼美，終鮮狂且，形不必其相遇，目不必其相接。忽然而心動，忽然而火熾。獨居無偶，宛如有女同衾；握手為歡，不啻伊人在御。直身頓足，筋脈都搖，而且火則屏而上炎，精則罄而就下，其為傷損，較之實有其事，確有其人者，為尤甚

〔註567〕《明實錄》神宗顯皇帝實錄卷之二百一十八。
〔註568〕《遵生八箋》卷十。
〔註569〕《寓意草》卷四。

焉矣。」〔註570〕慾滿則當泄，積欲反而傷身，自慰實在是一種方便無害的泄慾之方。可沈氏並不這樣認為，他把「握手為歡」之事說得危乎其危，其根本原因其實是對自慰做有負面的道德評價。所以，在明清醫家眼中，無節與無德是相掛鉤的。男色男風也是如此，因為不被認為是道德之事，所以必是縱慾的一種方式。

而就純粹的所謂「縱慾」而言，其表現無非就是性交的頻率比較高。在現代醫學看來，可否高頻因人而異，頻率高並不必然對身體有害；即便確實已經傷身，其程度也絕非古醫書或道德家所說的那麼嚴重。在明清時期，導致身體虛弱的許多其他原因被忽視了或未被認識到，不道德的「縱慾」成為了替罪羊。

明清醫家對於男色之疾的認識還有第二個層面，在此，男色行為即使有節同樣也能致病：男色男風是兩陽相遇，亢陽則傷身。這也是一種毫無根據的妄斷。本來肛交就是伴隨著表皮摩擦的一種體液流通的物理過程，就生理而言，陽陽交媾和陰陽交媾一樣，無所謂有害還是有益。就心理而言，則但凡兩情相悅之交都能令人放鬆暢快，有益心理健康。可明清醫家卻將道德因素帶入病因分析，武斷地認為陰陽順應自然，陽陽違背自然，違背則傷身。這方面最典型的就是所謂「龍陽毒」之說，王九峰洋洋細論，且舉出了具體病象。實際上，這些病象是人的綜合生理機能減退的結果，固然會有具體病因，但與性交對象的性別不會有何干係。

四

其實關於男色之疾與社會道德的關係，勸善書也能給我們提供許多材料。這類書籍的作者、編者都是理學禮教的忠實尊奉者，他們的醫學知識當屬一般，但同樣能夠指出男色「傷身」的種種表現。《全人矩矱》：「男淫惡孽，不知創自何人。既非陰陽配合之宜，又無蓮步雲鬟之媚。耗人精血（亢陽極傷精血，且穢氣入腎必成瞖疾），絕人子嗣（好此者精冷無子），為害不小。」〔註571〕《戒淫保壽錄》：「淫一娼妓，減壽半年。若能改悔，免去減壽。漁獵男色，與婦女同。」

與醫家有所不同的是：道德家時常把男色「傷身」的程度說得更深，他們

〔註570〕《潛齋簡效方》。
〔註571〕《全人矩矱·卷二·先儒論說·戒狎頑童說》。

時常會把「死亡」掛在嘴邊。《壽世慈航》之《龍陽六不可》：「枯骨髓：非求爾後，妄泄爾精。愚哉是役，速戕其生。」〔註572〕《遏淫敦孝編》：「陰陽交媾，各有元氣感通，然過度尚足傷生。況男風一途，初無精氣往還，其害命更甚於女色。世人不知，恬不為怪。外借朋友之名，陰圖夫婦之好。嬖狡童如處女，狎俊僕若妖姬，優伶賤類，引作知己，群小狎邪，親於妻妾。無論後庭之戲誠為污穢不堪，適足戕身喪命。亦思內外有別，奚容引賊入室？有犯此者，急宜痛改前非。」

好男色者還會遭到冥罰神殛：

> 永嘉惡少王玄統與楊一鼇有龍陽之契，楊竟背盟絕交，王不堪，具詞投告本府城隍以詛咒之，牽友鍾文秀為證。嘉靖四十五年三月內，王、楊同日俱死，鍾亦於次月繼死。以此媟慢之事凟瀆明神，俱遭誅殛，不亦宜乎？〔註573〕

> 明張玉奇，永平府人。性好淫，見有美少年，必多方勾引，□博淫趣。年逾四旬，染癱瘓症，不能動履，百藥罔效。因謁了緣大師，入冥查之。師趺坐良久，醒叱奇曰：「冥冊載爾數淫男色，故受此罰，莫能逃也。」奇慚恨不敢辨。未半載，口不能言，悶悶而死。〔註574〕

> 晉江王武以文名諸生間。攜酒飲承天寺，入藏經堂，見少年沙彌某端坐閱經，強令飲酒。沙彌不從，復摟抱調弄之。歸家三日，忽掌口自罵，家人不知所謂，齧舌半日而死。〔註575〕

> 祁天宗恃才放誕，逢人自誇理學，而所為皆詭僻不經。年逾四十，心志荒迷，貪酒戀色，無所不至。有名家少年子，強誘難姦。豈知引水入牆，少年轉通其媳，致帷薄貽譏。一日白晝見二陰役持巨鎖鎖去，帶至東嶽府，發罰惡司議罪。司官檢閱冥簿：天宗二十九歲應得舉，三十歲成進士，官二品，七十八歲善終。因其少年狂蕩，減消其算。晚年以舉人為司鐸，轉知縣，官五品，年五十四卒於官。緣四十以後作惡萬端，日甚一日，上帝震怒，盡奪其算。罰

〔註572〕 《壽世慈航‧卷之五‧遠色》。
〔註573〕 《岐海瑣譚集》卷八。
〔註574〕 《聖帝寶訓像注》卷一。
〔註575〕 《太上感應篇圖說》。

入九幽之獄，萬劫不許超生。天宗醒告家人，大呼曰：「悔無及矣！」遂嘔血而死。遺有二子，長歪嘴斜眼，形如鬼類。次子瘸腿折臂，廢疾無用。不數年而家蕩然矣。〔註576〕

我們講理學殺人，看來它不但能殺女色，而且還殺男色。在這樣的社會環境中，心理調適能力差的男風中人身未得病心已致疾，心疾又影響身體，還真就成了病人的樣子。

五

當然，社會現象具有複雜多樣性，雖然明清社會對待男風同性戀的主體態度是反對譏斥，但中立乃至支持的態度同樣存在。這又可以分為兩種情況，（1）在明代主要是明末，理學相當程度上被虛化，享樂主義盛行，縱情聲色者處處有之。女色大興，男風也相隨活躍。（2）在清代，理學的社會實行力強於明代，女色受到壓制。男風一方面也受壓制，另一方面為了填補女色的空白而呈現低調活躍的狀態。總之，無論在明還是在清，男風同性戀其實也一直流行，對其進行某種肯定的言論也是有的。

清初文化大家李漁曾經指出：

一心鍾愛之人可以當藥。人心私愛，必有所鍾。常有君不得之於臣，父不得之於子，而極疏極遠極不足愛之人，反為精神所注，性命以之者，即是鍾情之物也。或是嬌妻美妾，或為狎客孌童，或係至親密友，思之弗得或得而弗親，皆可以致疾。忽使相親，如魚得水，未有不耳清目明，精神陡健，若病魔之辭去者。此數類之中，惟色為甚。人為情死，而不以情藥之，豈人為饑死，而仍戒令勿食，以成首陽之志乎？凡有少年子女，情竇已開，未經婚嫁而至疾，疾而不能遽瘳者，惟此一物可以藥之。至若閨門以外之人，致之不難，處之更易。使近臥榻，相昵相親，非招人與共，乃贖藥使嘗也。〔註577〕

李漁這段話的核心意思是主張進行心理調治，其中「孌童」亦屬「鍾情之物」。並且李漁又特意指出「閨門以外之人」的作用，這簡直就是在針對孌童龍陽而言了。明末男色小說《龍陽逸史》就寫有這方面的一個例子：洛陽裴幼

〔註576〕《太上感應篇圖說》。
〔註577〕《閒情偶記‧卷六‧一心鍾愛之藥》。

娘長相十分標緻，是孌童魁首。一日隨舅父醫人詹復生郊遊，偶遇秀士韓濤。韓因戀念幼娘之色而相思得病，請詹復生來家醫治。詹曉病因，乃介紹二人往來。過程當中，不需吃藥韓濤的病情就逐漸緩解進而最終痊癒：

> 詹復生聽罷，大笑一聲道：「原來足下的病，原為著這個原故上起的。那個裝幼娘就是學生的外甥，足下何不早來尋我？可是連這場病都沒了。」

> 那韓濤說了這一會，十分的病霎時間竟減了三分。那母親見醫生去了，便走到書房裏來。正要問個詳細，看見孩兒臉色猛可的好看了許多，這個快活也不知從那裏來的，便道：「果然好一個神醫。莫說吃他的藥，才見得他一面，你臉上的顏色就好看了許多。」韓濤難道好對母親說是為那事心中快活？只得把幾句話兒胡答應了過去。詩曰：

> 心病還將心藥醫，一番清話擬佳期。

> 萱堂雖解兒顏色，畢竟難明是與非。

> 裴幼娘來見韓濤，韓濤見他一到，把個病都不放在心上，連忙闡閱起來，歡喜個不了，詹復生便說了許多打合的話。那些久慣做小官的，只要你把個好體面待他，他自然也還你個好體面。裴幼娘見韓濤是個在行的主顧，也只索就搭上了鉤子，兩個走動了六七日。那韓濤病體日逐好來。〔註578〕

陰陽採戰是縱慾主義的一種集中表現，但行採戰者會強調這樣做能夠養體強身。在下面此例中，孌童也成為了採補對象：

> 道人馬繡頭者，亦異人也。道人修髯偉幹，黃髮覆頂，舒之可長丈許。下櫛不沐，而略無垢穢。自言生於正統甲子，至是約百八十餘歲矣。行素女術，所至淫嫗鴇姏多從之遊。道人嘯命風雷如反掌，預識休咎如列眉，而獨不避穢行，與淫嫗遊，且比及頑童，曰中有真陰，可採補也。〔註579〕

服用春藥是縱慾主義的另一種集中表現，不過下面康熙年間戶部尚書王騭所服的萃仙丸看來主要是一種滋養調理的補劑：

> 其方用白蓮蕊、川續斷、韭子、枸杞子、芡實、沙苑蒺藜、兔

〔註578〕《龍陽逸史》第一回。

〔註579〕《因樹屋書影》第九卷。

絲餅、覆盆子、蓮肉、懷山藥、赤何首烏、破故紙、核桃肉、龍骨、
金櫻子、白茯苓、黃花魚膘、人參，煉蜜丸如梧子，淡鹽湯下。武
進鄒言倫常遊其門，聞之王曰：「吾自中年以後，所御孌童娃女共六
十有八人，而體未嘗疲，萃仙丸之力也。」

　　且不談王驥所服是否屬於春藥，就其性交對象——其中包括有孌童——
的數量而言在理學人士看來絕對可謂縱慾了。可他八十歲時在康熙帝面前還
能「跪起輕捷」，帝贊曰：「八旬之人，矍鑠如此，真福德老翁也。」〔註580〕
對此，僅僅用個體差異來進行解釋是不可以的。不論性伴的性別為何，性愛其
實都是有益身心的，多性伴也未必傷身。拋開與性有關的道德歧誤，在生理意
義上給形式多樣的「性行為」賦予正面的價值，這在明清時期顯然難以做到。
在各科疾病當中，與性相關的病症在診治時所受社會因素的影響是最顯著的。
用道德觀念來推斷病因，先下結論再找理由，這是一種醫學上的唯心主義，可
為醫學社會學提供一個典型的反面例證。

髒頭風

　　東漢神醫張仲景曾言一種「狐惑」之疾：「狐惑之為病，狀如傷寒。默默
欲眠，目不得閉，臥起不安。蝕於喉為惑，蝕於陰為狐。……蝕於肛者，雄黃
薰之。」其雄黃熏治方為：「雄黃一味為末，筒瓦二枚合之。燒，向肛熏之。」
〔註581〕清代乾嘉間名醫陳念祖為此作一歌括：「更有雄黃熏法在，肛門蟲蝕
亦良箴。」小注：「蝕在肛者發癢，俗呼髒頭風。」〔註582〕在此，陳念祖提到
一種疾病「髒頭風」，它是狐惑病的病象之一，可以導致肛門發癢，令人臥起
不安。所謂「髒頭」係指緊接肛門部位的直腸的最末端，所謂「蟲蝕」之「蟲」
係指由濕熱所生的一種微細毒蟲。清初徐彬曾謂：「狐惑，蟲也。蟲非狐惑，
而因病以名之，欲人因名思義也。大抵皆濕熱毒所為之病，故狀如傷寒。……
毒偏在下，侵蝕於陰為狐，謂柔害而幽隱，如狐性之陰也。……蝕於肛，則不
獨隨經而上侵咽，濕熱甚而糜爛於下矣。故以雄黃薰之，雄黃之殺蟲去風解毒
更有力也。」〔註583〕陳念祖之子陳元犀亦謂：「狐惑病乃感風木濕熱之氣能

〔註580〕《觚賸》續編卷四。
〔註581〕《金匱要略論注》卷三。
〔註582〕《金匱方歌括》卷一。
〔註583〕《金匱要略論注》卷三。

生，寒極而死也。雄黃苦寒，氣濁屬陰，熏之以通濁道。苦以瀉火，寒以退
熱，燥以除濕，濕熱退而蟲不生矣。」〔註584〕

　　據陳氏父子所言，髒頭風純粹是一種生理疾病，與性無關。而此風與性也
是可以相關的，這時其表現就變得更加豐富乃至奇異起來。

　　先說髒頭，作為消化系統的一部分，它在肛交中是必經的一段，不可或
缺。清代色情小說《姑妄言》曾寫萬緣和尚的淫行：

> 這萬緣大大小小有數十個徒弟。他淫念極重，〔是〕水旱齊行的
> 惡物。徒弟中不管年長年幼，或醜或俊，個個不饒，都要嘗嘗他髒
> 頭的滋味。他又好弄蔬屁股，此竄如何分得葷蔬？這是他創的一番
> 新論。若是不用唾沫幹弄便是蔬的，用唾便謂之曰開葷。這徒弟們
> 常常被他蔬弄，內中有一個小徒弟，才得十二三歲，那日被他蔬弄
> 得十分難禁，大哭著叫道：「師父，熬不得了，求你開了葷罷！」眾
> 人聽見，互相傳為笑談。〔註585〕

　　如果被交者不願意，髒頭處感受到的難免會是創痛。而如果已然成「風」，
那麼感覺就不一樣了。與性相關的髒頭風也表現為肛門發癢，不過這種癢是一
種淫癢，是渴望與人肛交。清初小說《鴛鴦針》中，

> 徐四也是個屁股班頭，與王二極相好的。徐四道：「我看你意氣
> 揚揚，衣著齊整，莫不相與有好孤老麼？」王二笑嘻嘻的道：「孤老
> 倒有個把，只是別孤老要幹我，這孤老是要我幹他的。」徐四道：
> 「那人害髒頭風不成，倒要你幹他？」〔註586〕

　　文中王二是一個龍陽小官，在身份上屬於被動被幹者流，可與他相交的
孤老大老官卻要降低身份承歡求幹，果若如此，風疾重矣，即如《姑妄言》中
的牛耕：

> 原來這牛耕小時，父母鍾愛太甚，凡事任他性兒。因吃傷了飲
> 食，又寒暑不均，成了個休息痢。又怕與他藥吃，苦了兒子，日久
> 把髒頭努出數寸來，脾胃弱極，收不上去。通紅的一段翻跳著，好
> 不磣看。才著了急，忙替他醫治。過了半年有餘，雖然好了，因日
> 久受了風毒，成了個髒頭風。先還不覺，後來大了又作喪了，作喪

〔註584〕《金匱方歌括》卷一。
〔註585〕《姑妄言》卷之十五。
〔註586〕《鴛鴦針》第四卷第三回。

就發起來，一時間肛門內外發癢，真癢得要死。沒法了，他弄個木槌兒戳戳，雖然受用，但木頭死硬，肛門雖是殺癢，裏面戳得甚疼。因叫了個龍陽小子來，叫他把陽物弄硬了，甚是渺乎小爾，也只得叫他來試試。他脫了褲子，伏在枕上，屁股高蹶，叫那小子弄他。那小子先還不敢，因主人再三開諭了，也就挺然而入。這小子的陽物雖微而堅久，弄得牛耕其樂無比。

　　自從得了這個妙趣，把家中的乾淨精壯小子送了八九個來服侍。牛耕把這幾個小子與他們穿得好不光鮮，每夜輪換著兩個弄他的後庭，才睡得著，一夜也少不得。他間或也弄小子們，但他弄人的少，人弄他的多。傍人只說他是好此道，卻不知他是要人弄他的此道。〔註587〕

在此，髒頭風的表現和成因都被寫了出來，係受風毒而如是，倒也符合此症的字面含義。而清代男色小說《品花寶鑑》則寫到了「風」的另一種成因：

　　卻說潘三店內有個小夥計，叫許老三，只得十六歲，生得頗為標緻。潘三久想弄他，哄騙過他幾次，竟騙不上手。那孩子有一樣毛病，愛喝一鍾，多喝了就要睡。正月十五日，眾夥計都回家過節，潘三單留住了老三，在小帳房同他喝酒。許老三已醉了，在炕上睡著。

　　潘三早安排了毒計，到剃頭鋪裏找了些剃二回的短髮，與刮下來的頭皮，藏在身邊，乘他醉了，便強姦了一回。將頭髮塞進，已後叫他癢起來，好來就他。那許老三醒來，已被他姦了，要叫喊時又顧著臉，只得委委屈屈受了。

富商潘三把碎髮揉進許老三的肛門，是為了讓老三淫癢成癮，主動相就。許家哥姐見兄弟受辱，便設計誘騙潘三，以其人之道還治其人之身：

　　許老二一連三四拳，罵道：「你這狗難巴肏的，肏了我的兄弟，還想肏我的妹子。」潘三光著身子，只是哀求。許老二道：「你會肏人的屁股，老爺子也要肏肏你的屁股。」潘三著急，苦苦求饒。那三姐在旁笑得打顫。只見他二哥伸出個中指頭，像個小黃蘿蔔一樣，到油罐裏蘸了些油，在潘三屁股裏一摳，潘三「哎喲」連聲。許老二解開一個紙包，拿那藥與頭髮，塞了兩三回。潘三口內呻吟，雙

〔註587〕《姑妄言》卷之七。

腳亂掙。幸虧他的肛門老蒼，沒有摳出血來。許老二塞完，放了潘三。潘三只是發抖，許老大道：「潘三，你知罪麼？我好好一個兄弟，被你強姦了，就天理難容。你還放了些東西，叫他一世成了病，做不得好人。所以我們今日也還個禮，叫你也做個髒頭風，你說該不該？」潘三俯首無詞。又羞又氣，抱頭鼠竄而去。〔註588〕

在此，人得髒頭風是由於肛門裏被塞進了頭髮碎末，因此此風也被稱為紅毛風。《品花寶鑒》第四十七回，潘三和剃頭徒弟卓天香之間曾有這樣的一段對話：

潘三道：「我聽說有一種人，小時上了人的當，成了紅毛風。說裏頭長了毛便癢得難受，常要找人頑他，及到老了還是一樣，這真有的麼？」天香道：「可不是。我們東光縣就有兩個，一個劉掌櫃是開米鋪的，一個狐仙李，都有四十幾歲了，常到戲場裏去找人。他先摸人的東西，那人被他摸了不言語，他就拉他去，請他吃飯，給他錢，千央萬懇的，人才頑他一回。適或碰著了個古怪人，非但不理他，還要給他幾個嘴巴。這個毛病至死方休的。」潘三聽了，心裏更急。

髒頭風的表現是肛交成癮，而習慣可成自然，經常被交也被認為是此風的成因。在清代小說《平鬼傳》中，巫婆溜搭鬼去看望他生病的姘夫色鬼，色鬼讓侍童小低搭鬼請來郎中催命鬼賈在行。然後，文中借諸鬼對話巧妙顯示了色鬼和小低搭鬼之間的斷袖關係。語言詼諧，調笑風趣：

小低搭鬼又插口道：「先生有痔瘡藥否？」賈在行道：「可是足下？」小低搭鬼道：「正是。」賈在行道：「若是酒色過度、饑飽勞碌得來，不治久則成漏。足下是因聚精養銳上得來的，不早治恐成終身之累。」小低搭鬼道：「如何成終身之累呢？」賈在行笑而不答。溜搭鬼道：「求明白賜教。」賈在行笑著向溜搭鬼耳邊說道：「恐成髒頭風。」溜搭鬼用手中扇子在賈在行頭上輕輕打了一下，說道：「他是真心求教，你偏有這些胡言亂語的！」〔註589〕

所謂「聚精養銳」也即經常被色鬼用精液澆灌、滋潤，所謂「終身之累」也即日漸得趣，成癮成風。

〔註588〕《品花寶鑒》第四十回。
〔註589〕《平鬼傳》第三回。

髒頭風也稱臀風，這也不難理解，反正此風是生發於身後兩丘之間。《品花寶鑒》第五十八回，潘三便被笑罵為「害臀風」的病人。作為一個男風名詞，它在明代已經出現了，明末有一笑話即曾寫道：

> 有好男色者，夜深投宿飯店，適與一無須老翁同宿。暗中以為少童也，調之。此翁素有臀風，欣然樂就。極歡之際，因許以製衣、買鞋，俱云不願。問所欲何物？答曰：「願得壽板一副。」〔註590〕

清末的一則笑話寫道：

> 一富翁姓吳，得一喘症，百醫罔效，請獸醫以治牛之法治之，立癒。從此牛醫之門多病人，遂自負為名醫焉。一日晝寢，有持貼來請者，導至一堂，見面黃骨立者數十人，環求診脈。醫熟視之，愕然曰：「此冥府耶？」眾曰：「然。」醫曰：「請我何意？」眾曰：「先生送我來，還望醫我去。」醫勉寫一方，眾曰：「一劑恐不能見效，屈先生駕留此三五月再去。」醫哀求欲歸，眾怒曰：「此地你既不肯居，曷為送我輩來？」群起縛之，裸其褌，出其臀，輪姦之。醫被創猛醒，得臀風之症。逐日覓人醫治，無暇復作青囊之術矣。〔註591〕

獸醫妄自醫人，遭懲被姦成風。所謂「逐日覓人醫治」，並非真的是去求醫問藥，而是整天找人姦己，以消解髒頭臀內之癢。

臀風倒過來念為風臀，而部分可代指整體，此詞可以指臀內生風、素患臀風之人。明末一首俗曲譏笑道：

> 三十年個花樹老丫叉，三十年個冬春一把查。三十年個家生也用弗得，那了三十歲個風臀還毵毛。〔註592〕

「毵毛」為當時江南方言，肛交之意。人過三十，臀肛鬆老，可還癮頭不小，像變童小官那樣四處招邀，難免會受到譏誚。那麼就人物類型而言，什麼樣的人容易如此？可充首選的當然是優伶男旦了。由於職業關係，賣身已經成為他們中一些人的習慣。清代一則笑談寫道：

> 國初名優周鐵墩，住小市橋。金太傅之俊曾為題照，但記起句云：「鐵墩鐵墩，笑傲乾坤。」周演寫本，金公囑其能打諢否？周唯

〔註590〕《笑府·卷三·壽木》。
〔註591〕《笑林廣記·獸醫治喘》。
〔註592〕《山歌·卷五·風臀》。

唯。既而楊夫人上場，謂周曰：「相公，鐵墩在此。」蓋與「妾身」
同音也。周答曰：「原來是風臀。」蓋與「夫人」同音，且緣正旦犯
此病也。〔註593〕

穀膪風也是髒頭風的一種叫法。「風」或作「瘋」，「穀膪」即穀道也即肛
道。《一片情》第三回：「病患穀膪瘋，想其中有疥蟲，令人搔手全無用。想此
蟲太凶，非藥石可攻，除非剝兔（陰莖）頻頻送。」《龍陽逸史》第六回：「再
過幾年，看看有些膪風發癢，鑽筋透骨，一熬不過。便叫別人把張彪放將進
去，亂抽一通，方才矬送了些。」

最後再分析一下與性有關的髒頭風的成因。前面已經提到的有遭受風
毒、肛內置髮、常被肛交等，而在筆者看來，首先還是因為社會上存在著這樣
的一類人，作為被動方他們性活躍的程度比較高，看似對肛交後庭之歡求索無
厭。旁人耳聞目睹之後感覺驚訝，便借用中醫詞彙對這類人進行標示。後庭歡
愉不似前庭，很多旁人心雖好奇，卻難明所以，於是就妄加解釋，或樂於相
信、傳播一些奇談蓻語。所謂遭受風毒，這本來是一種中醫的說法，但醫學上
的肛門瘙癢症與肛部性慾無甚關聯；所謂肛內置髮，這顯然是一種不經奇談，
即便有人試過，也不能代表普遍情況；所謂常被肛交，這倒可以是促成因素，
只有常交才能知趣。筆者認為，髒頭風的成因主要有二，一是身體原因，個體
之間生來就存在差異，有的人確實易於感受到後庭之歡；二是社會原因，出獻
後庭可以獲得利益，有的人如男旦由於身份、職業的關係而樂於如此。既然這
樣的一類人客觀存在著，就要有相應的稱謂對其加以概括，「髒頭風」於是生
焉。此詞在醫學上是一個中性詞，在社會學上則屬貶義，「髒」不但指器官不
潔，而且還指行為不雅。在一個否定男風同性戀的社會裏，即便平時謹言慎
行，一個人只要被認定有斷袖之好，「髒頭風」的名銜就可能會加諸其身，成
為「正人」口中的笑料，眼裏的丑角。

簾子胡同與男色小唱

簾子胡同或作蓮子胡同，計有新、舊兩條。在明代，它位於京城大時雍
坊，距離部院各衙門和皇宮大內都不遠。世情小說《檮杌閒評》中，侯一娘攜
子魏進忠進京尋其生父，可見此胡同的周邊景象：

〔註593〕《消夏閒記摘抄·卷下·梨園佳話》。

　　一娘到了前門，見棋盤街上衣冠齊楚，人物喧鬧。看了一會，走到西江水巷口，見故衣鋪內一個老者獨坐櫃外，進忠上前拱手問道：「借問爺，子弟們下處在那裏？」老者道：「一直往西去，到大街往北轉，西邊有兩條小胡同，喚做新簾子胡同、舊簾子胡同，都是子弟們寓所。」進忠謝了，同一娘往舊簾子胡同口走進去。只見兩邊門內都坐著些小官，一個個打扮得粉妝玉琢，如女子一般，總在那裏或談笑、或歌唱，一街皆是。又到新簾子胡同來，也是如此。進忠揀個年長的問道：「這可是戲班子下處麼？」那人道：「不是，這都是小唱絃索。若要大班，到椿樹胡同去。」〔註594〕

　　文中西江水巷應作西江米巷，也即現在的西交民巷。棋盤街位於前門以裏，緊鄰六部（刑部除外）、翰林院、都督府等中央衙署。衣冠齊楚、峨冠博帶的各色高官往來其間，而每當公餘之暇，他們中的一些人便會來到簾子胡同休閒娛樂。小唱孌童們在官員恩客面前侑酒獻笑，鬻色賣身，於是此處成為了全國男色的中心。

一

　　關於小唱面貌，明末沈德符所記比較詳盡：

　　　　京師自宣德顧佐疏後，嚴禁官妓。縉紳無以為娛，於是小唱盛行，至今日幾如西晉太康矣。此輩狡獪解人意，每遇會客，酒槍十百計盡以付之，席散納完無一遺漏，童奴輩藉手以免訶責。然詗察時情，傳佈秘語。至緝事衙門亦藉以為耳目，則起於近年，人始畏惡之。其豔而慧者，類為要津所據。斷袖分桃之際，貲以酒貲仕牒，即充功曹，加納候選。突而弁兮，旋拜丞簿而辭所歡矣。以予目睹，已不下數十輩。甲辰乙巳間，小唱吳秀者最負名。首挼沈四明胄君名泰鴻者，以重賂納之邸第，嬖愛專房，非親狎不得接席。時同邑陳中允最稱入幕，後為御史宋熹所劾，云：『與八十金贖身之吳秀，傾跌於火樹銀花之下。』仕紳笑之。大抵此輩俱浙之寧波人，與沈、陳二公投契更宜。近日又有臨清、汴城以至真定、保定兒童，無聊賴亦承乏充歌兒，然必偽稱浙人。一日遇一北童，問汝生何方？應聲曰：「浙之慈谿。」又問：「汝為慈谿府慈谿州乎？」又對曰：「慈

〔註594〕《檮杌閒評》第七回。

谿州。」再問：「汝曾渡錢塘江乎？」曰：「必經之途。」又問：「用何物以過來？」則曰：「騎頭口過來。」蓋習聞儕輩浙東語，而未曾親到，遂墮一時笑海。〔註 595〕

此記對於小唱的產生原因、服務方式、將來出路等都有說明。萬曆間謝肇淛亦謂：

今京師有小唱，專供縉紳酒席。蓋官伎既禁，不得不用之耳。其初皆浙之寧紹人，近日則半屬臨清矣，故有南北小唱之分。然隨群逐隊，鮮有佳者。間一有之，則風流諸縉紳莫不盡力邀致，舉國若狂矣。此亦大可笑事也。〔註 596〕

明末史玄所記也較全面：

唐、宋有官妓侑觴，本朝惟許歌童答應，名為小唱。而京師又有小唱不唱曲之諺，每一行酒止，傳唱上盞及諸菜，小唱伎倆盡此焉。小唱在蓮子胡同，倚門與倡無異，其姝好者，或乃過於倡。有耽之者，往往與託合歡之夢矣。倡家見客，初叩頭惟謹，今惟小唱叩頭，然非朝士亦否也。小唱出身，山東臨清、浙江之寧紹。朝士多有提挈者，或至州縣佐貳，次則為伶人。〔註 597〕

據上所述，男性小唱之興是由於女性官妓之革，前者成為了後者的替代，其開始是在宣德年間。宣德乃明宣宗年號，尚處於明代前期，社會的道德面貌比較嚴肅。因此，小唱的興起會有一個時間的過程，不可能勃然走紅。弘嘉間陳宏謨曾記弘治年間，

朝政寬大，廷臣多事遊宴。京師富家攬頭諸色之人，亦伺節令習儀於朝天宮、隆福寺諸處，輒設盛饌，託一二知己轉邀，席間出教坊子弟歌唱。內不檢者，私以比頑童為樂，富豪因以內交。予官刑曹，與同年陳文鳴鳳梧輒不欲往，諸同寅皆笑為迂，亦不相約。既而果有郎中黃暐等事發。蓋黃與同庚顧謐等俱在西角頭張通家飲酒，與頑童相狎，被緝事衙門訪出拿問，而西曹為之一玷。然若此類幸而不發者亦多矣。〔註 598〕

「教坊子弟」在此是指社會上為官僚豪富服務的優伶，他們既係「頑童」，

〔註 595〕《萬曆野獲編．卷二十四．小唱》。
〔註 596〕《五雜組》卷八。
〔註 597〕《舊京遺事》。
〔註 598〕《治世餘聞》下篇卷之三。

所以均為男性，小唱的特徵還是比較明顯的。從「諸同寅皆笑為迂」、「幸而不發者亦多矣」等記述來看，當時小唱已經具有了一定的規模。但文中又提到「被緝事衙門訪出拿問，而西曹（刑曹、刑部）為之一玷」，並且《余聞》撰者陳宏謨對此也持譏斥態度，這些又可以表明當時社會還是具有較強的男色男風抑制力的。按：關於此事件，萬曆間余繼登的記述是：「祖宗時法度甚嚴，如弘治時郎中顧謐在校尉張通家飲酒，令優人女妝為樂。事覺，即令冠帶閒住。今大縱矣。」〔註 599〕

萬曆間焦竑回顧前朝風月：

> 以今天下論之，京師者非國乎？隆嘉以前，京師士大夫除老成當國者，「治」之一字不理會也多矣。但見其蚤朝一退，則逐隊而升堂。散衙一回，則乘騎而拜客。坐下則呼圍棋擺酒，小唱則呼蓮子何人。……士風到此，如國家何耶？今日士大夫固無此風，然風流易趨也，習俗易染也。一洗此弊，而理會治國之工夫，以致天下之太平者，必有其人矣。〔註 600〕

焦氏此言談的是嘉靖、隆慶以前也即弘治、正德年間的情況，與陳宏謨所言時代大體相同。據此，則當時的小唱男色比萬曆年間還要興盛。筆者認為，焦竑是以忠厚之心而望洗清俗弊，於是美言當今，而這只是虛飾而已，萬曆、天啟年間才是明代小唱的最盛期。

嘉隆間田藝蘅以當時人說當時事：

> 今吳俗此風〔註 601〕尤盛，甚至有開鋪者，何風俗澆薄至於此乎？今京師盛行，名之曰小唱，即小娼也。〔註 602〕

嘉靖、隆慶年間處於明代中期，頹世面貌已經顯現出來，田氏所言當非虛語。然後到了萬曆、天啟年間，皇帝怠政極慾，臣下苟且享樂，世風之淫靡達於頂點，於是也就出現了前面沈德符等人的記載。按：清初呂種玉亦曾謂曰：

> 明代律有雞姦之條，然而有蓮子胡同之承應。今此風愈盛，至有開鋪者，京師謂之小唱，即小娼也，吳下謂之小手。遍天下皆然，非法之所能禁矣。〔註 603〕

〔註 599〕《典故紀聞》卷十六。
〔註 600〕《焦氏四書講錄》卷之一。
〔註 601〕男風。
〔註 602〕《留青日札・卷之三・男娼》。
〔註 603〕《言鯖・卷上・比頑童》。

這段話似曾相識。顯然，呂種玉雖然增加了一些內容，但其所本依然是田藝蘅之言。嚴格地講，文中之「今」不是指清初。

呂種玉謂小唱也稱小手，明人周祈則謂為小幼、小侑。《名義考》卷五：「歌童俗謂之小幼。柔曼溢於女德，或謂能侑酒為小侑。不知『幼』之名有自來，即漢之所謂『孺』也。高之籍孺、惠之閎孺，皆以婉媚與上起臥。籍、閎其名孺，則幼小而可親慕也。三風頑童亦是此輩。」〔註604〕小幼雖然可以講通，不過還是小侑容易理解，萬曆間王兆雲記有一相關事例：

> 萬曆己亥夏月中，方公寓北都，飲袁曹郎宅，醉後與一小侑同臥。三更時燭尚未滅，小侑見方在榻間，其頭漸小如雞子，身亦漸縮削。小侑懼而喊呼，袁驚問，得其故。然未深信，疑小侑之目眩也。復小臥，小侑又喊呼如故。袁再問之，其答亦如故。乃方猶然齁齁，臥不自已也。臥室僕從亦有見之如小侑所云者。一時都人士盡言方公變形，喧傳未已。〔註605〕

按：上文中的方公即方文僎，字子公。袁曹郎即著名詩人袁宏道，其弟袁中道在《遊居柿錄》中記載此事道：

> 己亥之夏，同丘長孺、中郎〔註606〕於崇國寺王章甫寓中，大雨三日，不能出戶，日夜沉飲。子公夜擁歌兒入曲房。夜半，歌兒忽大叫曰：「救我，救我！」時門已倒扃，急開門，歌兒曰：「方先生化為蛇矣！」燈光明滅中，見方首僅如蛇大，上捲復下覰，甚可怖畏。子公亦不為訝。凡子公夢入冥司者，屢矣。〔註607〕

崇國寺也即今護國寺，位於京城西北，距離簾子胡同比較遠。歌兒也即小侑、小唱，他們在寺廟裏侑酒陪宿，活動範圍不可謂不廣。

二

關於小唱的娛客方式，戲謔文《開男風曉諭》戲寫道：

> 凡京外教坊、蓮子胡同，奉欽點男色長天下風齋都總管，為選報小唱以便宦遊支應事。照得彌子奪衛宮之寵，傳來翰苑清風。董賢分漢闥之娛，釀下瓊林別趣。豈陰陽之犯義，非男女之瀆倫。二

〔註604〕《名義考》。
〔註605〕《漱石閒談·卷下·方山人變形》。
〔註606〕袁宏道，字中郎。
〔註607〕《遊居柿錄》卷之三。

七以外，二八以內，且及青春。頭髮齊眉，頭髮披肩，休教白放。
唇若塗朱個個羨，狡童中少艾。面如傅粉人人誇，才子內佳人。……
無論僧道風流，半世全憑作妻子。試看士夫曠達，一日不可少此君。
曉諭一出，仰各童人等，設遇匿年者合令加冠，倘應出幼者難容漏
網。僅與數十皮錢，休云定價。便包一年綺服，莫謂弘恩。兩下既
已通情，一任便宜行事。……與眾通知，各遵曉喻。〔註608〕

在此，唇若塗朱、面如傅粉的小唱們就是赤裸裸地在賣身取財。明末男色
小說《弁而釵》情奇紀第一回寫有北京南院的情形：

此南院乃聚小官養漢之所。唐宋有官妓，國朝無官妓，在京官員
不帶家小者，飲酒時便叫來司酒。內穿女服，外罩男衣，酒後留宿，
便去了罩服，內衣紅紫，一如妓女。也分上下高低，有三錢一夜的，
有五錢一夜的，有一兩一夜的，以才貌兼全為第一，故曰南院。

此南院實際就是小唱寓所，清初梁清遠所記比較平實，可為印證：「明時
有官妓之禁，而男娼則不禁。蓮子衚衕乃其巢穴，官員設席，或呼一人或二三
人，陳饌侑觴，有欲宿者即留宿。其裝飾底衣如女子，襲以青絹袍，油頭粉
面，竟如少艾也。」〔註609〕關於小唱女裝，明末姚旅也曾簡短言曰：「彼何人
斯？居夫簾子。翠袖羅裙，曰男曰女。」〔註610〕

簡言之，小唱的活動就是獻唱、陪酒、賣身。前兩項經常是同時進行的，
《萬曆野獲編·卷二十四·京師名實相違》：「京師向有諺語云：翰林院文章，
武庫司刀槍，太醫院藥方。蓋譏名實之不稱也。若套子宴會，但憑小唱。云請
面即請面，請酒即酒，請湯即湯。弋陽戲數折之後，各拱揖別去，會得飲趣否？」
套子宴會是屬於官府公宴，小唱在公開的場合為官員服務，可見他們也有突出
獻藝的一面，表現得如同唐宋官妓。《堅瓠集·戊集卷之三·南風》亦載：「京
師所聚小唱最多，官府每宴，輒奪其尤者侍酒以為盛事，俗呼為南風。」

至於陪宿賣身，那並非獻唱、陪酒的必然結果，但也不能說是少見。傳奇
劇本《燕子箋》第三十八齣：「今日同年中相邀，飲了幾杯，與一兩個慸賴蓮
子胡同的拐子頭（童子少年），睡興方濃。」《萬曆野獲編》所記比較奇異：「近
日都下有一閹豎比頑，以假具入小唱穀道不能出，遂脹死，法官坐以抵償。人

〔註608〕《開卷一笑》卷之三。
〔註609〕《雕丘雜錄·卷十·過庭暇錄》。
〔註610〕《露書·卷之九·風篇中》。

間怪事，何所不有。」〔註611〕太監無陽道，遂以假具姦狎小唱肛道。而竟致死，可見激烈粗暴的程度。

小唱的存在並不符合正統理學的要求，因此反對之言亦有可見的。劉宗周是晚明大儒，他於崇禎十五年在都察院左都御史任上曾經上疏言道：

> 臣劉宗周等謹題為申明巡城職掌以肅風紀、以建治化事。臣常有感於風紀之說，而知天下之治必有所自始。則京師其首善矣，請遂言所以風京師者。……請自城御史始，舉京師之眾五方雜處之民盡收之鄉保之中，得遞相舉發。重則題參，輕則拿問，又輕則徑行驅逐，不許潛住京師，如私娼、小唱、戲子、遊僧、遊尼之類。所不令行而禁止者，未之聞也。〔註612〕

崇禎年間小唱極盛，抑制其規模自屬可議，而若想全部逐出京師，這就屬於理學家的迂腐了。萬曆年間的前事可為證明：「向年有小唱恣肆，得罪司城御史，上疏盡數逐去。久之稍稍復集，人問其何以久不見，則曰：『敝道中人人修潔，無奈新進言官風聞言事，以致被論出城待罪，今公論已明矣。』一時為之破顏。」〔註613〕

文學家袁宏道在其《瓶史》中討論花藝，認為有一些情形是對花的折辱，包括：「主人頻拜客、俗子闌入、蓮子胡同歌童、弋陽腔……」按：據本文前面《漱石閒談》、《遊居柿錄》的記載，袁宏道曾與歌兒小唱為長夜之飲，可他又講小唱不雅，這是屬於文人的矯飾，表裏不一罷了。

三

人們談論歌童小唱，一般都講他們的香巢是在簾子胡同。但以京城之大，他們也不可能全是聚集於此。安福胡同位於簾子胡同北面不遠，明末清初方以智曾言此處小唱的美肌法：「安福胡同畜小唱白晳，其黑者以糟浸之。」〔註614〕這種方法與清代相公的美容法可謂一脈相傳，道光間蟲鳴子曾記：「京都幼伶，每曲部俱十餘人，習戲不過二三折，務求其精。至眉目美好，皮色潔白，則別有術焉。蓋幼童皆買自他方，而蘇杭皖浙為最。擇五官端正者，令其學語學視學步，各盡其妙。晨興，以淡肉汁盥面，飲以蛋清湯，肴饌亦極醲粹。夜

〔註611〕 《萬曆野獲編・卷六・宦寺宣淫》。
〔註612〕 《劉蕺山集・卷五・申明巡城職掌疏》。
〔註613〕 《萬曆野獲編・卷二十六・非類效仕宦》。
〔註614〕 《物理小識》卷三。

則藥敷遍體，惟留手足不塗，云泄火毒。三四月後，婉變如好女，回眸一顧，百媚橫生。」〔註615〕

清代小說《梧桐影》提到過東江米巷：「若說王子嘉，原是萬曆年間，東江米巷裏，一個有名的小唱。他被大官大商各處的人弄了十年男風，後來娶了妻房，又不管束他。不娼而娼，又被多人淫姤。」〔註616〕明代的東江米巷也即現在的東交民巷，該巷距離簾子胡同有些遠，而西江米巷位於簾子胡同南邊200米，當年或有一些小唱在活動。

簾子胡同是明代男色的中心，豔名揚溢於遠方。明末清初張岱曾記：「萬曆辛丑年，父叔輩張燈龍山。……有無賴子於城隍廟左借空樓數楹，以姣童實之，為『簾子胡同』。是夜，有美少年來狎某童，翦燭殢酒，媟褻非理。解襦，乃女子也，未曙即去。不知其地其人，或是妖狐所化。」〔註617〕張氏所言是其家鄉浙江紹興的情況，「簾子胡同」成為了男色淵藪的代稱。

有的小唱會由京中「交流」到地方。豔情小說《繡榻野史》的故事發生地是江蘇揚州，書中餘桃是風流書生東門生的侍僕兼男寵，他「是北京舊簾子衚衕學小唱出身，東門生見他生得好，新討在家裏炒茹茹的」〔註618〕。「炒茹茹」為方言俗語，指同性肛交。

並且，小唱雖然在京中最為出名，不過作為唱曲優伶，他們在其他地方也是存在的。在山西，萬曆年間曾官該省按察使的呂坤在《禁約風俗》、《鄉甲約》中分別指出：「小唱、戲子絕跡公庭，縉紳知禮守法，自然節儉老成。」「戲子、小唱、水戶，及不做生活少壯流民，及遊食僧道、乞食棍徒，不分何等人家，俱不許容留。如違，將四鄰、甲長、約正副一體重究。」〔註619〕呂坤對小唱的這種排斥態度應與他們的男色表現有關。

關於小唱的彈唱內容，以山東為故事發生地的《金瓶梅詞話》記寫了一曲《普天樂》：「洛陽花，梁園月，好花須買，皓月須賒。花倚欄杆看爛熳開，月曾把酒問團圞夜。月有盈虧，花有開謝，想人生最苦離別。花謝了，三春近也；月缺了，中秋到也；人去了，何日來也？」〔註620〕細細品讀，此曲可謂是文

〔註615〕《蟲鳴漫錄》卷一。
〔註616〕《梧桐影》第十二回。
〔註617〕《陶庵夢憶·卷八·龍山放燈》。
〔註618〕《繡榻野史》卷之一。
〔註619〕《實政錄》卷三、卷五。
〔註620〕《金瓶梅詞話》第六十五回。

辭與情意俱佳，頗可引動聽客的懷思。〔註621〕

明末一首竹枝詞寫揚州情形：

> 肴饌蘇人賣酒船，登歌小唱列筵前。
>
> 晴嬌羅綺成花隊，寶寶玲瓏坐水天。〔註622〕

比較而言，京外小唱的流動性較強，組織化程度較低，賣身的程度總體上不如京城。不過相較於社會上的其他人群，他們的賣色、賣身傾向還是相當突出的。明代小說《醋葫蘆》中，杭州賽綿駒是一位幫閒性質的小唱，他「唱得陽春之調，歌得白苧之辭，彈絲擊管，無不擅長，更能賣得一味好豚」。「豚」者「臀」也，賽綿駒做的是賣臀營生，他曾唱曲自嘲道：「論人生，男共女，匹陰陽，前對前，如何後宰門將來串？分開兩片銀盆股，抹上三分玉唾涎，盡力也篩將滿。那裏管三疼四痛，一謎價萬喜千歡。」〔註623〕

在江浙一帶，小唱也稱楊花。《新刻江湖切要·娼優類》：「小唱：楊花。」〔註624〕《大明天下春》卷之八：「楊花孫：唱曲的人。」在明末男色小說《宜春香質》中，小官孫宜之因受光棍號里蛆的騙誘而處境困窘，亟求一條出路。號介紹他去唱曲楊花，「號里蛆道：『如今柴荒米貴，不是大老官，那有閒飯養人？你如今進退無路，莫若暫退一步，答了楊花套中，權且寄食。』小孫弄得沒法，只得應承道：『不知可做得來麼？』號道：『曲子是你會唱的，有甚做不來？』小孫道：『這到差不多。』到一店中，有兩個楊花的在那裏，進去相見了。號里蛆扯到傍邊，說了一會。見小孫道：『要面唱幾句。』小孫乘著些酒興，就是一套《三年曾結盟》，甚是好聽。二人大喜，拿了一張紙，一枝筆，一個硯臺，一錠墨，大吉利市的寫起來。小孫問號里蛆道：『寫甚麼？』號道：『他們貴行中，要寫個投〔名〕文書。』小孫是飢寒怕了的，提起筆，一筆寫完，遞與二人。二人你推我遜，一姓寧的收了，拜了兩拜。次早收往餘杭，從金華、蘭溪一竟到南京去了。日裏同孫去楊花，又有錢趁，晚上又當得老婆。人要替小孫睡一夜，定要一兩銀子，回來還要問小孫討私房錢」。號里蛆事後曾對人講：「我說個計較，賣他去做了小唱，才斷了這條根。」〔註625〕而孫宜之先前就曾見過小唱的娛客手段，《宜春香質》風集第一回：「小孫道：『臭油

〔註621〕此曲係元·張鳴善作，見《詞林摘豔》卷之一。

〔註622〕《廣陵竹枝詞》。

〔註623〕《醋葫蘆》第十三、十一回。

〔註624〕見《中國秘語行話詞典》，第816頁。

〔註625〕《宜春香質》風集第三、四回。

嘴，你道我不曉得？我前日看見一個小唱替別人肏屁股，口內哼哼噴噴，就像有趣一般。我心中也要試發一試發，卻好有親眷到我家來，留他替我睡。被他按住一頓肏，只得一味痛楚。』」

在安徽，「當塗縣升任知縣王思任，年資甚青而性放易。寵門子吳有光等為腹心，狎昵有聲。置酒於私衙，為長夜之飲，已可駭矣。即戲子、小唱亦復得以供役，而衙門之關防蕩然。脫袴衣門子以示解衣之眷，已可笑矣。豈曰無衣，遂令得借為名，而假行之需騙幾遍。」〔註626〕王思任對門子的寵昵是一種男色之寵，戲子、小唱得以供役，也即改業加入了得寵門子的行列。

廣東潮陽位置比較偏遠，據《郭青螺六省聽訟錄新民公案》的記載，賊人周靈在野外把魏仁殺死，劫取了他的數十兩白銀和一根金簪。周

> 遂將十兩紋銀在海陽南門交結一個小唱，名喚習翠兒。年約二八，十分美麗，善能彈唱，人人愛之，不啻美姬。那翠兒與周靈時常往來飲酒，見周靈頭上有一根錯銀金簪，遂抽去插在頭上。時有城中兩個幫閒謝良、陰順，原亦與翠兒相厚。及見他頭上那根金簪，遂問曰：「誰人送與你的？」翠兒初然不認，謝良再三詢究，翠兒報說是相交周靈哥送我的。謝良一向嫌他佔了他小唱，常要擺佈他無由。及見金簪，即對陰順曰：「此賊今日死在我手中了。」〔註627〕

謝良認出金簪本屬魏仁，於是便去告知魏仁之子，仁子乃將周靈告官，結果周被官判斬絕。小唱習翠兒唯財是好，被人包占，則其所售就不僅僅是歌喉了。

四

男色小唱在明代最為出名，清代也有相關說法，不過記載數量和社會影響都不如前明。在清代的北京，《金吾事例》曾載：

> 梨園演戲，歌舞太平，誠盛事也。此外又有小唱，俱係年幼頑童，演成淫詞邪曲。墮其局中，揮金如土，傾家敗產，往往有之。至候選人員，至此者歡呼擲彩，爭認乾兒。因而七折八扣，負債累累，困頓旅邸而不能出京者，大半由此。且所典幼童，俱係民家子弟，始則隱瞞教曲，繼則借獲重利，因此爭贖涉訟，不一而足。〔註628〕

〔註626〕　《周中丞疏稿·江南疏稿卷之七·為糾劾不職官員疏》。
〔註627〕　《郭青螺六省聽訟錄新民公案·卷二·金簪究出劫財》。
〔註628〕　見《北平風俗類徵·遊樂》。

《百戲竹枝詞》中有一首《花檔兒》：

妙齡花檔十三春，聽到《邊關》最愴神。

卻怪老鸛飛四座，秦樓誰是意中人？

原注：「歌童也，初名秦樓小唱，年以十三四為率，曲中《邊關調》至淒婉。好目挑坐客，以博纏頭，為飛老鸛云。」

比較而言，在明代的北京，「小唱」是一個口語詞，人人都用。而在清代，它則趨於書面化，使用率下降。《清實錄》中載有一例：乾隆二十四年（1759），御史史茂請禁花檔小唱，乾隆帝降諭指出：「史茂欲禁止小唱而張皇其說，以為色飛淫蕩，關繫風俗人心云云，言之尤為太過。此等不過俳優賤伎，逐末營生之一類。如果在地方生事滋擾，本應隨時究治。然京師地當輦轂，理大物博，為五方歸極之區。若紛紛躑緝，徒使胥吏乘機多事，為累不淺。且由此推而極之，如古所稱衢歌巷舞者，果一一盡干例禁乎？又查禁不已，必致改業。今日花檔，明日彈詞、說書，以致手技、口技，何所不至。亦不能隨蹤躡跡，盡舉而繩之以法。立政去其太甚，不尚煩苛。著將原奏發還，並通行宣諭知之。」〔註629〕

當時人們對於唱曲優伶的日常稱呼是檔子，乾隆《水曹清暇錄》卷八：「曩年最行檔子，蓋選十一二齡清童，教以淫詞小曲，學本京婦人裝束，人家宴客，呼之即至。席前施一氍毹，聯臂踏歌，或溜秋波，或投纖指，人爭歡咲打彩，漫撒錢帛無算。」《夢華瑣簿》：「嘉慶初年，開戲甚遲，散戲甚早。大軸子散後，別有清音小隊，曰『檔子班』，登樓賣笑。浮梁子弟迷離若狂，金錢亂飛，所費不貲。」〔註630〕檔子同樣也會賣色乃至賣身，不過組織化程度不如明代小唱。在清代的北京，有組織地在固定場所招客者是被稱為相公的唱戲優伶，相關記載豐富詳實，茲不細述。

至於清代的京外小唱，在此不妨舉出兩例。其一在西北，《清實錄》清高宗純皇帝實錄卷之九十五：「陝西提督李繩武奏參本年帶兵換防哈密之游擊孫道林私帶小唱沿途逗遛。得旨：此奏甚是，知道了。軍政務宜嚴肅，則平時操練有方，而緩急亦賴以有備。斷不可謂無事之時，而少存姑息也。」其二在東南，《揚州畫舫錄》卷十一：「小唱以琵琶、弦子、月琴、檀板合動而歌，最先有《銀鈕絲》、《四大景》、《倒扳槳》、《剪靛花》、《吉祥草》、《倒花籃》諸調，

〔註629〕《清實錄》清高宗純皇帝實錄卷之六百三。
〔註630〕見《清代燕都梨園史料》，第355頁。

以《劈破玉》為最佳。」

總之，作為一個或者指人或者指演唱方式的名詞用語，小唱在宋元明清時期一直存在。宋元時期的小唱女性占比較大，而明清時期則多為男性。既為優伶，男性小唱或多或少總會與男色相勾連。在明代的北京，特殊的政治、文化環境讓他們尤逢其時，大行其道，簾子胡同裏絲竹盈耳，姣顏迷目，男色之美遂甲天下。

簾子胡同和八大胡同

簾子胡同和八大胡同分別是明代和清代北京男色的中心，同時也是明清時期全國男色的中心。明代的賣色者稱為小唱，是一些唱曲優伶；清代的賣色者稱為相公，是一些唱戲優伶。

簾子胡同分為新舊東西四條，也即東新、西新、東舊、西舊簾子胡同，東面就是人民大會堂。八大胡同以韓家潭（今韓家胡同）為中心，並非只有八條，北面就是琉璃廠。我在七年前、去年和前些天三次去那裏拍照。第一次是想為《曖昧的歷程》拍插圖，後來出版社怕引起麻煩，便沒有用。第二次是想把第一次漏拍的補上，為《中國古代同性戀圖考》準備插圖。同時第一次拍完之後沒有在照片後面寫下胡同名，有的已不敢十分肯定，便想再核實一下。基本是達到了目的，但一則時間較緊，二則西新、西舊簾子胡同已經拆毀，所以還是留下了幾點疑問。前幾天再去拍照核實，才終於解決了所有的問題。

核對舊照並非就那麼簡單，畢竟那是七年前的事了，具體細節有的已經記不清楚。我從東舊簾子胡同口向東走，到頭後向南向西走到東新簾子胡同口，有一張照片卻就是核不出。只好再走回頭路，到了東舊簾子靠東處，才發現這是一張回頭照，（圖 439）怪不得根據房影總以為它應是東新簾子。然後在鐵樹斜街上吃了點飯，開始轉八大胡同。有一張照片去年就沒有認出，這次在朱茅胡同問當地住戶，他們很肯定地講那是叫培英胡同，還指出了大概位置。轉來轉去，一撅頭才偶然發現其實那就是大外廊營胡同，（圖 440）而再向前走幾步，兩個小時前吃飯的飯館猛然就在眼前。這個圈兒轉得真有意思，基本就是七年前那個圈兒的逆時針。

近年以來北京的城市建設歸結為一個字就是「拆」，兩個字就是「胡拆」，七個字則是「無所顧忌地胡拆」。我有一位同事住前門大柵欄，即將拆遷，據他講這一地區包括八大胡同要全部拆毀重建。但願範圍不像他說得這樣大，可

不管怎樣，現在的北京城已是被拆得七零八落了。我比較重視宣武這一帶，當然並不僅僅是由於具體研究的關係。清朝建立後，京城前門、宣武以內全部由滿人居住，稱內城。以外是漢人居住，稱外城、南城。這樣一來，漢族的高官文士、巨賈名優幾乎都是集中在宣武門以南，形成了延續幾百年的宣南文化，無可爭議地是全國的文化中心。而現在傷筋動骨的拆遷已讓宣武變得不倫不類，成為了縣城建築的增高加大版。（圖 441）大柵欄地區已是最後的遺跡，又是精華中的精華。有人竟敢打這裡的主意，不知膽量何來，目的何在。所謂哀莫大於心死，我復何言？我能何言？

需要說明的是，清朝最後的十來年北京女妓業方才興起，八大胡同是用來說明妓院所在地的，以前的相公時代此名不彰。不過妓、相的活動區域正好相同，不少相公堂後來直接就變成了女妓院。當然，相公時代八大胡同地區其實並非清一色的紅燈區，官商文士是雜居其間的。並且相公堂也不能直接被等同於男妓院，相公出賣身體的程度要比妓女低，在某種意義上他們就是一些戲曲演員。

2006 年 10 月完稿

《迦陵先生填詞圖》綜考

陳維崧（1625～1682），字其年，號迦陵，江蘇宜興人。明末「四公子」之一陳貞慧之子。工詩文，尤長於詞，在清初文壇聲譽宿著。康熙十七年（1678）閏三月，著名畫僧釋大汕為他繪製了名畫《迦陵先生填詞圖》。〔註631〕同年，陳氏自家鄉宜興攜圖進京，遍請名流題詠。在他去世之後，《填詞圖》在陳氏家族世代流傳，一直及於清末民初。此圖廣受關注，具有重要的社會文化史價值，下面本文就其形貌傳藏、文本詞句等情況加以綜合考述。

一、形態樣貌

《迦陵先生填詞圖》稿本原件包括圖與題詠兩部分，具有比較複雜的、不斷變化的形貌狀態。在做相關分析探討時，本文依據的主要版本包括：

（一）乾隆五十九年（1794）陳淮刻本。（圖 442）此本據康熙至乾隆間

〔註631〕 康熙十七年暮春，陳維崧讀書於崑山徐乾學憺園，他與大汕應是相會於崑山或蘇州。按：關於陳維崧的生平交遊、個人經歷，可參見陳絢隆所編《陳維崧年譜》，本文不做細考。

稿本刊刻，包括一幅圖和康熙至乾隆年間宋實穎、吳照等 83 人的題詠。

（二）乾隆五十九年（1794）陳淮增刻本。在原刻基礎上，此本增加了袁枚的一篇序、一封信和袁枚、惠齡、曹德華等 3 人的題詠。

（三）乾隆五十九至六十年（1794～1795）陳淮二次增刻本。在增刻本基礎上，此本增加了楊倫、徐嵩、任安上、任映垣、潘允喆等 5 人的題詠。

（四）嘉慶二十二年（1817）郟志潮摹本。（圖 443）郟氏據康熙至嘉慶間稿本臨摹了原圖，抄錄了康熙至嘉慶年間宋實穎、謝學崇等 91 人的題詠。郟氏自持摹本，他本人以及張春熙、董國琛、戈襄、吳家淦、戈載、沈沂曾、王嘉祿、曹懋堅、朱環、沈彥曾、王仁俊在上面題詠。

（五）道光二十五年（1845）陽羨萬貢珍石刻拓本。（圖 444）此本據康熙至道光間稿本摹勒上石，包括一幅圖和康熙至道光年間宋實穎、萬貢珍等 69 人的題詠。

（六）民國間繆荃孫抄本。（圖 445）此本據郟摹本抄錄，包括摹本全部 103 人的題詠以及郟氏摹錄後記，但未摹圖。目前筆者見到的郟摹本是《中國古代書畫圖目》所影印的圖畫和圖上宋實穎、史承謙等 8 人的題詠，其他題詠情況係據繆抄本。

據上述版本所繪所記，可知《填詞圖》稿本原件在不同時期有不同的樣貌與構成。它最初只有釋大汕的原圖，康熙間陳維崧請宋實穎、尤侗等 7 人在圖上題詠。限於圖幅，梁清標等數十人則是題於圖外的散裝冊頁。此後直到道光年間，陳維崧嗣子陳履端、嗣孫陳克猷、侄孫陳淮、淮子陳崇本、崇本子陳香士、香士子陳葆耆作為世世相繼的持有者續有請題，從而冊頁不斷增多增厚。不過乾隆年間，史承謙是將題詠又題在了原圖之上，故原圖上的題詠者共有 8 位。前後合計，包括下面將會述及的錢芳標、易順鼎等零星題詠者在內，二百餘年間共有一百三十餘人為此圖填詞賦詩。此珍貴稿本民國間已佚，在此據刻、摹、拓、抄諸版本及其他相關記載，先將其畫面描繪及題詠變化細予廓清。

關於《填詞圖》原件的畫面描繪，乾隆間沈初曾謂其「設色橫幅。髯〔註632〕敷地衣坐，手執管，伸紙欲書，意象灑如。旁一蕉葉坐麗人，按簫將倚聲，雲鬟銖衣，望若神仙也」〔註633〕。袁枚所記則有些失真：「一則長鬚飄蕭，拈花

〔註632〕陳維崧鬚髯濃密，人稱陳髯。
〔註633〕刻本《迦陵先生填詞圖》沈初序。

微笑。一則云鬒髮窈窕，對酒當歌。有晬其容，美矣麗矣。呼之欲活，是耶非耶？」〔註634〕釋大汕題圖：「為其翁維摩傳神」。既把陳維崧比為維摩，則據《維摩詰經》，窈窕「麗人」即為天女。而在此圖之前，康熙十四年（1675）大汕已在河南商丘為陳維崧繪有一幅《天女散花圖》。陳氏《喜遷鶯・石濂和尚〔註635〕自粵東來梁園為余畫小像，作〈天女散花圖〉，詞以謝之》云：

> 篋衍。有一卷、細膩凝脂，三尺松陵絹。少不如人，師須為我，畫出鬢絲禪板。旁侍湘娥窈窕，下立天魔寒蹇。人間苦，悵碧桃花謝，洞天歸晚。〔註636〕

據此，則《天女散花圖》中有三位人物，這與清初陳洪綬等所繪的《何天章行樂圖》甚為相似。（圖446）我們知道，康熙十四年陳維崧北上商丘是去接取其妾侍與弱子。他請大汕繪圖，圖中「湘娥」當係其妾彩雲，「天魔」則是他已經去世的家優兼情伴徐紫雲。不過到了康熙十七年，錢芳標《喜遷鶯・粵東石頭陀為其年寫照，作〈散花天女圖〉，次原韻奉題一闋》云：

> 宓妃芝館。費八斗才華，填愁欲滿。何許琴聰，描成臞客，繞涴墨濤微濺。身在鬢殊香國，夢醒梨花秋苑。回眸處，有齊公小小，銖衣縫淺。　　曼衍。訝筆底、聽法獰龍，攝入鵝溪絹。三尺圍蕉，數聲枯穗，借汝破除歌板。野店黃粱待熟，火宅青蓮任產。功成後，看英雄學佛，他年未晚。

上闋末注：「《酉陽雜俎》云：寶應寺天女像，乃齊公伎小小寫真。」下闋末注：「時其年將赴徵車。」〔註637〕據此，錢氏詞中的《散花天女圖》是有兩位人物，「小小」坐於團蕉，與《迦陵先生填詞圖》並無區別。因此，錢氏所觀應當就是後圖，陳維崧請釋大汕繪製的兩幅圖主題相近，名稱易混。至於圖中人物為何只剩兩人，這與突出主題有關。康熙十七年，陳維崧的兒子已經夭折，妾已下堂去。他與妾侍的感情本來就不深，傾心懷戀的始終都是已於五年前去世的徐郎紫雲，於是請舊友以新圖寫之。

陳維崧於康熙十七年七月抵京，為的是參加將於來年舉行的博學鴻詞科考試。各地應舉者陸續到達，京中一時名士雲集。作為其中的佼佼者，陳氏廣

〔註634〕《小倉山房外集・卷八・〈陳檢討填詞圖〉序》。
〔註635〕釋大汕，字石濂。
〔註636〕《迦陵詞全集》卷二十二。
〔註637〕《湘瑟詞》卷之四。

交新朋舊友，而其方式之一就是請人為《填詞圖》題詠。陳維崧去世後，其嗣子陳履端持藏此圖，續有所請。而經過康熙後期至乾隆前期的一段沉寂，乾隆中後期在陳維崧侄孫陳淮手中，《填詞圖》的題詠活動又重新活躍。乾隆五十九年（1794），陳淮「以《填詞圖》重繪縮本，合後幅詩詞為一編，付之剞劂，近之題識亦附焉」（沈初序）。此刻本有翁方綱題簽，係陳淮命其三個兒子陳崇本、懿本、槑本校對付刊。

刻本《迦陵先生填詞圖》的題詠順序為：

1 梁清標	2 王士正	3 田茂遇（未用）〔註638〕
4 彭孫遹（鴻博）	5 倪粲（鴻博）	6 王頊齡（鴻博）
7 陸葇（鴻博）	8 朱彝尊（鴻博）	9 米漢雯（鴻博）
10 徐釚（鴻博）	11 尤侗（鴻博）	12 毛奇齡（鴻博）
13 吳任臣（鴻博）	14 毛升芳（鴻博）	15 高詠（鴻博）
16 龍爕（鴻博）	17 嚴繩孫（鴻博）	18 鄧漢儀（特授）
19 孫枝蔚（特授）	20 宋實穎（未用）	21 曹貞吉
22 毛先舒	23 吳炎	24 汪懋麟
25 成德	26 高層雲（未用）	27 李良年（未用）
28 徐之凱（未用）	29 徐林鴻（未用）	30 吳農祥（未用）
31 徐林鴻（未用）	32 高士奇（特賜）	33 宋犖
34 毛際可（未用）	35 柯維楨（丁憂）	36 胡亦堂
37 李符	38 沈岸登	39 徐咸清（未用）

40 錢柏齡	41 洪昇	42 吳儀一	43 林麟焻	44 陸繁弨
45 查鉉	46 陸進	47 沈皡日	48 曾宏倫	49 陳奕禧
50 史惟圓	51 徐喈鳳	52 呂熊	53 徐瑤	54 陳論
55 陳枋	56 周福柱	57 蔣景祁	58 徐洪鈞	59 沈爾燝
60 英廉	61 于敏中	62 裘曰修	63 張裕犖	64 錢載
65 蔣和寧	66 翁方綱	67 謝墉	68 平聖臺	69 蔣士銓
70 王文治	71 馮應榴	72 沈初	73 陸費墀	74 程晉芳
75 史承謙	76 史承豫	77 儲國鈞	78 李御	79 張塤
80 吳錫麒	81 汪如洋	82 錢棨	83 汪端光	84 吳照

〔註638〕人名後帶括號者是陳維崧的鴻博同年，未用、鴻博、特賜等是此次考試的不同結果。

這一名單中共有 83 位人物（徐林鴻兩題），始自康熙止於乾隆，可分為梁清標至沈皞日、僧宏倫至沈爾燝、英廉至吳照三個階段。請題者分別是陳維崧、陳履端、陳淮，履端子克猷、淮子崇本偶曾求請。

在初刻本的基礎上，陳淮在短時間內又進行了兩次增刻，增加了袁枚的一篇序、一封信和袁枚等 8 人的題詠。不過除去徐嵩所題外，新增序函、題詠的原件冊頁並未與初刻所據原件主體放在一起，以後便未再見到。初刻所據原件稿本在嘉慶年間由陳淮傳給陳崇本，崇本又請阮元等十餘人續題，從而原件冊頁繼續增加。嘉慶末年，蘇臺（蘇州）郟志潮將陳崇本所藏稿本摹錄一過。原稿圖上有宋實穎等 8 人的題詠，摹本圖上也是依樣照錄，然後才過錄附後的散頁題詠。民國年間，江陰繆荃孫得此摹本，並未摹圖，但將所有題詠都依摹本順序抄錄了下來。

抄本《陳檢討填詞圖卷》的題詠順序為：

44 陸繁弨	36 胡亦堂	20 宋實穎	75 史承謙	11 尤侗
4 彭孫遹	22 毛先舒	2 王士禛	1 梁清標	27 李良年
23 吳毁	37 李符	76 史承豫	56 周福柱	45 查鉉
12 毛奇齡	10 徐釚	32 高士奇	35 柯維楨	13 吳任臣
57 蔣景祁	18 鄧漢儀	19 孫枝蔚	34 毛際可〔註639〕	
24 汪懋麟	17 嚴繩孫	25 成德	59 沈爾燝	8 朱彞尊
46 陸進	7 陸葇	21 曹貞吉	38 沈岸登	41 洪昇
58 徐洪鈞	28 徐之凱	14 毛升芳	29 徐林鴻	30 吳農祥
31 徐林鴻	39 徐咸清〔註640〕		42 吳儀一	40 錢柏齡
33 宋犖	47 沈皞日	55 陳枋	9 米漢雯	26 高層雲
5 倪粲	48 僧宏倫	54 陳論	50 史惟圓	77 儲國鈞
52 呂熊	16 龍燮	53 徐瑤	15 高咏	43 林麟焻
6 王頊齡	51 徐喈鳳	49 陳奕禧	60 英廉	62 裘曰修
69 蔣士銓	68 平聖臺	65 蔣和寧	70 王文治	63 張裕崐
78 李御	74 程晉芳	79 張塤	66 翁方綱	67 謝墉
64 錢載	80 吳錫麒	73 陸費墀	7 馮應榴	72 沈初
81 汪如洋	82 錢棨	83 汪端光	84 吳照	85 洪亮吉

〔註639〕誤抄作嚴際可。

〔註640〕誤抄作徐清。

　　86 徐鑅慶　　87 汪廷珍　　88 李堯棟　　89 吳省蘭　　90 錢樾

　　91 秦瀛　　　92 阮元　　　93 陳嵩慶　　94 謝學崇

　　為了便於比較，嘉慶以前繆抄本題詠者的序號採用了陳淮初刻本的序號。刻本中的 3 田茂遇、61 于敏中未見於抄本，再加上 29、31 徐林鴻是重題，故繆抄本中嘉慶以前的題詠者共有 82 人〔註 641〕，再加上嘉慶年間的 9 人，共有 91 人。

　　通過比較可以看出，抄暨摹本的題詠順序與嘉慶末年稿本原件的順序是一致的。而乾隆末年陳淮在據當時稿本進行刊刻時則對順序進行了一些調整。像史承謙本是乾隆間人，但他徑直把自己的題詠題在了大汕原圖中徐紫雲身側。摹本暨抄本照錄，刻本則改回了乾隆時期。就陳維崧在世時的題詠而言，刻本將梁清標、王士正（禛、禎）置於最前是因為二人位高名顯。梁氏曾經官居保和殿大學士，王氏是眾所共推的文壇領袖。梁、王之後便是陳維崧的鴻博同年，據秦瀛《己未詞科錄》卷首所列名錄，包括特賜同博學鴻儒科、特授內閣中書年老者、丁憂未與試者、與試未用者在內，共有 28 人。而陳氏在京期間非應舉的舊友新交如成德（納蘭性德）、洪昇等與應舉者也有交叉。在此階段，首位題詠者應係宋實穎。他與陳維崧都是得到了都察院左都御使宋德宜的舉薦，一同下榻於宋氏寓廬幾近一載。二人「後先入國門，天遣對床臥。宵燈耿旅魂，秋閣了吟課」〔註 642〕。宋氏題詞《醉花陰》作於康熙十七年九月，是時二人均到京不久。

　　按照刻本順序，在僧宏倫至沈爾燝階段，題詠者中多有陳維崧的家鄉親友。這一階段，《填詞圖》的持者被陳淮認為是陳履端。雖然大體不差，但也有誤漏之處。例如龍燮，他是陳維崧的鴻博同年，陳淮將其置於宏倫之前的第一階段。但龍氏所題《雪獅兒》詞中有「每拊遺編惆悵。忽宛然、晤對髯翁形狀」〔註 643〕之語，顯然是作於陳維崧去世之後。〔註 644〕再如陳枋和蔣景祁分別是陳維崧的堂侄和世侄，位於宏倫之後。但陳枋《綺羅香》詞中有「問

────────────────

〔註 641〕二次增刻本中的徐嵩後更名為鑅慶。在摹抄本中，其所題長詩除個別詞句外與徐嵩所題完全相同。因此他雖然位於嘉慶間洪亮吉之後，但實係乾隆末年的詠者。

〔註 642〕《湖海樓詩集・卷六・宋既庭孝廉，余三十年好友也。客歲夏秋間，與余先後被召入都，又同下榻廣平夫子寓廬幾一載矣。秋日南歸，賦五言古詩二十八韻送之》。

〔註 643〕本文當中，未注出處的題詠引文均引自刻本《迦陵先生填詞圖》。

〔註 644〕《國朝詞綜補》卷四錄有此詞，詞注：「時其年歿逾年矣。」

何日割肉歸來，給金門假也」、蔣景祁《丹鳳吟》詞中有「此際鳳樓宣召，休憶江南、楊柳岸」之句。實際上，陳、蔣在陳維崧去世之前都曾在京陪侍左右，〔註645〕題詞應是作於當時。

　　乾隆年間的題詠是陳淮父子請題，對於先後順序他們知之甚詳，但依然沒有嚴格按照時間先後來排序。刻本、抄本《填詞圖》中的題記內容缺略不全，有時刪掉了關於題於何年的文句。後來道光間陳維崧同邑後學萬貢珍將陳淮重孫陳葆耆所持《填詞圖》稿本原件摹勒上石，所摩題詠係完全照錄。據石拓本《填詞圖》諸家題詠中的完整題記，蔣士銓、翁方綱、于敏中、錢載、英廉、謝墉分別是作於乾隆二十六、四十、四十、四十一、四十四、五十七年。而陳淮將文淵閣大學士英廉、文華殿大學士于敏中置前，應是考慮到二人官位高顯。不過在抄本《填詞圖》中，英廉同樣置前，錢載位於謝墉之後。這說明遲至嘉慶後期，抄暨摹本所依據的《填詞圖》原件並未被裝裱成手卷，諸題詠冊頁並未被嚴格排序、固定，而是可以調序、抽取。

　　就嘉慶間《填詞圖》稿本的完整性而言，郟志潮所見基本可謂完整，但還是有數人之缺。道光石拓本《填詞圖》「不能遍錄，割愛者多」〔註646〕，刻錄的人數不全。其與刻本相對應的部分即嘉慶以前的題詠者自宋實穎、胡亦堂至汪如洋、汪端光，共錄52人（汪端光被置於梁章鉅之後）。其與抄本相對應的部分即嘉慶年間的題詠者自吳省蘭至李堯棟，共錄9人（吳省蘭被置於沈初之前）。其中，見於抄本者6人，未見者3人即梁章鉅、管同、卞斌。這就是說，梁章鉅等3人的題詠原件未被郟志潮看到。

　　拓本《迦陵填詞圖》的題詠順序為：

20 宋實穎	36 胡亦堂	11 尤侗	22 毛先舒	44 陸繁弨
27 李良年	10 徐釚	32 高士奇	37 李符	4 彭孫遹
2 王士禛	1 梁清標	45 查鉉	35 柯維楨	76 儲國鈞
25 成德	46 陸進	17 嚴繩孫	8 朱彝尊	24 汪懋麟
34 毛際可	18 鄧漢儀	19 孫枝蔚	41 洪昇	29 徐林鴻
30 吳農祥	9 米漢雯	15 高詠	6 王頊齡	33 宋犖
49 陳奕禧	52 呂熊	14 毛升芳	43 林麟焻	51 徐喈鳳
60 英廉	61 于敏中	62 裘曰修	69 蔣士銓	65 蔣和寧

〔註645〕事見《陳維崧年譜》，第682、701頁。
〔註646〕拓本《迦陵填詞圖》萬貢珍序。

70 王文治	78 李御	63 張裕犖	66 翁方綱	64 錢載
67 謝墉	80 吳錫麒	73 陸費墀	82 錢棨	89 吳省蘭
72 沈初	81 汪如洋	95 梁章鉅	83 汪端光	96 管同
85 洪亮吉	92 阮元	90 錢樾	97 卞斌	87 汪廷珍
88 李堯棟	98 胡長庚	99 陳繼昌	100 鄧廷楨	101 丁應望
102 蔡世松	103 蔡宗茂	104 萬貢珍	105 陸費瑔	

據拓本所錄，道光年間，《填詞圖》原件為陳崇本之子陳香士持有時，胡長庚、鄧廷楨等 6 人為題詩詞。香士之子陳葆耆持有時，萬貢珍、陸費瑔曾題詩詞。

二、流傳收藏

《填詞圖》寄託著陳維崧的深厚感情，邀請友人為題詩詞是他居京生活的一項重要內容。宋犖《和松庵存札》收有陳氏的一通來函：「新詩變化超忽，無美不備。勉作一歌奉揚，謹同原稿馳上。所懇《填詞圖》題詞，倘已脫稿，幸即書付。為感。」按（圖 447）：康熙十九年（1680）秋，陳維崧曾為宋犖《雙江倡和集》題詩一首，宋氏則為《填詞圖》賦有一闋《摸魚子》。

康熙二十一年夏五月，陳維崧在貧病懷思中離世。無子，其亡弟維嵋之子履端嗣之。陳履端，字求夏，少擅儁才，以貢生授江蘇山陽縣訓導，著有《晚耘詩集》等。康熙四十五年丙戌，呂熊題詩之後記曾謂：「憶辛酉秋，曾謁迦陵先生於京邸，迄今已二十餘載。丙戌初冬，下榻於令嗣山陽廣文齋中，出先尊大夫《填詞圖》索題。展觀照影，不禁人琴之感。敬題三截句，以志追慕云。」可見在陳履端手上，《填詞圖》的題詠活動依然繼續。

履端之子名克猷，《炙硯瑣談》卷上：「宜興陳浣初克猷，迦陵先生嗣孫。貧不自存，依其大阮銀臺公履平於商邱。遂占籍遊庠，未幾卒，無後。」陳履平係陳維崧四弟陳宗石次子，曾任通政司（別稱銀臺）右通政。陳克猷卒後，他所保存的先人遺物歸於叔父家族，自此以後，《迦陵先生填詞圖》遂開始由商丘陳氏世代收藏。乾隆間張裕犖曾為此圖題詩四首，末首云：

> 畫裏鬚髯識孟公，半千孫自有門風。
>
> 傳書萬卷神明在，夜夜滄江月貫虹。

末首詩注：「先生嗣孫時從予遊。」整詩後記：「乾隆十有二年丁卯，客宋中（商丘）題。越二十四年為三十五年庚寅，補錄於京師之海隱寓室。」可見

乾隆十二年（1747）時，陳克猷尚持此圖於商丘。而14年後，著名詩人蔣士銓已經是應陳宗石之孫、陳履平之侄陳淮（字望之）之請，為此圖題詠作曲了。據拓本《填詞圖》，乾隆二十六年（1761）蔣氏題曲之後記云：「望之太守將赴廉州，出《迦陵先生填詞圖》囑題。卷中各體參錯，名作如林，未敢漫作。既而望之索益力，不得已，譜北曲十一首。乾隆辛巳九秋霜降鉛山後學蔣士銓拜題。」則此時圖之所有者已經是陳淮了。

商丘陳氏始祖、陳淮祖父陳宗石是陳維崧異母兄弟，他們的父親陳貞慧與商丘侯方域交深誼厚，結為兒女親家。侯、陳相繼去世後，十四歲的宗石北上入贅於侯家，自此遂占籍宋中。其長子名履中，次子名履平。履中子淮官至江西巡撫，孫崇本乾隆四十年進士。履平子濂，孫杲、彬，曾孫焯，玄孫壇分別為乾隆三十一年，嘉慶六、十六、十六年，道光十五年進士。有清一代，商丘陳氏科甲興盛，人才輩出，是一個著名的文化望族。

乾隆年間，《填詞圖》的主要收藏者是陳淮。按：陳淮（1732～1810），字望之，號藥洲。乾隆十八年拔貢，歷官廉、韶、廣州知府，擢為浙江鹽法道、安徽按察使。因事革職，再起補為青州知府，升任蘭州道、甘肅按察使、湖北布政使。乾隆五十六年擢貴州巡撫，翌年調江西巡撫。嘉慶元年再次獲罪，遣戍新疆。兩年後贖罪回籍，卒於商丘。陳淮宦海浮沉，南北趨馳，由知府太守做到巡撫中丞。其間《填詞圖》可謂不離其身，先後邀請二十餘位名公名士為其題詞賦詩作曲。

陳淮和他的兒子陳崇本都是著名的書畫鑒藏家。陳崇本，字伯恭，乾隆四十年進士。曾官國子監祭酒、光祿寺卿、宗人府府丞。工書善畫，富於收藏。乾隆末年，他有時已開始代父持圖。刻本《填詞圖》馮應榴、拓本《填詞圖》謝墉題詞後記：「伯恭學士出示《迦陵先生填詞圖》屬題。因用卷中嚴蓀友宮允《金縷曲》韻，學成此闕。」「壬子（乾隆五十七年）閏四月。伯恭館丈出《填詞圖》屬題，讀卷中多《沁園春》詞，因亦贈此闕。」

到了嘉慶年間，《填詞圖》主要是由陳崇本持有。抄本中陳嵩慶題詞後記：「伯恭前輩見示《填詞圖》，賦此呈教。」拓本中李堯棟題曲後記：「嘉慶七年歲在壬戌重入都門，已五十之年，始學填詞。伯恭祭酒以此圖囑為曲子，乃以初學步者與前人角勝，亦可謂不善於藏拙者矣。」另外，抄本中洪亮吉之《滿江紅》詞在洪氏《更生齋詩餘》卷一中題為《〈陳其年先生填詞圖〉為伯恭學士賦》。

　　道光年間，《填詞圖》由陳崇本傳到了其子陳香士之手。拓本中胡長庚、蔡世松分別記謂：「香士先生明府屬題。」「道光辛卯歲（十一年）五月，香士明府出《迦陵先生填詞圖》屬題，即拈《摸魚兒》一解請政。」關於陳氏父子家藏傳受的情況，不妨再以佛利爾本《淳化閣帖》為例。此帖嘉慶初年陳崇本得自正定梁氏，曾經自題：「嘉慶二年丁巳，之楚江學使任。道經正定，過梁氏秋碧堂，獲此祖本。」而到了道光二年，孟慶雲題曰：「道光壬午除夕，購於京師商丘陳伯恭先生之子香士明府。價六百金，共十卷。」〔註647〕佛本《淳化閣帖》價昂品貴，陳香士出於經濟原因將其售賣。而對於承載著家族榮耀的《迦陵先生填詞圖》，他肯定是不會動念的。

　　陳香士曾在廣西為官，桂省仕宦得以一睹斯圖。徐時棟《題〈四明四友圖〉》詩注：「吾友陳子相〔註648〕宦粵西，曾見《陳其年填詞圖》真蹟。自國初至今二百年中，名公卿約略幾備。蓋世有賢子孫，常出求詩。而迦陵名重，人樂題之。以是圖卷成牛腰矣。」〔註649〕所謂「賢子孫」者，陳履端、克猷、淮、崇本、香士之謂也。

　　道光二十三至二十六年（1843～1846），陳香士從侄陳壇（字杏江）在湖南提督學政，香士乃遣子葆耆（字孟民）於道光二十四年攜圖赴湘。陳壇典掌文衡，風雅自任。而時任湖南布政使的萬貢珍（字荔門）乃陳維崧同里後學，對於鄉賢遺物亦非常重視。石刻拓本《迦陵填詞圖》萬氏序曰：「今杏江學使出示斯圖，前輩風流，宛然如在。亟登諸石，以永其傳。」陳壇跋謂：「族弟孟民自粵西來，攜〔圖〕以示余。萬荔門前輩見而愛之，亟摹諸石，並囑余跋尾。余惟此圖二百年來藉藉人口，今遇荔門前輩，遂得流播藝林。物之顯晦，固有時也。」

　　咸豐初年，陳壇和陳葆耆先後回到了故鄉商丘。前者是自京而返，時當太平軍北伐，他奉旨回籍辦理團練。可當太平軍攻城時，陳壇不戰而逃，結果被發往軍臺效力。而陳葆耆身無官職，回鄉只是避亂而已。對此，其從兄陳重《孟民從弟葆耆歸自豫章，賦此贈之》曾云：

　　　　鄰域驚風煙，天涯振鼙鼓。

　　　　歸來舊相識，隨風到中土。

〔註647〕《佛利爾本〈淳化閣帖〉及其系統研究》，第28、30頁。
〔註648〕陳勘，字子相，道光年間曾官廣西知縣。
〔註649〕《煙嶼樓詩集》卷十一。

> 一門論群從，幾人繩祖武。
>
> 推至少參後，兒時同學侶。
>
> 弟年甫弱冠，所望在進取。
>
> 杜門絕雜賓，下帷尋墜緒。
>
> 安恬守廬舍，孝養藝稷黍。
>
> 四望多陣雲，慎哉遊與處。

「推至少參後」自注：「孟民出自先高伯祖少參公。」〔註650〕少參公即陳履中，曾官甘肅布政參議。而陳重乃銀臺公陳履平之後，陳彬之孫，與陳壇為服屬更近的堂兄弟，陳壇係陳杲之孫。

陳重詩中有「安恬守廬舍，孝養藝稷黍」之句。據此，陳葆耆應是返鄉定居，且在鄉養親，則《迦陵先生填詞圖》應亦隨返商丘。

雖然按照通常推理，《填詞圖》的歸宿當是如此，但另有記載提供了其他的可能。清末何兆瀛曾有詩云：

> 髯也填詞字字圓，雲郎簫韻亦如仙。
>
> 夢堂夢影無人問，此卷消磨二百年。

自注：「商邱陳氏家藏《迦陵填詞圖》，道光間嵐樵曹丈復收藏之，余猶及一見。蓋丈亦汴人，與陳氏為戚眷，故得獲此圖也。丈歿後，圖不知又歸何人。」〔註651〕曹丈即曹宗瀚，陳重《涼宵憶舊》詩有云：

> 徐陵厚德周親舊，謝朓虛懷獎得賢。
>
> 幾載京華隨杖履，感恩知己兩拳拳。

自注：「蘭儀（蘭考）曹嵐樵給諫。嵐樵先生名宗瀚，癸酉（嘉慶十八年）舉人，余之父執也。」〔註652〕

給諫即給事中，職司封駁、諫議。我們知道，陳壇湖南學政任滿後回京，先後是任御史、給事中，與曹宗瀚有同僚、同鄉、親戚之誼。則曹氏所存《填詞圖》應是來自陳壇。如此，則陳氏觀覽《填詞圖》之後並未將其交還給堂弟陳葆耆，而是攜之進京，自己存藏。這種可能性是存在的，《填詞圖》也可謂是商丘陳氏的公產，當初陳維崧嗣孫陳克猷依投的就是陳壇高祖陳履平。

當然，曹宗瀚自陳壇之手獲觀《填詞圖》，只能是暫存而非實有。商丘陳

〔註650〕《花著龕詩存》卷二。

〔註651〕《泥雪錄》。

〔註652〕《花著龕詩存》卷二。

氏在清代民國間始終都是當地望族，某一支系可能沒落，不過整體上一直興旺，他們不可能把家族的核心遺產讓與他人。作為戚眷，曹宗瀚可以比較方便地借觀；而正系戚眷，他更不可能真正據有，何兆瀛之說有失當之處。〔註653〕

　　在清末，陳氏家族的另一支姻親更加著名，這就是北洋軍閥首腦袁世凱所屬的項城袁氏。據《項城袁氏家集·母德錄》，袁世凱叔祖袁甲三續娶「陳氏，商邱太學生贈翰林院編修諱照公女。生長名門，博稽群書」。陳氏是袁甲三之子袁保恒（字小午、筱塢）的繼母，而《填詞圖》曾經出現於袁家。時人謝章鋌曾記：「《迦陵填詞圖》為釋大汕作。掀髯露頂，旁坐麗人拈洞簫而吹。昨在都門，於袁筱塢保恒侍郎處見其原卷，抽妍騁秘，詞苑大觀也。」〔註654〕同治年間，書畫大家葉衍蘭曾經臨摹此圖，其《清代學者象傳》中的陳維崧像即是據此而繪。（圖448）上世紀60年代，詞學家夏承燾曾在杭州觀此摹本，記謂：「九時過文管會，觀葉衍蘭所摹《陳其年填詞圖》。題詩詞曲者當時名家殆遍，衍蘭一一仿其筆跡。跋謂：原圖家藏數世，流落京師，為雪苑袁氏所得，袁即陳氏外孫也。余從子久〔註655〕舍人處假歸，重臨一本云。署年為同治十年。」〔註656〕

　　筆者認為，葉衍蘭所謂《填詞圖》「為雪苑袁氏所得」的表述似未允當。可看一個類似的例子，桃花扇係明末四公子之一、陳宗石岳父侯方域的遺物，比起《填詞圖》來名氣還要更大。據《清代野記》所載，袁保恒「過臨淮，遣人以卷子索勤恪〔註657〕題詠，乃明季李香君桃花扇真蹟也」〔註658〕。請人題詠，似是所有者方能為。而此扇一直是屬於陳家的，陳重《閱〈桃花扇〉傳奇》詩：

> 　　一卷烏絲格，千秋勝國悲。
>
> 　　金輪羅織獄，元祐黨人碑。
>
> 　　曲比清芬誦，名同青史垂。

〔註653〕　嘉慶末年，郟志潮在其摹本上轉述春生刺史之言，曾謂《填詞圖》係「商邱宋氏所藏」，此說亦屬失當。按：宋氏亦係商丘望族，康熙年間宋犖與陳維崧詩酒唱和，交往頗密。此後陳、宋兩家累世交好，相互婚姻。宋氏借觀《填詞圖》的時間比較長，遂使春生刺史產生了誤識。

〔註654〕　《賭棋山莊詞話》卷一。

〔註655〕　袁保恒之弟袁保齡，字子久。

〔註656〕　《天風閣學詞日記》，1961年9月7日，見《夏承燾集》第7冊，第900頁。

〔註657〕　喬松年，諡勤恪。

〔註658〕　《清代野記·卷下·雁門馮先生紀略》。

板橋留合璧，扇底記曾窺。

自注：「原扇存振齋從兄處，並另有一扇畫香君小像。香君母麗珍，有為先處士公〔註659〕畫扇一柄，存可齋從兄處。」〔註660〕既然如此，袁保恆應是通過繼母借來觀賞，雖然像主人一樣索請題詠，不過原物終究是要歸還的。近人張伯駒在《崔鶯鶯墓誌銘與李香君桃花扇》一文中即曾記謂：「余二十餘歲時，即聞楊龍友畫李香君之桃花扇，在項城袁氏家〔註661〕。後知桃花扇不在袁氏家，仍藏壯悔〔註662〕後人手。曾持至北京，故友陶伯銘見之。」〔註663〕

《填詞圖》的性質和桃花扇一樣，民國年間還應收藏於陳氏家族。至於此圖的最終歸宿，文獻無載，不妨再參考陳家的另一件珍貴藏品：陳維崧最主要的文學成就是詞，在他去世後，陳宗石遵兄遺囑編刻了患立堂本《迦陵詞全集》。此後二百餘年間，詞稿原件一直珍藏於陳家。民國時期，陳重之子陳實銘在津門詞壇頗負時譽，手抄稿本《迦陵詞》被他攜至天津，曾請冒廣生、鄭孝胥、朱孝臧諸名家為各分冊題寫書名。三十年代以後，家國巨變，戰亂頻仍，詞稿輾轉落入坊間。幸運的是，1957 年南開大學圖書館自天津古舊書店購得之，此後遂珍藏於南開圖書館古籍部。〔註664〕而《填詞圖》卻是杳乎無蹤，再無得現，應是已經毀於動亂。與《迦陵詞》兩相比較，幸與不幸，命而已也。

三、文本詞句

對現存的陳淮刻本、繆荃孫抄本和萬貢珍石刻拓本進行比校，萬拓本最忠實於原稿，包括印章在內可謂完全照錄，但其整體刪掉的題詠有 34 人之多；繆抄本對署名、題記做有一些刪節；陳刻本對署名、題記也有刪節，詞牌名統一表述為「右調……」。因此，三本在內容上互相補充，是缺一不可的。

《填詞圖》的題詠者多為知名文士，在各自的詩詞文集中他們經常也會把個人所題收入。詞句與《填詞圖》原稿時有不同，頗可做為校勘之用。這裡例舉與陳維崧同時的數家，《填詞圖》採用的版本是陳淮刻本。

〔註659〕陳貞慧，入清後不仕，故稱處士公。
〔註660〕《花著龕詩存》卷一。
〔註661〕為袁保恆之嫡支，非袁世凱之一支。——原注。
〔註662〕壯悔堂，侯方域書室名。
〔註663〕《春遊瑣談》卷五。
〔註664〕《手抄稿本〈迦陵詞〉研究》。

（一）詞之詞牌

朱彝尊《曝書亭集》卷第二十五中作「邁陂塘」，而《填詞圖》作「摸魚兒」。納蘭性德《通志堂集》卷七中作「菩薩鬘」，而《填詞圖》作「菩薩蠻」。李良年《秋錦山房集》卷第十一中作「瑤花」，而《填詞圖》作「瑤華」。

（二）詩詞之名

《填詞圖》中的諸家題詠均無詩名、詞名，若收入個人詩詞集，自會有題。「《題〈其年填詞圖〉》」〔註665〕之類是比較通常的，而還有的則會提供一些其他信息。嚴繩孫《秋水集》卷第十，其《金縷曲》詞名為《題〈陳其年小照填詞圖〉，有姬人吹玉簫倚曲》。毛奇齡《填詞》卷五，其《少年遊》詞名為《題〈陳檢討小影〉，傍有侍兒坐蕉簟弄笛》。可見，嚴、毛二氏均把吹簫之人看成為女子而非男伶徐紫雲。

（三）詩詞文句

毛奇齡《填詞》中的「停毫一顧踟躕久」，在《填詞圖》中作「停毫一顧踟躕處」。

李良年《秋錦山房集》中的「平消一瓣都梁看」，在《填詞圖》中作「平添一瓣都梁看」。

李符《香草居集》卷六中的「把金眉小硯，付與紅兒」、「回顧桃鬟」、「千二百輕鸞定飛來。須挽住榴裙，莫叫乘去」，在《填詞圖》中作「把琉璃硯匣，付與桃根」、「曲按金荃」、「若引得天邊鳳飛來。定猜作前身，是秦家女」。

曹貞吉《珂雪詞》下中的「淡宕風流」、「歷落嶔崎」、「水沉香慢炷」，在《填詞圖》中作「淡蕩風流」、「歷落崟崎」、「水沉香更炷」。

徐之凱《國朝詞綜補》卷二中的「訝揮毫落紙、迅如飛，輸君擅風流。有雙鬟疑睇，待將新譜、譜入箜篌。共道洮湖才子，健筆駕辛劉。除是眉山叟，誰與為侔？　猶憶松陵橋畔，伴小紅低唱、餘韻悠悠。悵歌成雙徵，蘆雁寄新愁。暫冷落、玉簫金管。奏霓裳，平步上瀛洲。還試問，江南春好，何似皇州」，在《填詞圖》中作「問科頭搦管、倚蒼苔，誰恁擅風流。更雙鬟凝笑，徘徊別調、待入箜篌。共道洮湖才子，逸氣動滄州。喜六朝風韻，頻上都收。　猶憶松陵橋路，伴小紅唱曲、簫管悠悠。悵金門霜度，蘆雁寄閨愁。

〔註665〕《秋錦山房集》卷第十一。

暫冷落、香猊紅浪。看杏花後，上苑同遊。還細問，江南春好，何似皇州」。

龍燮《國朝詞綜補》卷四中的「詞家畦徑，多規守。誰似髯之絕塵邁往。落筆酣時，五嶽為之搖盪。追惟疇曩，聽幾度、遏雲高唱。今已矣！故人安在，斯文未喪。　　每拊遺編惆悵。忽宛然、晤對掀髯抵掌。斜睇星眸，有個雪兒相傍。荊溪回望，剩寂寞、花亭歌舫。添悽愴，何處笛聲嘹亮」，在《填詞圖》中作「詞家規守，藩籬耳。未若髯之絕塵而上。興酣落筆，磊落縱橫流宕。蘇辛輩行，奚足道、淺斟低唱。今已矣！故人安在，此調中喪。　　每拊遺編惆悵。忽宛然、晤對髯翁形狀。脫帽披襟，有個雪兒偎傍。荊溪南畔，空寂寞、花亭歌舫。添悽愴，何處笛聲悲壯」。

納蘭性德《通志堂集》中的「烏絲曲倩紅兒譜，蕭然半壁驚秋雨。曲罷髻鬟偏，風姿真可憐。　　鬚髯渾似戟，時作簪花劇。背立訝卿卿，知卿無那情」，在《填詞圖》中作「烏絲詞付紅兒譜，洞簫按出霓裳舞。舞罷髻鬟偏，風姿最可憐。　　傾城與名士，千古風流事。低語囑卿卿，卿卿無那情」。

（四）詩詞之注

王士禎（禎、正）《漁洋續詩》卷十一《題〈陳其年填詞圖〉》首句「玉梅花下交三九」下自注：「其年詞句」，《填詞圖》作「髯《烏絲詞》中句也」。

據上不完全的例示，可以看出《填詞圖》題詠的諸家原稿與刊刻定稿之間有時區別還是比較明顯的。徐之凱、龍燮、納蘭性德可以說是通改，即便隻字之改，如「久」之與「處」、「消」之與「添」，含義也大有不同。總體來看，定稿文句要優於原稿。

偶有原稿整篇未見而見於個人別集者，應當屬於偶然的遺失，頗有補缺之用。嘉興徐嘉炎與陳維崧同舉鴻博，同授翰林院檢討，其《抱經齋詩集》之《玉臺詞》收有一闋《玉簟涼·題其年〈填詞圖〉》：

> 誰慣言愁。看蘭畹金荃，佳句誰傳。詞場君獨擅，奈芳思難酬。倚欄點筆，正江天膏篆，夜月箋筬。酒軟處，是惱公情緒，阿子風流。　　輕盈妖姬，露臉豔舞。月眉因甚，閒卻歌喉。絲欄與金譜，更繪影描秋。情思得到深處，宮羽換寫出綢繆。花倩影好，翩躚瓊島瀛洲。〔註666〕

嘉道年間，錢塘（杭州）陳文述為著名學者阮元高弟，其詩作以舒和雅健

〔註666〕《抱經齋詩集》卷之十四。

著稱。《填詞圖》原稿收有阮元的一首七言長律，未見陳氏所題。而陳氏《頤道堂詩外集》卷四載有長詩《題〈陳迦陵填詞圖〉》，詩云：

> 陽羨才人梁苑客，湖海聲名動蠻貊。
> 已將文體匹徐庾，更遣詩名壓元白。
> 花月江山筆一枝，金荃蘭畹譜烏絲。
> 寺樓殘墨山僧護，驛壁新題過客知。
> 玉關羌笛黃河上，旗亭風雪雙鬟唱。
> 銅琶鐵板學蘇辛，酒邊按拍閒情蕩。
> 俠客琵琶謝茂秦，黨魁複壁冒巢民。
> 毫端別有滄桑在，豈獨梅花為紫雲。〔註667〕
> 圖中風貌何人寫？小紅撧笛尤妍冶。
> 袖角裙邊半姓名，新詞誰是如君者。
> 遲暮功名兩鬢秋，依人王粲感登樓。
> 天涯我亦青衫敝，日者無人說馬周。

此詩雖然寫及徐紫雲，但認為《填詞圖》所繪是陳維崧的「如君」也即侍妾。咸豐年間，錢塘張景祁曾為《填詞圖》石刻拓本題詞《羅敷媚》，也將弄簫佳人視為了女子：

> 寫來滑笏生綃影。不畫雲郎，卻畫雲娘。畢竟嬌柔易斷腸。　若從水繪園中見。團扇宮妝，檀板新腔。也合梅花百首償。
> 封侯骨相何須問。酒綠鐙紅，兒女英雄。氣盡歌筵一笑中。　過江人物今安在。黡畫溪東，曾住元龍。可有新詞唱懊儂？
> 旗亭舊夢空留跡。髯也飄蕭，鬟也嬌嬈。八尺風漪尺八簫。　豪情我亦龍川亞。一領青袍，一曲紅幺。腸斷松陵十四橋。〔註668〕

與詩詞相比，散曲的結構更複雜，感情表達更細膩。《填詞圖》收有康熙間洪昇、乾隆間蔣士銓的兩套曲子，文采斐然，情真意切。到了光緒初年，龍陽（今漢壽）易順鼎也作有一套，追比前人，不遑多讓。其《題〈陳迦陵填詞圖〉為張養如作》云：

> 【醉花陰】洗罷疏桐補清課，問誰擁桃笙嬌臥？箋待拂，墨停

〔註667〕陳維崧曾在一夜之間為徐紫雲賦有詠梅絕句百首，事見鈕琇《觚剩‧卷二‧賦梅釋云》。

〔註668〕《新薝詞‧卷二‧戲題〈陳迦陵填詞圖〉拓本三首》。

磨，著甚來由，苦把湘毫浣？且莫倚玉簫吹，怕驚得花邊夢兒破。

【喜遷鶯】香肩斜靠，認頰潮紅暈雙渦。瞧科。是生成瓊裝玉裹，只一霎沉醉東風面已酡。怎禪榻光陰剎那，廝趕上散花天女，常伴病維摩。

【出隊子】紅酣翠妥，費心情獨自哦。猛可的江南唱到《定風波》，猛可的天上聽殘水調歌。要守定闌干人兩個。

【颭地風】因甚的趁秋風換了南柯，因甚的尋春夢誤了東坡？莽風流自古受多磨，寫生時已曾經過。他擁越被朱顏婀娜，他倚胡床綠鬢婆娑。到底來鏡中花、水中月，幾曾真個。空則是展鶯綃、揮象管，費他年醉眼摩挲。便新詞盡向旗亭播，怕再世雛鬟髮也皤。

【四門子】算髯翁豔福真無那。譜烏闌，傾白墮。也不患才多，也不患情多，到換羽移宮幾度過。亭兒半荒，牆兒半趄，把畫裏雙身牢鎖。

【古水仙子】酹酹酹，金巨羅。弔弔弔，冷鶯花。有個詩翁坐。問問問，尊前月更來麼？尋尋尋，卷中人相隨可。喜喜喜，展琅函雨曳煙拖。怕怕怕，化銀盃粉殘香墮。老詞仙赴了玉樓科，俏佳人證了瑤池果。甚癡魂銷，向畫圖多。

【尾聲】幻影三生無處躲，休惹起看畫的更風魔。教說與小雲郎，應識我。〔註669〕

曲尾直言「小雲郎」，易順鼎所寫是完全據實的。按：張養如事蹟無查，人名不顯，不可能據有《填詞圖》原件。易順鼎和張景祁一樣，所見均為拓本。

《迦陵先生填詞圖》雖然原本已佚，但通過對其他版本和相關記載的綜合分析，其面貌大體可以得到還原。它的題詠者自清初一直及於清末，清代文壇的重要人物中參與者眾，則此圖的文學、文化價值無需贅述。歷經數代，它的題詠數量不斷增多，形態樣貌不斷變化，在書畫版本研究上也是頗具典型性的一件珍品。就具體的內容表達而言，直寫陳—徐關係的其實不多，諸題當中時見侍姬、歌妓之名如朝雲、紅兒、雪兒、桃根等。但歌詠者對於圖之本事多數應是有所瞭解的，他們的曲為描寫使得詩歌讀來既情意纏綿又曖昧恍惚，其文學表達方式及所反映的社會價值取向也都頗具研究價值。

〔註669〕《丁戊之間行卷》卷九。